ADOLPHE BRISSON

LE THÉÂTRE

(Neuvième Série)

PENDANT LA GUERRE

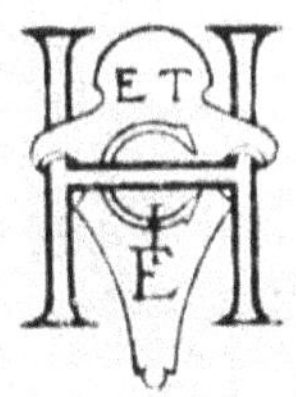

PARIS
LIBRAIRIE HACHETTE ET Cie
79, BOULEVARD SAINT-GERMAIN, 79

1918

LE THÉÂTRE

PENDANT LA GUERRE

ADOLPHE BRISSON

LE THÉÂTRE

(Neuvième Série)

PENDANT LA GUERRE

PARIS
LIBRAIRIE HACHETTE ET Cie
79, BOULEVARD SAINT-GERMAIN, 79

1918

Voici quelques-unes des pages qui furent publiées dans le *Temps*, depuis le dernier mois de 1914 jusqu'au premier mois de 1918. Au début de la guerre, le théâtre se tut. Il n'essaya pas de lutter contre la brusque et formidable tempête. Une sorte de pudeur le condamnait au silence. D'ailleurs, s'il avait osé élever la voix, la foule n'eût pas écouté. D'autres soucis la tenaient haletante. Un drame plus poignant, où elle jouait son rôle, la détournait des jeux de la scène. La Comédie-Française, elle-même, dut fermer ses portes, les plus nobles spectacles prenant un air de frivolité, en présence des périls qui menaçaient la patrie. Plusieurs semaines s'écoulèrent. Puis l'oppression diminua. Paris, sauvé d'un danger mortel, voulut revivre ; il demanda à l'art une détente, un réconfort nécessaires. La nature impose ces diversions. L'être humain, ébranlé par une immense douleur, s'il s'y absorbait totalement succomberait. Le besoin d'agir l'aiguillonne ; l'allégresse de l'action ardemment poursuivie et de l'espoir qu'elle engendre l'anime et le soutient. L'homme le plus durement frappé reprend peu à peu son équilibre, s'adapte à de nouveaux modes d'existence, tâche de se créer une atmosphère respirable. D'obscurs et puissants instincts le ramènent à d'anciennes habitudes, un moment troublées, mais demeurées chères et auxquelles il revient avec délices, dès qu'une heure de trêve lui est accordée.

Les Français aiment le théâtre. Donc le théâtre devait refleurir...

Rappelons-nous les circonstances. La durée de la guerre favorise cette résurrection. Aux périodes d'offensives succèdent de longs repos. On se bat en Orient, dans les Dardanelles, à Salonique. Hindenburg, sur la frontière russe, mène de vastes et lentes opérations. Tandis que la corruption et l'anarchie le rapprochent de son but, tandis que la Serbie et la Roumanie expirent, le front occidental, quoique ébranlé par d'intermittentes et furieuses secousses, semble rester immobile. L'opinion commune, après chaque coup de bélier, se convainc de l'inutilité de ces tentatives et déclare que, ni d'un côté, ni de l'autre, « on ne passera ». Les Parisiens, à cent kilomètres des champs de bataille, peuvent se croire en sécurité. Ils reçoivent la visite de nombreux permissionnaires, les accueillent avec un empressement cordial, leur font fête, s'efforcent de leur procurer d'aimables délassements. Cinémas, cafés-concerts, cabarets lyriques, lieux où l'on chante, où l'on danse, où l'on représente des pièces gaies — opérettes galantes et vaudevilles — ne désemplissent point. Les plaisirs moins frivoles ont aussi des amateurs : la littérature et la musique sont goûtées. Peu d'œuvres inédites. Mais les reprises d'œuvres célèbres obtiennent un regain de succès. La Comédie-Française, l'Opéra-Comique, l'Odéon tirent des pièces du répertoire classique ou moderne de larges profits. Jamais l'industrie théâtrale ne fut chez nous si prospère qu'au cours de ces sanglantes années : 1916, 1917...

Tragique antithèse ! La capitale d'un peuple crucifié offre l'apparence du bonheur. Le luxe s'y étale, l'or y afflue. Le fracas de cette vie extérieure dissimule des misères et des deuils. La tristesse est au fond. La joie règne à la surface. Joie fugitive que le mugissement des sirènes et l'explosion des obus ne tarderont pas à dissiper. En avril 1918, le théâtre se meurt à Paris. Mais il reste vivace. A la première éclaircie nous le verrons renaître... Il renaît déjà...

Ces impressions, ces images, nous avons essayé de les recueillir. Nous les livrons au lecteur, comme le tableau sincère d'un des moments les plus émouvants et les plus singuliers de l'histoire de Paris.

A. B.

LE THÉÂTRE

« HORACE » A LA COMÉDIE-FRANÇAISE

14 décembre 1914.

L A Comédie-Française ne pouvait rouvrir ses portes que sous l'égide de notre plus grand poète tragique. Toujours le nom de Corneille fut associé chez nous à l'exaltation du sentiment national. Dans les moments d'épreuve la foule l'invoque instinctivement comme réconfort ; aux heures de triomphe elle le glorifie. La faveur dont jouit ce répertoire varie selon les époques et les circonstances. Elle faiblit lorsqu'une paix prolongée a relâché les mœurs et développé le goût des frivolités ; elle se ranime avec l'inquiétude et les graves pensées nées du péril. De 1680 à 1900, les registres du théâtre mentionnent 919 représentations du *Cid*, 650 du *Menteur*, 619 de *Cinna*, 585 d'*Horace*, 418 de *Polyeucte*, 396 de *Rodogune*, 290 de *Nicomède*, 265 d'*Héraclius*, 165 de *Pompée*. . Ces représentations se répartissent inégalement. Assez nombreuses à la fin du dix-septième siècle et jusqu'au milieu du dix-huitième, peu à peu elles s'espacent. Une demi-indifférence succède à la première ferveur. Les tragédies cornéliennes qui se maintiennent sur l'affiche sont les plus mouvementées, les plus « théâtrales » : le *Cid*, *Héraclius*, *Rodogune*. Au contraire, *Polyeucte* en est presque éliminé. L'élévation mysti

1

que de ce drame ne touchait pas le parterre, dont
les préoccupations étaient tournées d'un autre côté
Entre 1791 et 1800, c'est le néant. Corneille n'existe
plus. Il est juste d'observer que la Comédie-Française
subit alors des divisions intestines qui interrompirent
sa vie normale. Mais n'essayons pas de plaider les circonstances atténuantes. Le public devrait, pourtant,
au lendemain de Valmy, s'emplir l'oreille et l'âme de
vers généreux et forts. Les soucis de la politique
intérieure l'absorbent. Il s'intéresse médiocrement aux
chefs-d'œuvre de l'art tragique. Il écoute six fois
Cinna, six fois *Héraclius*, quatre fois *Horace*, une fois
le Menteur, sept fois *Rodogune* et pas une fois *Polyeucte*, en dix ans. Cela est misérable. Ce mépris se
prolonge jusqu'en 1803 ou 1804.

Soudain un revirement, une réaction décisive
s'opèrent. Ce changement est-il dû au mot d'ordre
tombé de haut, aux encouragements de Napoléon, à
son amitié pour Talma, au talent du célèbre acteur
à sa popularité, à la beauté de Mlle George? Ces causes diverses contribuèrent à la résurrection de Corneille. Il y en eut de plus profondes. Geoffroy, dans
son feuilleton du 16 nivôse, an XIII (6 janvier 1805),
s'efforce de les dégager à propos d'une reprise de *Nicomède*.

« Enfin, dit-il, après cent ans de dédain et d'injustice, Corneille reparaît aussi brillant qu'aux plus
beaux jours de sa renommée. Il semble que le destin
de ce grand homme soit d'être plus vivement senti
lorsque les esprits sont plus accessibles aux grands
objets, aux choses nobles et solides. Les troubles de la
Fronde donnaient un nouveau prix à ces discussions
à ces vastes débats, à ces discours étalés dans les tragédies de Corneille ; la nation, depuis corrompue par
le luxe, préféra des passions efféminées. Maintenant,
devant les spectacles des bouleversements, des terribles catastrophes qui ont changé la face de l'empire,
les Français conçoivent qu'il y a de plus terribles

malheurs dans le monde que celui de n'être pas aimé de sa maîtresse. »

Joignez l'admiration accordée aux Grecs et aux Romains ; l'influence de David ; la vue des faisceaux de licteurs, des glaives, des casques, des cuirasses sculptés en haut relief sur les murailles ; joignez aussi le profil césarien du Maître, la pompe impériale de sa cour, le respect qu'inspirait son autorité, le prestige rayonnant de ses victoires. Ces éléments constituaient une atmosphère appropriée au caractère et particulièrement favorable au succès des ouvrages de Corneille.

De même aujourd'hui, pour des causes un peu différentes. Nos fils se battent ; ils ont emporté le cœur et la pensée de leurs mères, de leurs sœurs, de leurs fiancées, de leurs femmes, de tous ceux qui, n'ayant pu les suivre, attendent avec angoisse leur retour. Nous ne songeons qu'à eux. Et nous écoutons *Horace !* Quelle émotion dans la salle où se pressent mille auditeurs secrètement anxieux ! Le chef-d'œuvre rajeuni prend le relief et les couleurs de la vie. Il éveille des idées, suggère des impressions nouvelles. A la lueur de la guerre, certaines de ses parties s'illuminent. Il nous touche autrement qu'il ne nous touchait hier... Exemple. Nos sympathies se détournaient du meurtrier de Camille pour aller à Curiace, plus doux et plus humain. Nous adoptions en cela le jugement des manuels de littérature. Nous blâmions l'excès de fanatisme du jeune Horace. Présentement, nous constatons avec surprise que sa violence nous choque beaucoup moins. Nous la trouvons légitime ; nous l'approuvons. Il ne nous déplaît pas qu'un soldat se voue furieusement au salut de sa patrie et fasse taire les voix blasphématrices qui osent le blâmer d'avoir accompli cette tâche sacrée. Curiace nous paraît bien mou, bien faible. Il remplit son devoir, mais sans vigueur, en poussant des soupirs, en versant des lar-

mes. Camille lui demande de déserter, de s' « embus-
quer » dans une inaction déshonorante.

> Que ton cœur, tout à moi, pour ne me perdre pas,
> Dérobe à ton pays le secours de ton bras.

S'il n'obéit pas à ces conseils, il ne refuse pas de
les entendre. Dangereuse complaisance qui le prédes-
tine au revers et à la mort :

> Je vais comme au supplice à cet illustre emploi.
> Je hais cette valeur qui fait qu'Albe m'estime...
> Je vous plains, je me plains, mais il y faut aller...

Lorsqu'on marche au combat d'un pas irrésolu,
on n'y rencontre point la victoire. Au contraire, le langage d'Horace, sa fière assurance, son énergie annoncent la certitude de vaincre. Les mots qu'il prononce
énumèrent et définissent les vertus indispensables au
parfait guerrier :

> Contre qui que ce soit que mon pays m'emploie,
> J'accepte aveuglément cette gloire avec joie.
> Celle de recevoir de tels commandements
> Doit étouffer en nous tous autres sentiments
> Qui, près de le servir, considère autre chose
> A faire son devoir lâchement se dispose.
> Ce droit impérieux rompt tout autre lien,
> Rome a choisi mon bras, je n'examine rien...

Horace possède toutes les qualités et tous les défauts de l'homme de guerre ; il en a l'intrépidité, il
en a la jactance. Et c'est ainsi qu'il devient criminel.
Il sait le désespoir où la perte de Curiace a précipité
sa sœur. Il n'évite pas, comme la pitié et la bien-
séance l'exigeraient, l'infortunée Camille ; il l'affronte,
la poursuit. Fou d'orgueil, il prétend que, la première,
elle lui rende hommage :

> Aime, aime cette mort qui fait notre bonheur,
> Et préfère du moins au souvenir d'un homme,
> Ce que doit ta naissance aux intérêts de Rome.

La pauvre amante essuie tour à tour l'agressive exigence du jeune Horace, les dures remontrances du vieil Horace qui ne compatit nullement à sa douleur et annonce — suprême injure — qu'il lui procurera un autre mari. Son indignation, sa colère, la véhémence de ses « imprécations » sont justifiées. Il est odieux qu'elle périsse par la main fraternelle qui lui a déjà infligé tant de maux. Et toutefois, nous ne pouvons nous résoudre à condamner l'assassin. L'arrêt du roi qui l'absout nous semble équitable :

> Vis donc Horace, vis, soldat trop magnanime,
> Ta vertu met ta gloire au-dessus de ton crime.
> Sa chaleur généreuse a produit ton forfait,
> D'une cause si belle, il faut souffrir l'effet.
> Vis pour servir l'Etat...

Notez que cette clémence, théoriquement, est assez immorale, qu'elle tend à amnistier, en payement du service rendu, les pires atrocités... Et nous ne frémissons pas... Et nous acquiesçons... La guerre crée chez l'homme une conscience spéciale. Elle comporte, à vingt siècles d'intervalle, les mêmes nécessités, déchaîne les mêmes horreurs, enfante les mêmes héroïsmes, inspire au philosophe les mêmes méditations. Voilà pourquoi l'audition d'une œuvre comme *Horace* est, à l'heure actuelle, si émouvante. Ses personnages reflètent des types d'humanité qui ne sont jamais abolis et que les circonstances ressuscitent. Nous avons nos Horaces, nos Curiaces, nos Camilles, nos Sabines : Horace, le patriote intransigeant et fougueux ; Curiace, le pacifiste provisoirement résigné à subir la loi de fer ; Camille, l'amoureuse déchaînée qui revendique le « droit au bonheur »; Sabine, l'épouse éplorée et passive dont la vaine activité ne se déploie qu'en paroles. Et nous avons, Dieu merci ! nos vieux Horaces — les Sachems de la tribu — que l'âge a courbés, non pas éteints, en qui brûle la flamme éternelle de l'honneur et de la foi.

Et quand Valère est venu retracer les péripéties de
la lutte difficile et finalement victorieuse engagée par
le champion romain contre un ennemi supérieur en
nombre, à quoi pouvions-nous songer, je vous prie,
sinon aux prodiges stratégiques des champs de bataille de la Marne ?

> Trop faible pour eux tous, trop fort pour chacun d'eux,
> Il sait bien se tirer d'un pas si dangereux ;
> Il fuit pour mieux combattre et cette prompte ruse
> Divise adroitement trois frères qu'elle abuse.
> Horace, les voyant l'un de l'autre écartés,
> Se retourne...

Vous voyez qu'aucune pièce n'est plus moderne
qu'*Horace*.

Interprétation intéressante... M. Paul Mounet reprenait le rôle du jeune Horace. M. Albert Lambert
celui de Curiace. Ils dessinent avec une égale vérité la
physionomie des deux personnages. Mounet rugissant,
dressant le jarret, cambrant les reins, le buste cein-
turé de cordes grossières, le col gonflé, les biceps
tendus, est un magnifique belluaire, avide de descen
dre dans l'arène. Tout raisonnement doit se briser
contre ce front vaniteux et têtu, possédé par l'obsession de l'idée fixe. La vision du crime proche y est
peinte. Albert Lambert donne de Curiace une image
poétique et fidèle. Il est bon, il est tendre, il est charmant. Lorsque Horace lui a lancé le cri farouche :

> Albe vous a nommé, je ne vous connais plus.

il a mis dans sa réponse un accent de douloureux reproche qui nous a remués.

> Je vous connais encore, et c'est ce qui me tue.

Le public a chaudement applaudi les deux tragé-
diens et associé à leur succès Mme Weber. Le rôle

de Camille lui convient. Elle y fait apprécier sa force, l'ampleur de sa mimique et de sa diction. Quelques traditions sont liées au personnage. C'était jadis un rôle de déclamation pure. Les gens du parterre jugeaient les artistes qui s'y essayaient sur l'unique épreuve du quatrième acte, comme en province on guette les ténors au moment de leur grand air. Que la débutante prouvât, dans la fulminante apostrophe, l'élasticité de ses poumons et la solidité de sa voix, ils la tenaient quitte du reste. Rachel s'avisa d'y introduire un peu de réalité. Elle inventa plusieurs jeux de scène, maintenus depuis elle, et devenus classiques, entre autres celui de la « pâmoison». Est-ce à Janin, à Dumas que nous devons l'anecdote ? Elle est célèbre. Camille apprend, de la bouche du messager, qu'Horace, vainqueur du dernier Albain, a égorgé son amant. Elle tombe inanimée. Rachel s'affaissait noblement, selon l'usage établi par ses devancières. Un jour, un ouvrier machiniste se fit en sa présence une entaille à la main. Rachel ne put supporter la vue de la plaie saignante ; elle s'évanouit. Cet incident lui inspira des réflexions judicieuses. « Comment, se dit-elle, l'aspect d'une légère blessure me fait perdre connaissance et lorsque je reçois l'affreuse nouvelle de la mort de l'être que je chéris, je prends, pour m'écrouler dans ce fauteuil, des poses académiques ! » Elle résolut de rompre avec la coutume, de s'évanouir comme une femme et non plus comme une reine ; elle se guida sur la nature et s'abandonna aux impulsions de l'instinct. Des journalistes lui reprochèrent cette hardiesse. Charles Maurice, critique vénal mais spirituel et sachant bien son métier, railla l'impertinence de *la petite fille nerveuse et détraquée* qui se permettait de telles innovations. Rachel avait raison. Son bon sens intuitif allait au fond du sentiment de Camille, créature impulsive, totalement dénuée d'hypocrisie et de préjugé. Mme Weber adopte ce réalisme. Toutefois sa beauté sculpturale,

la pureté de son attitude et de son geste conservent
au personnage la dignité tragique nécessaire.

M. Silvain pare le vieil Horace d'une auguste bonhomie ; il l'imprègne d'une savoureuse cordialité :

> Qu'est ceci, mes enfants, écoutez-vous vos flammes
> Et perdez-vous encor le temps avec des femmes ?

Sa colère contre le fils coupable d'une apparente
trahison ; sa joie lorsque la vérité lui est révélée ;
l'inconsciente cruauté avec laquelle il associe Camille
à son allégresse : il rend ces nuances en grand
comédien. Je voudrais qu'il fût un peu plus terrible au cinquième acte. Ici c'est le lion qui
rugit, l'aïeul qui dispute à la mort le rejeton illustre,
gloire de sa race, héritier de ses vertus... Les autres
rôles sont bien tenus. M. Fenoux prête une allure
supportable à l'ennuyeux Valère. Mlle Madeleine Roch
fait de loyaux efforts pour tirer de la grisaille l'inopé
rante et gémissante Sabine ; ces morceaux d'éloquence lui donnent l'occasion de dérouler le velours
de son souple, flexible et robuste organe, un des plus
somptueux qu'il y ait au théâtre. Mlle Du Minil mo
dule savamment les strophes dites à la fin du drame
par Julie, « dame romaine confidente de Sabine et
de Camille ». M. Truffier a eu l'excellente idée de
rétablir ces vers mélancoliques, ordinairement supprimés, et qui enveloppent d'une musique funéraire, pénétrante et plaintive, la double immolation des amants
sacrifiés...

L'ALSACE A LA COMÉDIE-FRANÇAISE

11 janvier 1915.

C'A été une émouvante et charmante évocation. Cette peinture de la terre et des mœurs alsaciennes empruntait aux circonstances une signification toute neuve. A travers la fraîche idylle, le public entendait et voyait des choses qui retentissaient en lui, profondément. Il contemplait le passé. Il pressentait l'avenir. La représentation s'est déroulée dans une atmosphère de recueillement et de tendresse.

D'abord, l'ouvrage ne semble pas avoir vieilli... Voilà bientôt quarante ans qu'on l'applaudit, et ses grâces sont demeurées aussi jeunes qu'au premier jour. Le secret de sa jeunesse provient de son extrême simplicité. Il y a des états d'âme caractéristiques d'une époque ; il y a d'éphémères élégances de langage. Ces fleurs se fanent vite... La poussière ne s'accroche qu'aux ornements en saillie ; elle glisse sur la nudité des murs. L'*Ami Fritz* appartient à la catégorie des œuvres « nues », je veux dire exemptes de maniérisme. Des passions fondamentales et éternelles s'y expriment avec sincérité ; la forme en est sobre, quoique colorée et savoureuse. Le réalisme terre à terre du détail s'y allie à un vif et délicat amour de la nature. Et c'est ce mélange qui nous séduit. Prêtez l'oreille aux propos de Fritz Kobus, quand, remontant de sa cave,

les bras chargés de vénérables bouteilles, il considère d'un œil satisfait les apprêts du festin, le gai
scintillement des cristaux et de l'argenterie sur la
nappe éblouissante, témoignages de la prospérité de
sa maison, luxe familial et solide. Il ouvre les fenê-
tres. « Lorsqu'on dîne plantureusement, on a besoin
d'air ; autrement, le vin vous monte à la tête. » Cependant, les odeurs du jardin parfument la salle à
manger, un rayon de soleil l'illumine.

« Quelle belle journée ! murmure Fritz. Le printemps s'annonce. Ah ! les excellentes parties qu'on
fera ! On va tirer le char-à-bancs du hangar, graisser
les roues, et clic ! clac ! en route pour les fêtes
des environs... Ah ! ah ! nous allons encore une fois
nous en donner... Et les hirondelles sont revenues.
Comme elles montent et plongent en l'air avec des
petits cris joyeux ! »

Fritz admire l'or liquide de son vieux Riquewhir ;
il renifle en connaisseur le fumet de la soupe aux
écrevisses que prépare sa servante Catherine; mais
aussi il regarde frémir les feuilles des bouleaux ; il
songe aux violettes qui poussent le long des haies.
Cet épicurien enfoncé dans la matière possède une
imagination riante, saturée de relents comestibles et
d'effluves printaniers. Et la pièce lui ressemble ; elle
sent bon ; elle respire la santé. Un bien-être en émane,
un optimisme qui se communique au spectateur et
l'enchante. Ce petit drame campagnard ne met en
scène que de braves gens. Néanmoins, la vertu de
ses personnages ne les rend pas ennuyeux. Une fine
observation psychologique les sauve de la banalité et
de la fadeur. Pas l'ombre de convention chez Fritz
et chez Suzel qui auraient pu si aisément tourner à la
fausse sentimentalité d'opéra-comique.

Je pense qu'il n'existe pas une figure plus juvénile-
ment pure que Suzel. Et ce n'est point l'ingénue bêlante et artificielle. Ses qualités innées, l'ordre, l'in-

telligence, l'activité, feront d'elle plus tard une femme
accomplie : « Vous supposez, dit Kobus, que le père
et la mère Christel dirigent la ferme ? Nullement ;
c'est Suzel. Avec sa petite voix, en frappant dans ses
petites mains, elle fait galoper tous les autres. » En
effet, Suzel réalise l'idéal de la bonne ménagère. Pour
coudre, c'est une fée ; elle tient la caisse et les livres ;
elle a l'esprit inventif. Mais cette personne résolue,
en présence de son maître reste intimidée, parce
qu'elle l'aime ; et n'osant s'abandonner à des rêves
sans espoir, elle lui prouve son humble affection par
les moyens dont elle dispose, en flattant la sensualité
de ce gourmet, en lui battant du beurre, en lui servant des œufs frais pondus, en lui cueillant des ceri-
ses, en déposant des roses sur la table du dîner, en
mettant tout son cœur dans la poêle à frire avec les
beignets vanillés, ou bien en étouffant les cocoricos
sonores qui gênent le somme matinal du dormeur.
Et cette petite Suzel — sœur de la Victorine de Se-
daine, — cette enfant sans culture n'est pas vulgaire;
elle a d'instinct le sens de la beauté; elle chante d'une
voix harmonieuse de jolies chansons; elle sait ce que
dit le rossignol; et lorsqu'un violon gémit sous l'ar-
chet du bohémien Josef, de douces larmes gonflent
ses paupières.

Kobus ne la vaut pas... Son goïsme s'épanouit entre la pipe et la chope, qu'il fume et qu'il tarit chaque soir à la brasserie de l'Homme-Sauvage. Il a reçu
d'héritage une honnête aisance ; il dépense sagement
ses revenus ; il en distribue une part aux pauvres,
car il est compatissant. Mais il prétend s'affranchir
de toute responsabilité, de toute contrainte ; il jure
de ne pas quitter l'état de célibataire, le plus avantageux qui soit au monde... Le charme de Suzel triomphe de son serment. Et c'est là le sujet de la comédie : le récit d'une amourette, l'histoire nuancée de
deux âmes moyennes, attirées l'une vers l'autre, lentes

à se rejoindre. L'action, réduite à ce seul développe
ment, serait un peu frêle, un peu vide. Erckmann-
Chatrian y ont introduit avec le personnage de David
Sichel un souffle biblique qui l'amplifie et l'élève.

Le rebbe David est le patriarche des Écritures ; il
prêche la bonté, l'indulgence... et la repopulation.
Son éloquence, enveloppée de malice et de cordialité,
revêt à l'heure actuelle un caractère prophétique. Elle
nous a vivement impressionnés. Le vieux David pro
nonce les paroles que nous eûmes le tort de ne pas
entendre ; il prescrit des obligations trop longtemps
négligées. Il combat avec une énergie singulière les
doctrines qu'invoque Fritz comme excuse à ses no
chalances. Chacun de leurs entretiens est un assaut
dirigé par la volonté contre la mollesse, par l'esprit
de sacrifice contre la théorie du « droit au bonheur ».
La bataille s'engage dès le premier acte. « — Puis
que tout est vanité ici-bas, déclare Kobus, le plus pru
dent est de ne rien faire, pour n'avoir rien à se reprocher, et de vivre gaiement en attendant le reste.
— Halte-là, répond David, je ne souffrirai point que
tu abrites sous l'autorité des livres saints ta paresse
et ta gourmandise. » L'intervention lourdaude de Fré
déric l'arpenteur, du percepteur Hanezo, complices de
l'ami Fritz, achèvent de l'exaspérer. Il les invective,
il les foudroie, ne s'apercevant pas que les compères
rient sous cape et se moquent de lui. Il proclame la
nécessité d'avoir beaucoup d'enfants, futurs protec
teurs du sol menacé...

« La patrie est quelque chose de plus sérieux que
le bon vin et la bonne chère ; c'est le legs de la race
à laquelle on appartient, le fruit du travail, des lut
tes, des souffrances, des misères de tous les aïeux
depuis des siècles. Ceux qui profitent de ce patrimoine
et ne se préoccupent pas de le défendre sont de détes-
tables citoyens. Vous devriez pourtant le savoir aussi
bien que moi, puisque vous avez été au collège ; les

peuples qui cessent de croître marchent à la décadence. Au contraire, ceux qui multiplient ne périssent point. Voyez les Juifs. Voyez les Anglais, les Américains: Pourquoi tiennent-ils sous leur domination
la moitié du globe ? Parce que, chez eux, il n'y a
pas de figuiers stériles... L'univers appartiendra aux
races fécondes ; celles qui placent l'amusement avant
les devoirs de la famille seront conquises et s'éteindront dans la servitude. C'est l'histoire de toutes les
nations disparues depuis le commencement du monde.
Ce serait bientôt la nôtre, si tous les Français parlaient
comme vous. »

Cette idée, dont il est superflu de démontrer la
justesse (l'expérience, hélas ! nous a instruits), Erckmann-Chatrian ne se lassent pas de l'exposer ; ils
l'enfoncent à coups redoublés dans le cerveau de l'auditeur ; ils la ressassent... A l'origine, elle inspirait
au vieux rebbe un copieux discours qui fut supprimé
durant les répétitions. Sans doute, alors, le trouvait-
on inutile, ou même dangereux et trop direct. Il pourrait maintenant être rétabli ; l'allusion ne blesserait
plus personne : « Jadis, s'écriait le rebbe, vivait un
peuple généreux, léger, spirituel, enclin à l'ironie.
Il habitait une contrée comblée des bénédictions du
ciel. Or, ce peuple étant devenu riche, il rechercha
le luxe et les plaisirs. Les plaisirs coûtent cher et
ne rapportent rien. Ils font oublier les devoirs, surtout ceux de la famille, qui sont lourds. Aussi la plaie
hideuse du célibat ne tarda-t-elle pas à s'étendre dans
ce beau pays. Nul ne voulait plus d'enfants... » David
Sichel poursuivait son homélie ; il montrait ce pays,
jalousé, exécré par les hordes accourues du nord dans
le dessein de l'anéantir ; il décrivait les tentatives réitérées des barbares, l'agression d'hier, celle de demain.
« Les hommes roux n'ont point changé ; ils ont le
même robuste appétit : ils méprisent toujours le célibat et se font gloire d'avoir une vaste progéniture,

tandis que nous... « — Tais-toi, interrompait Fritz avec tes discours tu serais capable de me marier tout de suite... » Il ne se marie que plus tard — au troisième acte — après avoir essuyé maint sermon. Et l'éloquence du sermonneur ennoblit l'ouvrage. Lorsque le bonhomme, assis sur la margelle du puits, boit l'eau de la cruche que Suzel incline vers lui et, pensif, recueille gravement des lèvres de la jeune vierge l'épisode de Rebecca et d'Eliezer, la petite comédie sentimentale, la paysannerie florianesque s'imprègne de grandeur, s'auréole d'une sorte de majesté. Le tableau se transfigure. Le dialogue ne se solennise pas et pourtant il s'élargit. « Nous lisons tous les soirs la Sainte Bible, dit Suzel. C'est moi qui lis ; le père, la mère et les domestiques écoutent. » En quelques mots la scène est évoquée, ce milieu pastoral est peint d'une touche si lumineuse, si franche que la vision en reste immortellement gravée. Ici Erckmann-Chatrian se révèlent poètes ; ils le sont sans qu'ils aient voulu l'être expressément. L'ardeur patriotique, le désir des légitimes représailles, l'attachement au terroir sont en eux autant de sources d'où l'émotion jaillit.

Comment la portée de ces leçons hautes et saines, comment la virile intention des auteurs furent-elles méconnues ?... Les contemporains n'ont pas oublié l'orage qui se déchaîna en 1876 contre l'œuvre innocente et faillit la submerger.Certains critiques, amis de l'Empire, visaient, à travers les dramaturges inoffensifs et bienfaisants, les romanciers du *Conscrit de 18 13* Paul de Saint-Victor se montra féroce. Son feuilleton, brillant et laborieux, est une merveille d'injustice ; il refuse à l'ouvrage tout mérite, tout intérêt, affecte de n'y voir qu'un monument érigé à la goinfrerie et de n'user, pour en extraire le suc, que de métaphores culinaires. La foule cassa cet arrêt inique. Elle est de bonne foi ; elle cède à l'impulsion de sa sensibilité ; elle applaudit ce qui la touche et ne s'embarrasse point du reste. Ses erreurs — et je ne nie pas qu'elle en puisse commettre — durent peu. L'œuvre qui subit sans se faner l'épreuve du temps, n'est pas loin d'être un chef-d'œuvre. Près d'un demi-siècle a passé sur cet *Ami Fritz*, encore tout embaumé de la flore alsacienne.

L'interprétation est remarquable. Mlle Marie Leconte, délicieuse Suzel, n'idéalise pas outre mesure le rôle : elle le rapproche de la vie : elle fait de la petite fermière une fille avisée, courageuse, aimante, et nous comprenons que, quand elle s'appellera Mme Kobus, son ingénuité deviendra promptement de l'autorité. Il manque à M. Grand la bonhomie d'un peu d'embonpoint. Kobus, heureux, prendra du ventre. Et déjà cela se devine. Mais l'excellent comédien traduit en perfection les mouvements successifs du personnage. M. de Féraudy est un rebbe pittoresque, cordial et puissant : Mme Kolb une Catherine tendrement maternelle : M. Siblot et M. Denis d'Inès esquissent plaisamment les silhouettes du percepteur et de l'arpenteur, les deux pique-assiette : M. Dehelly porte galamment la redingote de Josef le tzigane ; M. Joliet charge légèrement la physionomie du fermier Christel ; il se souvient d'avoir joué *Géronte* et *Pancrace*.

Dans un ingénieux épilogue imaginé, ordonné, réglé avec art par Jules Truffier, les plus célèbres acteurs de la maison sont venus fêter les « Fiançailles de l'ami Fritz »... Julia Bartet, Segond-Weber, Silvain; Albert Lambert ont lu des poèmes : Blanche Pierson Marie-Thérèse Piérat ont chanté des romances, accompagnées par Renée du Minil au clavecin ; Georges Berr, diseur incomparable, a dû bisser les couplets de la « Chanson du dimanche ». Enfin M. le doyen a offert à Suzel des fleurs du pays, fleurs de France, fleurs de Lorraine et d'Alsace, pressées ensemble, à jamais unies...

Nous sommes partis réconfortés... Les strophes cha

leureuses de Charles et Paul Leser, dédiées au Rhin,
nous avaient émus.

> Les oiseaux désertent ses rives,
> On n'y voit plus, comme autrefois,
> Les merles pourchassant les grives,
> Les rossignols n'ont plus de voix...
> Pourquoi cette fuite soudaine,
> Ces nids vides sous les taillis ?
> Enfant des monts, roi de la plaine,
> Réponds, fleuve de mon pays ?
> Le drapeau noir qui se déploie
> Des deux côtés du pont de Kehl
> Chasse nos fils et notre joie
> Et les petits oiseaux du ciel ;
> **L'amour pâlit devant la haine,**
> Nos morts dorment sous les taillis...
> Enfant des monts, roi de la plaine,
> Gronde, fleuve de mon pays !

> Au Rhin ! Au Rhin !... La vieille Gaule
> En connaît le plus court chemin ;
> Nous voulons, l'arme sur l'épaule,
> Nous mettre en route, dès demain.
> Au Rhin ! Roule tes flots, déchaîne
> L'orage au sein des verts taillis.
> Les drapeaux qui couvrent la plaine
> Portent le coq de mon pays.

Quelle espérance ! Mais quelle tristesse ! Cette victoire, de quel prix sera-t-elle payée ! Combien de jeunes forces brisées, de clartés éteintes ! Que de regrets,
que de pleurs ! Et la plainte de Suzel sonnait en nous
comme un glas :

> Beau soldat qui viens de la guerre
> N'as-tu pas vu mon bon ami ?
> — Ton bon ami dort sous la terre...

LA COMÉDIE-FRANÇAISE FÊTE MOLIÈRE

18 janvier 1915.

Il y a quarante-quatre ans, le 15 janvier 1871, le Théâtre-Français voulut fêter comme de coutume l'anniversaire du grand patron du logis. Et la fidélité à cette tradition, en des circonstances aussi cruelles, avait un je ne sais quoi d'héroïque et d'ingénu. Tous les moliéristes présents dans Paris assiégé, tous les familiers de la Maison, tous les amis des lettres étaient accourus. Comment exprimer ce qu'ils ressentirent ? Cela est intraduisible. Imaginez le lieu, le décor, l'atmosphère. La salle est mal éclairée, mal chauffée. On y grelotte... Dans le foyer transformé en ambulance, agonisent des blessés, amputés depuis le matin. Par les portes qui s'entr'ouvrent, on aperçoit la cornette des sœurs penchées sur le chevet des malades. Derrière l'avant-scène impériale, dans le salon où naguère la souveraine donnait ses doigts à baiser aux ambassadeurs, est installée la chambre des morts. C'est là, à deux pas de la scène où la soubrette et le valet échangent des mots joyeux, que dorment, séparés de l'auditoire par un rideau, entourés de cierges, les cadavres que vient chercher chaque jour le fourgon de l'hôpital... Contraste shakespearien ! Mais les spectateurs oublient ce voisinage funèbre. Ils s'abandonnent à l'impression du moment. La gaieté de Molière est la plus forte. Et ils rient. Ils se dérident aux propos de Marinette et de Gros René. Lorsque Gros René jette

au loin le morceau de fromage qu'il tient de la muni-
ficence de sa commère, un cri de protestation s'élève,
les mains se tendent comme pour l'attraper au vol.
Jeter du fromage, en ce moment, Gros René n'est-il
pas fou ? Et l'on se pâme et l'on s'amuse. L'insou
ciance française a repris le dessus. Cependant, Coque
lin s'avance. Ce n'est pas Coquelin, c'est un soldat qui
a quitté son poste, une heure, et va le regagner. Il
ôte son képi. Il salue le buste de Molière, puis darde
sur le public des yeux de feu. Puis, de son clairon formidable... Voici ce qu'il dit. Ce sont des vers, impro-
visés par un aimable auteur, Edmond Gondinet, qui
n'a encore fait que de petites comédies et ne se pique
pas d'être un grand poète. Mais à de certaines minutes, tout le monde est poète et Gondinet s'élève au-dessus de lui-même. L'aile divine l'a frôlé. Ses vers ne
manquent pas de souffle... Même médiocres, ce soir-là
ils eussent paru sublimes.

En quel temps serions-nous plus jaloux de nos gloires ?
Il semble que jamais ton nom n'avait jeté
Tant d'éclat, ô poète ! Et leurs sombres victoires
Nous font plus grande encor ton immortalité.

Mais ce n'est plus Paris souriant et sceptique
Qui va fêter Agnès, Alceste ou Scapin. Non,
C'est Paris prisonnier, meurtri, blessé, stoïque.
Qui fête le génie au bruit de leur canon.

En s'élevant à toi, l'âme se rassérène.
Jamais l'esprit français n'a résonné si fort.
Et dans le doux pays où ton rêve nous mène,
Nous nous sentons plus loin de ces hordes du Nord.

Nous cherchions la bataille audacieuse et fière.
Mais eux, patiemment, sourdement, par les bois,
Ils ont versé sur nous leur Allemagne entière,
Pous nous vaincre sans gloire, écrasés sous leur poids.

Ils brûlent nos palais ; ils campent à Versailles,
Ce Versailles, Molière, où tout parle de toi,
Plein de notre passé, vivant de nos batailles.
Ils croient que nos splendeurs peuvent grandir leur roi.

Qu'ils aillent promenant par la ville muette
Des fantômes de rois pour lui faire une cour.
O sublime railleur, ô penseur, ô poète,
Qu'ils te semblent petits ces conquérants d'un jour !

Que ce vieil empereur, triomphateur inerte,
Prépare à son tombeau de superbes lambris !
Sa pourpre ne vaut pas la tombe toujours verte
Du dernier des soldats qui meurt pour son pays.

Bénissons nos revers. Que l'Europe assombrie
S'agenouille à loisir sous le droit du plus fort.
Nous avons retrouvé l'amour de la patrie,
Le mépris du succès et l'orgueil de la mort !

Nous vivions follement, dédaigneux de conquêtes,
Jetant notre existence aux dieux que nous aimons.
Et les peuples jaloux se ruaient à nos fêtes,
Pour voir ce qu'il restait de sang dans nos poumons.

Ce sont les battements de nos cœurs que tu comptes,
Roi Guillaume !... Eh bien ! va, compte-les jusqu'au bout,
La France, d'un coup d'aile, a secoué ses hontes,
Et les envahisseurs la retrouvent debout.

Quelle émotion ! Quel frémissement dans l'âme des
auditeurs ! Ce roi, que flagellait le poète, il affamait
la ville, il l'entourait d'un cercle de fer, ses canons
tonnaient. Ah ! l'on ne riait plus dans la salle du
Théâtre-Français ; les cœurs battaient, les gorges
étaient serrées. Sur la scène les camarades de Coquelin ; pressés autour de lui — Alomène, Amphitryon,
Sosie, Marinette, Gros René (c'était ce pauvre Cadet),
tous (les comédiens sont démonstratifs), tous, s'étrei
gnaient les mains et pleuraient... Francisque Sarcey
— vous pensez s'il était là — rentra chez lui, bouleversé, et jeta sur le papier une des plus belles pages
qu'il ait écrites. Lui aussi, il éprouvait le besoin de se
redresser sous le talon du vainqueur barbare, de crier
sa fierté, son orgueil, son amour de Molière qui pour
lui se confondait avec l'amour du pays.

« Ce sera, racontait-il dans le feuilleton du *Temps*,
un des souvenirs mémorables du siège que cette représentation ; l'artillerie grondait et faisait rage sur la

rive gauche, et les coups retentissaient avec un bruit sourd, s'entendaient à travers les mille bruits de la ville éveillée. La foule se pressait aux alentours du théâtre. A une heure et demie, la salle était comble. Nous savons bien que le drapeau d'ambulance, placé au sommet du toit, n'arrêtera pas les Prussiens et qu'ils se feront au contraire un plaisir sauvage de détruire cette maison qui est l'une de nos plus vieilles et de nos plus chères gloires. Ils se vengeront de Molière, qui les importune, sur son temple. C'est que Molière est avec Shakespeare, le génie le plus humain, le plus universel. Et ni l'un ni l'autre n'appartient à l'Allemagne. Nous sommes habitués à louer beaucoup Molière. Mais il est un point de son histoire que nous ignorons, ou dont nous ne parlons jamais : c'est son rayonnement sur l'Europe civilisée... » Et le critique montrait l'influence du poète pénétrant tous les peuples, s'imposant aux Anglais, aux Italiens, aux Russes, et même aux Allemands, dont le théâtre, durant un siècle, ne vécut que de son imitation. « De Hambourg à Vienne, concluait-il, on l'admirait, les grands acteurs se formaient à son école. Les écoliers l'apprenaient par cœur, et Gœthe, qui s'était fait, à dix-huit ans, son copiste, jouera un peu plus tard, devant la petite cour de Weimar, *le Médecin malgré lui*. Il était bon de rappeler, surtout en un pareil jour, l'action qu'a exercée sur le monde un des maîtres de l'esprit français. Les Prussiens peuvent anéantir nos chefs-d'œuvre ; il y a une chose qui demeurera toujours hors de leurs atteintes : c'est le prestige de nos grands hommes, c'est le renom de Molière, et les services qu'il leur a rendus à eux-mêmes, en leur apprenant à penser. »

Ces lignes traduisaient l'impression que les spectateurs avaient obscurément éprouvée devant l'apothéose du grand homme. Elles opposaient à la brutalité des armes la force de l'intelligence et proclamaient que, sur ce terrain, nous étions les conquérants.

La représentation d'hier a été moins tragique mais
non pas moins chaleureuse. Le grondement de la ca-
nonnade ne s'ajoutait plus, Dieu merci, au bruit des
applaudissements. Cependant ceux-ci s'enveloppaient
d'une sorte de gravité recueillie... Peut-être était-on
plus gai en 1871. L'imminence du péril stimule les
imaginations, fouette les nerfs, crée comme un désir
de protestation et de bravade (voyez la belle humeur
qui règne aux abords du champ de bataille). L'éloignement apaise, assombrit, éteint... Chaque spectateur,
dégagé de toute inquiétude personnelle, sent peser
sur lui la torpeur de l'angoisse générale ; il s'évade ;
il songe aux absents ; la moitié de lui-même n'est pas
là. Et puis *Tartuffe* ne saurait passer pour une pièce
joyeuse. Ce fut jadis une question controversée de
décider si, en l'écoutant, il fallait ou s'il ne fallait pas
rire. Boileau se prononça nettement ; il raille le sot
qui, dit-il,

> Va pleurer au *Tartuffe* et rire à *l'Andromaque*.

Grimm déclare dans ses lettres que « l'on rit à
Tartuffe depuis le commencement jusqu'à la fin ». Les
acteurs du dix-septième et dix-huitième siècle accen-
tuaient les côtés bouffons de l'œuvre ; ils se confor-
maient à l'intention de l'auteur et prenaient soin,
comme lui, de dissimuler sous l'exubérance de la farce
l'âpreté de la satire. Depuis l'époque révolutionnaire
ces ménagements sont superflus. L'influence de Sten-
dhal et de Balzac modifia l'idée que se faisait le public
de certains personnages classiques et, par suite, l'interprétation de ces rôles. Les maris trompés cessèrent
d'être entièrement ridicules ; la compassion s'attacha
aux infortunes d'Arnolphe, l'admiration et le respect
aux fureurs d'Alceste. *Tartuffe* subit les effets de cette
nouvelle façon de considérer les choses. Peu à peu, la
comédie devint drame. L'imposteur prit une allure
sinistre. On n'observa en lui que le bas aventurier, ma-
chinateur d'intrigues et captateur d'héritages. On

oublia que le coquin, glouton, concupiscent, haut en couleur, mal élevé, qui mange six perdrix avec une moitié de gigot en hachis, vide les bouteilles et rote à table, avait aussi des aspects comiques. Voulant le rendre encore plus odieux, on le dramatisa, on lui prêta des desseins profonds, on enfla démesurément sa taille. M. Silvain — et je l'en loue — essaye de ramener le « bon monsieur Tartuffe » à ses vraies proportions. Il le représente sous les traits d'un énorme bedeau sanguin, congestionné, faussement humble, cyniquement ingrat, tourmenté de désirs lubriques que sa lourdeur et son âge (l'excellent comédien est un peu marqué) contribuent à rendre grotesque. Il débite savamment, d'ailleurs, la déclaration que Mlle Sorel accueille avec un mélange d'ironie discrète, de curiosité et de dégoût. Car le drôle s'est frotté aux humanistes et aux théologiens ; il parle, à l'occasion, une langue papelarde, fleurie, pleine de suavité. Il prêche. Ses mots caressent Elmire en même temps que ses doigts la frôlent.

De toutes ces figures demeurées si vivantes, et sur lesquelles les siècles glissent sans les vieillir, deux sont particulièrement françaises. Orgon... Dorine... Oh ! que ceux-là appartiennent bien à notre race, par leurs qualités, par leurs défauts ! Orgon, issu d'honorable souche bourgeoise, fils de juge ou de marchand, possesseur d'une maison richement montée, d'un solide patrimoine, se distingua jadis au service du roi.

> Nos troubles l'avaient mis sur le pied d'homme sage,
> Et pour servir son prince il montra du courage.

Mais Tartuffe a surgi... Dès lors, complète métamorphose.

> Orgon est devenu comme un homme hébété
> Depuis que de Tartuffe on le voit entêté.

Comment le fourbe s'y est-il pris pour s'emparer

si étroitement d'Orgon ? Il l'a accaparé, isolé, détaché de tous liens familiaux ou sociaux. Sa dupe ne voit désormais que lui, ne voit que par lui.

> Il l'appelle son frère et l'aime dans son âme
> Cent fois plus qu'il ne fait mère, fils, frère et femme...
> Enfin il en est fou, c'est son tout, son héros.
> Il l'admire à tous coups, le cite à tous propos...

Tartuffe, avide et pratique, use, abuse de l'aubaine.

> Son cagotisme en tire à toute heure des sommes.

Telles sont les dispositions de l'époux d'Elmire lorsqu'il apparaît au premier acte. Le génie théâtral de Molière leur donne une expression saisissante dans la scène du « pauvre homme ». Ici, Orgon n'est plus raconté par les autres personnages, il se peint lui-même. Ce mot dix fois répété, obstinément opposé aux explications de Dorine, montre de quelle obsession il est la proie :

> Madame eut avant-hier la fièvre jusqu'au soir.
> Avec un mal de tête étrange à concevoir.
> — Et Tartuffe ?
>   — Tartuffe ? Il se porte à merveille.
> Gras et gros, le teint frais et la bouche vermeille.
> — Le pauvre homme !

Le secret de la fascination qu'exerce sur lui Tartuffe, il l'expose longuement, minutieusement à son beau-frère Cléante. Il ressent l'impérieuse envie d'entretenir quelqu'un — qui que ce soit, même un confident hostile — de l'unique sujet qui lui tienne au cœur : sa tendresse pour l'intrus. Il ne peut en détourner sa pensée. Et le fond de son tempérament se révèle. Orgon est un impulsif, un « emballé ». Avec cela très violent, comme ceux de son espèce. Ne tolérant pas la contradiction, il marche droit devant lui ; il a des œillères. Le sage interlocuteur qu'il tâche en vain de convaincre le juge parfaitement quand il dit :

> Les hommes la plupart sont étrangement faits.
> Dans la juste nature on ne les voit jamais.
> La raison a pour eux des bornes trop petites...

Cette critique, loin de l'apaiser et de l'éclairer, l'exaspère. L'effort tenté pour l'arracher à son illusion l'y enfonce davantage. Il joint à la crédulité l'entêtement. Peut-être eût-il cédé à la persuasion complaisante. Heurté de front, il se bute. Il ne veut pas avoir tort. L'orgueil blessé, la passion surexcitée, vont transformer ce brave homme en tyran domestique. Il restera sourd aux touchantes prières de Marianne, torturera l'innocente enfant, oubliera les promesses qu'il lui a faites, la jettera en pâture au scélérat.

> Mortifiez vos sens avec ce mariage.

Sa dureté le stupéfierait s'il s'écoutait parler, s'il se regardait agir. Mais, incapable de discernement, il vit dans l'atmosphère où l'ont plongé les sournoises manœuvres de l'hypocrite. Comme il n'exécute rien avec mesure, il exagère la dévotion, de même qu'il afficherait l'athéisme, s'il avait subi l'influence d'un libertin. Plus on s'efforce de l'arracher à son erreur, plus il s'y cramponne. Il repousse la dénonciation de Damis ; il récuse, sans examen, la déposition de ce témoin, que corrobore l'aveu de la principale intéressée.

> Ah ! traître, oses-tu bien par cette fausseté
> Vouloir de sa vertu ternir la pureté ?

Les bouillonnements de son humeur autoritaire et taquine l'entraînent vers la faute irréparable. Il donne au coquin des armes qui se retourneront contre lui. Il se dépouille, il se livre.

> Ce n'est pas tout encor ; pour mieux les braver tous
> Je ne veux point avoir d'autre héritier que vous.

Lorsque enfin le stratagème d'Elmire l'a désabusé, lorsqu'il se trouve en face de l'infamie de Tartuffe, Orgon ne songe point que le traître, redoutable par ses soins, peut le perdre ; il le démasque et le chasse ;

toujours il obéit à des mouvements impétueux, que ce soit l'aiguillon de l'amour ou de la haine ; jamais il ne réfléchit aux conséquences de ses actions ou de ses discours. C'est son pire travers et c'est sa grâce. Incapable de calcul et de prudence, il s'expose bravement, il monte à l'assaut. A dix minutes d'intervalle cet écervelé se contredit ; il passe avec une égale bonne foi de l'un à l'autre extrême. Il s'engoue des gens, puis les déteste. La girouette a tourné. Soldat hardi, ami généreux, citoyen turbulent, tête faible, cœur sincère : oui, certes, Orgon est tout à fait de chez nous.

La souple intelligence, l'art de M. de Féraudy mettent en valeur les nuances de cet admirable rôle — le rôle essentiel de la pièce, celui auquel Molière attachait le plus de prix. Mlle Marie Leconte relève d'une pointe d'enjouement l'insignifiance de l'ingénue trop aisément soumise au caprice paternel. M. Grand anime Valère de sa flamme romantique. M. Georges Berr verse une malice doctement dosée — et combien spirituelle — dans les quelques répliques de l'huissier Loyal. Mme Kolb possède de Dorine l'encolure, la voix drue et franche, la populaire verdeur. Il faut que l'aimable fille ait de la joie, joie de vivre, joie d'aimer, joie d'échanger des coups, joie de jaser, de laver la tête au prochain et de gourmander son maître. Il faut qu'elle ait de la bonté, une bonté agissante, protectrice et, s'il est nécessaire, agressive. Il faut surtout qu'elle ait de la santé, au physique et au moral ; sens droit des choses, horreur de la fausseté et de l'ennui, invincible fermeté et large expansion... Tout cela réuni, c'est le rire de Dorine.

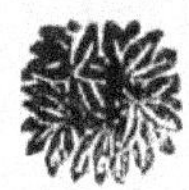

SUR LE « RHIN ALLEMAND »

D'ALFRED DE MUSSET

15 *février* 1915.

Il n'est guère aujourd'hui de concert ou de représentation patriotique qui n'inscrive à son programme le petit poème d'Alfred de Musset, mis en musique par Félicien David... Parler de ce morceau fameux, c'est un peu parler théâtre... Il fut très populaire en 1870. Il le redevient. Marcel Legay l'entonne à plein gosier devant les spectateurs des faubourgs. La rue le fredonne. J'ai eu la curiosité de chercher dans les brochures et les journaux de l'époque (1) quelques particularités relatives à ses origines. Je vous livre le résultat de mes fouilles. De cet épisode presque oublié de l'histoire littéraire, le lecteur pourra tirer d'instructifs rapprochements avec notre actuel état d'esprit. Tout se recommence ici-bas, et les mêmes questions sont éternellement posées.

(1) Le *Journal des Débats*, la *Revue des Deux Mondes*, la *Revue de Paris*, l'opuscule de Gaston Raphaël, les chroniques du vicomte de Launay, etc.

I

Vers le milieu du règne de Louis-Philippe, il exis
tait en Europe — déjà ! — un conflit pendant sur les
affaires d'Egypte. Le pacha Méhémet Ali, secrètement
soutenu par la diplomatie française, visait Constanti-
nople. L'Europe s'émut. L'Angleterre brisant son
alliance momentanée — l'entente cordiale — conclue
entre elle et la France, négocia avec la Prusse, l'Au-
triche et la Russie un accord, connu sous le nom de
convention de Londres, et qui fut signé le 15 juillet 1840. Méhémet Ali était brisé, l'intégrité de l'empire ottoman maintenue. Par ces arrangements arrê-
tés à notre insu, nous nous trouvions exclus du concert européen. Il se produisit une explosion de colère.
Le pays, sensible à cet affront, décida que les armes
seules pouvaient l'effacer et qu'il convenait de le laver
dans le sang. « Ce traité est une insolence que la
France ne supportera pas, imprimait le *Journal des
Débats ;* son honneur le lui défend. » La *Revue des
Deux Mondes,* accentuant cette attitude, ajoutait : « Si
certaines limites sont franchies, c'est la guerre, la
guerre à outrance. » Baour-Lormian, l'ennemi des
romantiques, s'écriait de son côté, avec une énergie
cornélienne :

Aux Français qu'on outrage, il n'est rien d'impossible.

Bientôt les griefs se précisèrent. Edgar Quinet publia une brochure dont le succès fut immense et dans
laquelle il démontrait que le malaise où languissait la
nation avait pour origine les traités de 1815. « La
France ne sera rien qu'une ombre, tant qu'elle ne se
sera pas relevée du sépulcre de Waterloo. » Or, quelles
étaient les stipulations les plus meurtrières de ces
traités ? Celles qui, nous enlevant la rive gauche du
Rhin, avait installé, à Sarrelouis, Mayence, Trèves et
Landau, des garnisons teutonnes. C'était là le terri-

toire à reconquérir. Edgar Quinet disait aux Allemands dans sa préface :

« Il n'est personne, chez nous, qui désire plus sincèrement votre amitié ; mais si, pour l'obtenir, il s'agit de laisser éternellement à vos princes le pied sur notre gorge et de leur abandonner dans Landau, dans Mayence les clefs de Paris, notre devoir est de nous y opposer jusqu'au dernier souffle. »

Il est aisé d'imaginer l'effet que devaient produire ces excitations sur l'opinion publique. Louis-Philippe et son ministre Thiers ne les désavouaient point, au contraire. Lorsque le roi apprit les termes du traité de Londres, « il éclata si furieusement que la reine dut faire fermer la porte de son cabinet pour que l'on n'entendît pas sa voix dans la galerie ». Aux ambassadeurs autrichien et prussien, il se plaignit amèrement de l'ingratitude de leurs maîtres et prononça des paroles décisives : « Depuis dix ans, j'oppose une digue à la révolution, aux dépens de ma popularité, de mon repos. Vous voulez la guerre, vous l'aurez. Je démuselerai le tigre. » Le duc d'Orléans assurait « qu'il préférait mourir sur le Rhin que dans une rigole de la rue Saint-Denis ». Thiers lui-même le lucide et sage Thiers, se montrait belliqueux. Toujours hypnotisé par l'exemple de Napoléon, il préparait un plan de campagne. Ses amis le surprenaient couché à plat ventre sur des cartes où, à l'aide d'épingles à têtes vertes et rouges, il pointait la marche future des armées. Le conflit était regardé comme imminent. La rente, les actions de la Banque, les principales valeurs mobilières fléchirent. Enfin, le 8 juillet, après l'inauguration de la colonne de la Bastille, 80.000 gardes nationaux marchèrent, vers les Tuileries en hurlant la *Marseillaise*. Devant les bureaux de recrutement, on faisait queue comme à la porte des théâtres, pour les pièces à succès.

II

Transportons-nous au delà des frontières. De quelle façon les Prussiens accueillent-ils ces manifestations tumultueuses ? D'abord, ils sont stupéfaits ; ils n'ont nullement envie de se battre. Et puis, ils ne saisissent pas le lien qui peut exister entre le Rhin et le Nil. Cependant, peu à peu, l'impatience les gagne. Les journalistes de Francfort et de Berlin parlent de détruire « l'immoralité française » et réclament l'annexion de la Lorraine et de l'Alsace. Le peuple, surexcité par la presse, emboîte le pas. Et cet incident donne un corps aux idées de groupement, d'unité, qui jusque-là flottaient, éparses et vagues, dans les cerveaux allemands. Il ne manquait à ces sourdes ambitions qu'une formule. Elle jaillit de l'inspiration de Nicolas Becker.

C'était un obscur petit clerc qui végétait dans le village de Hûnshoven, près de Cologne. Au mois d'août 1840, il se rend à Gelsenkirchen pour y boire un verre de bière à l'auberge de Conrad Hinz, avec quelques camarades. L'entretien s'engage sur la politique. Ils lisent les nouvelles de France, commentent les avertissements qu'elles apportent. Becker rentre chez lui très échauffé, et jette sur le papier les sept strophes de quatre vers qui allaient déchaîner un si beau tapage. Il les communique à son neveu, Edmond Openhof; celui-ci les insère dans la *Gazette de Trèves*. O surprise! Le lendemain, Nicolas Becker s'éveille célèbre. Son « chant du Rhin » (*Rheinlied*) est cité, reproduit, déclamé d'un bout à l'autre de l'Allemagne. Il parvient aux oreilles du roi de Prusse, Frédéric-Guillaume IV, qui offre à l'auteur, comme récompense, soit un présent de mille thalers, soit une pension de trois cents thalers, soit un emploi officiel. Becker — homme pratique — sollicite une place de greffier, qu'il obtient sans effort. Et il continue de recevoir des hommages extrêmement flatteurs. La fabrique de faïence de Mettloch lui fait don d'un service de sept tasses de porcelaine, sur cha cune desquelles une strophe est gravée en lettres d'or. Louis de Bavière lui dépêche, par un ambassadeur, une coupe d'argent. Enfin le prince de Prusse — le futur empereur Guillaume — épiloguant sur le *Rheinlied*, rime à son tour une poésie, qui renferme ces vers significatifs :

O Strasbourg, citadelle des routes — de France et de Bourgogne ! — Tant que les Français y séviront — jamais l'Allemagne ne se portera bien !...

Le Rhin doit redevenir dans tout son parcours — le bien des pays allemands ! — Déployez votre bannière !

Le médiocre Nicolas Becker ne pouvait manquer d'être grisé par les vapeurs de cet encens. Il publia ses œuvres poétiques complètes en un volume qui parut au mois de mars 1841. Ce fut une déception. L'ouvrage ne contenait rien de supérieur, en dehors du *Rheinlied*, que Becker eut la fantaisie paradoxale de dédier à Lamartine. Cette malencontreuse dédicace acheva d'allumer et d'activer l'incendie.

III

Les Français ne sont jamais très pressés de se tenir au courant des littératures étrangères. Il leur arrive de s'engouer d'un romancier ou d'un poète, mais en ce domaine, leur curiosité est un peu molle. Au printemps de 1841, ils avaient à peine eu connaissance de la petite pièce de Nicolas Becker. Et d'ailleurs leur effervescence tendait à se calmer. Louis-Philippe, prince avisé, ne se souciait pas de risquer sa couronne dans des aventures incertaines. Thiers, quand il s'analysait froidement, ne se jugeait pas aussi bon capitaine que Napoléon. Les bourgeois, les paysans gardaient au fond de leur mémoire l'effroi des hécatombes de l'Empire. Le cabinet Thiers avait été renversé et remplacé par un ministère Soult-Guizot, plus pacifique. C'est alors — exactement le 16 mai — que Lamartine eut en main l'exemplaire que Becker avait pris soin de lui adresser. Le jour suivant, il improvisait, en réponse au *Rheinlied*, la *Marseillaise de la paix* et dans sa livraison du 1ᵉʳ juin la *Revue des Deux Mondes* publiait les deux morceaux, la chanson de Becker et la réplique de Lamartine.

Pour pénétrer le sens de la *Marseillaise de la paix*, il est nécessaire de bien concevoir l'état d'âme du poète. Il aime, certes, ardemment sa patrie. Mais il hait l'effusion du sang. Il appréhende le danger d'une exaltation démesurée de la gloire militaire. « Je ne
» suis pas de cette religion napoléonienne, de ce culte
» de la force que l'on veut, depuis quelque temps,
» substituer dans l'esprit de la nation, à la religion
» sérieuse de la liberté. Je ne crois pas qu'il soit bon
» de déifier ainsi sans cesse la guerre, de surexciter
» ces bouillonnements déjà trop impétueux du sang
» français qu'on nous représente comme impatient de
» couler après une trève de vingt-cinq ans, comme
» si la paix, qui est le bonheur et la gloire de notre
» monde, pouvait être la honte des nations. » Il trace
entre la guerre et la paix, un parallèle tout à l'avantage de celle-ci : « S'il y a plus d'éloquence, je suis
» forcé de le reconnaître; s'il y a plus d'action, de
» mouvement, de révolution dans la guerre, permet-
» tez-moi de le dire : il y a cent fois plus de vrai
» patriotisme dans la paix. » En se proclamant cosmopolite, il croit servir le secret dessein de Dieu qui enseigne à ses créatures la fraternité : « Je suis
» homme avant d'être Français, Anglais ou Russe, et
» s'il y avait opposition entre l'intérêt étroit du natio-
» nalisme et l'immense intérêt du genre humain, je
» dirais, comme Barnave : « Périsse ma nation,
» pourvu que l'humanité triomphe. » Au-dessus des
» intérêts matériels, en effet, il importe de considé-

» rer les idées et les grands hommes, qui doivent
» leur force à la Providence. L'union entre les idées,
» entre les grands hommes est indestructible. »

Voilà le thème développé par Lamartine dans la
Marseillaise de la paix. Malgré ses merveilleuses beau
tés littéraires, le poème déplut. Il froissait, il humi
liait le sentiment national. Les feuilles boulevardières
le criblèrent de railleries, ainsi du reste que le lied
de Becker. Il ne fut pas plus heureux en Allemagne.
La *Gazette de Cologne* le jugeait ainsi : « A côté de
» la petite poésie de Becker, la pièce de Lamartine a
» l'apparence d'une dame de la cour, fardée, poudrée,
» en robe à paniers, gonflée... » Et le *National*, de
Paris, encore moins gracieux, déclarait : « M. de
» Lamartine ne sera jamais un homme politique
» sérieux, et bientôt il cessera d'être un homme émi
» nent en poésie. Cette décadence, depuis longtemps
» commencée, se poursuit sous nos yeux par des ou
» trages au bon sens et des insultes à la grammaire. »

Le *National* allait un peu loin. La *Marseillaise de
la paix* n'est pas sans défaut. Çà et là des métaphores
trop ingénieuses, renouvelées de l'abbé Delille, l'affli
gent. L'image dont use Lamartine pour décrire les
bateaux à vapeur qui « font les bords du Rhin » manque de simplicité (encore que le second vers ait de
l'allure).

> Ces navires vivants dont la vapeur est l'âme
> Déploieront sur ton cours la crinière du feu.

Mais quelle foi, aussi, quelle noblesse, quelle séré
nité, quelle bonté imprègnent ces vers, où le lait de la
tendresse humaine coule à plein bord! La langue fran
çaise n'en possède pas de plus magnifiques. Le mor
ceau souleva dans les salons littéraires de vives dis
cussions. Et c'est au cours d'un de ces débats mon
dains qu'intervint le troisième acteur de cette tragi
comédie : Alfred de Musset.

Ici je passe la plume à Mme de Girardin qui, sous le pseudonyme du vicomte de Launay, raconta toute la scène dans la causerie hebdomadaire de la *Presse*.

L'autre soir, nous étions plusieurs ouvriers en poésie réunis chez Mme de Girardin et nous nous disputions ces vers (la *Marseillaise de la paix*) comme des confrères avides, soit, mais non pas comme des corbeaux. Et chacun vantait la strophe qu'il préférait.

— Voilà ma strophe, disait Théophile Gautier.

— Voilà la mienne, disait M. de Balzac.

— Ces vers-là sont bien beaux, reprenait M. Mèneceuchet.

Et il lisait admirablement, comme vous savez. M. Alfred de Musset était assis dans un coin du salon.

— Moi, dit-il, voilà les vers que j'aime le mieux.

Et il récita par cœur cette strophe sublime :

Amis, voyez là-bas. — La terre est grande et plane !...

Chacun s'écria :

— C'est superbe !

— J'aime bien aussi les deux derniers vers, dit Mme de Girardin.

Et prenant la *Revue des Deux Mondes*, elle lut cette fin :

Roule libre et grossis tes ondes printanières
Et que les sept couleurs qui teignent nos bannières,
Pour écumer d'ivresse autour de tes roseaux
Arc-en-ciel de la paix, serpentent dans tes eaux.

— C'est très beau, dit Mme de Girardin, mais c'est trop généreux. J'aurais voulu qu'on dît des choses désagréables à ce monsieur. Nous autres, femmes, nous n'entendons rien à vos beaux sentiments humanitaires ; nous sommes, en toutes choses, orgueilleuses, passionnées, jalouses ; c'est là notre seul mérite, nous ne saurions y renoncer. Pour ma part, je professe un égoïsme national féroce, j'en conviens ; j'ai le préjugé de la patrie et j'aurais aimé répondre à cet Allemand en vers cruels.

— Moi aussi ! s'écria Alfred de Musset.

— Faites-les donc vite, reprirent en chœur tous les assistants. Nous allons vous enfermer ; nous vous donnons un quart d'heure.

— On ferma la porte du salon derrière lui. On lui avait

donné tout ce qu'il fallait pour travailler : du papier, des plumes et de l'encre. Fi donc ! on lui avait donné deux cigares. Au bout d'un quart d'heure, on frappa à sa porte, on ouvrit : les cigares étaient consumés, les vers rimés.

La *Revue de Paris* les imprima. Et la polémique rebondit; les uns approuvèrent Lamartine, les autres tinrent pour Musset. Ces derniers étaient, de beaucoup, les plus nombreux. La *Revue des Deux Mondes*, afin d'effacer la mauvaise impression qu'avait causée la *Marseillaise de la paix* et de calmer les susceptibilités de ses lecteurs, publia des pages d'Edgar Quinet, empreintes d'un mâle héroïsme. Des officiers prussiens dépêchèrent un cartel à Musset, qui répondit qu'il ne se battrait qu'avec Nicolas Becker. Mais Becker était trop malade pour relever ce défi. Insensiblement, l'orage tomba. Les criailleries cessèrent. D'autres soucis succédèrent à ceux-là. L'humeur mobile des Parisiens ne s'arrête pas longtemps aux mêmes objets. Les Allemands rentrèrent dans un repos qui, de leur côté, n'avait pas été troublé bien profondément. On cessa, de part et d'autre, de chanter le *Rhin allemand*. On ne s'en ressouvint qu'en 1870, au moment où ces germes, qui avaient été imprudemment semés trente ans plus tôt, portèrent leur fatale moisson.

L'incident ne laissa de l'amertume que dans un seul cœur, dans le cœur pourtant si pur de Lamartine. Cet homme de génie ne pardonnait pas aux Français d'avoir préféré à son sublime discours, la cavalière et impertinente boutade d'Alfred de Musset. Il s'en expliqua franchement dans un des cahiers du *Cours de littérature* :

Musset composa des strophes railleuses et prosaïques, auxquelles l'esprit national (dirai-je esprit ? dirai-je bêtise ?) répondit par un de ces immenses applaudissements que l'engouement prodigue à ses favoris d'un jour, engouement qui ne prouve qu'une chose : c'est que le patriotisme n'était pas plus poétique qu'il n'était politique en ce temps-là.

Mes vers, que je relis aujourd'hui avec plus de satisfaction d'artiste qu'aucun des vers politiques que j'ai écrits, pâlirent complètement devant le petit verre et le petit vin blanc des strophes de Musset. Je fus déclaré un rêveur et lui un poète national : la *Marseillaise* ne se releva qu'après la chute de la coalition parlementaire. On voulait un refrain de caserne, on bafoua la note de la paix.

La tristesse de Lamartine est compréhensible. Ce qu'il prenait pour une marque de frivolité et de sottise découlait, toutefois, d'un autre sentiment. Sa *Marseillaise* avait eu le tort de venir à une minute inopportune. Le poète, mieux instruit de l'humeur de ses compatriotes, n'eût pas été surpris du mauvais accueil qui lui fut fait. Les Français sont chatouilleux sur le point d'honneur. Ils n'aiment pas les dérobades et les reculades. Il leur était pénible qu'un de leurs grands hommes n'opposât, aux accents vindicatifs de Becker, que ce détachement philosophique et cette évangélique éloquence. La claire fanfare du clairon exprimait mieux leurs dispositions intimes que les généreuses effusions de la lyre. Et voilà pourquoi ils prodiguèrent au père de *Mimi Pinson* les applaudissements qu'ils refusaient à l'auteur de *Jocelyn*. Leur instinct s'abusait-il complètement? Le poète germain pouvait alléguer sa bonne foi, affirmer l'honnêteté de ses desseins, se poser en champion de sa patrie menacée. Mais ce n'était là, au fond, qu'une attitude conforme à la duplicité allemande. Les mots dont il usait contre nous suaient la haine, l'irrémédiable désaccord de deux races. Sous la feinte défensive l'offensive perçait. L'aventure de 1870, celle de 1914 sont de cruels démentis infligés aux espoirs de Lamartine, à la candeur de ses illusions. La cinglante riposte du *Rhin* allemand nous sert toujours de panache. La *Marseillaise de la paix* est — pour l'instant — démodée.

« ZAÏRE » A LA COMÉDIE »

Le vers tragique de Voltaire

19 avril 1915.

PEUT-ÊTRE la Comédie-Française n'aurait-elle pas eu l'idée de reprendre *Zaïre*, si la nécessité de varier ses spectacles ne l'eût conduite à faire de nombreux emprunts à l'ancien répertoire. La tragédie de Voltaire méritait l'honneur d'une exhumation. Elle est demeurée célèbre. Elle fut jadis passionnément applaudie. Elle marque l'apogée d'un art que nous ne devons pas mépriser, car cette forme d'art contient en germe une partie du théâtre moderne. Voltaire partageait le goût traditionnel de ses compatriotes pour la tragédie. Il essaya de la renouveler. Il admirait Corneille (un peu plus qu'il ne l'aimait). Il s'était familiarisé avec Shakespeare dont il disait beaucoup de mal et dont il pensait beaucoup de bien. Il s'inspira de l'un et de l'autre. A Corneille il emprunta la politique et la guerre, l'évocation des grandes époques de l'Histoire, les discours ; à Shakespeare l'action directe, la violence, le pittoresque, le mouvement. Il unit ces éléments, il en tira le drame et le mélodrame. Ce qu'il reproche à la vieille tragédie, c'est de n'aller pas assez vite : « Trop lent, trop lent », répète-t-il sans cesse. Il veut que l'intrigue soit rapide, gonflée d'événements et de catastrophes ; il veut qu'une mise en scène somptueuse, récréative, la souligne et l'encadre. Ce souci de l'effet extérieur le fascine. Il se préoccupe de plaire aux yeux autant qu'à l'esprit. Cette inquiétude, cet amusement percent à chaque ligne de sa correspondance. Pour bien pénétrer le sens de son œuvre dramatique, il faut l'étudier à travers ses lettres. Là, on assiste aux efforts successifs de la conception, de la gestation, de la réalisation — spectacle extrêmement instructif.

D'abord Voltaire improvise (il écrivit *Zaïre* en vingt-deux jours) ; il travaille dans l'allégresse et l'enthousiasme. Cette méthode, dont tout le monde n'a pas le privilège de pouvoir user, est excellente ; elle communique à l'ouvrage un je ne sais quoi d'aisé, de prompt et de naturel. Elle est dangereuse, car elle le laisse ébauché et imparfait. Le prudent Voltaire appréhendait cet écueil ; il se détournait de la pièce impétueusement jaillie ; il l'oubliait pendant plusieurs semaines au fond du tiroir, puis il la reprenait, l'examinait d'un œil lucide. Le critique s'adjoignait au créateur et lui apportait l'aide nécessaire. Le critique ne doit intervenir qu'après que le créateur a jeté son feu. S'ils opèrent côte à côte, ils se paralysent, s'immobilisent, se glacent. Au contraire, leurs tâches successives se complètent, se prêtent un appui mutuel. Le sagace commentateur de Molière se jugeait sans complaisance quand sa fièvre était tombée. Durant les répétitions, il achevait d'y voir clair ; il ne se lassait pas de corriger, de raturer, de remanier. Il se montrait — chose rare — docile aux conseils. « J'écoute volontiers les donneurs d'avis, disait-il ; j'efface une sottise pour en mettre une autre. » Sa merveilleuse souplesse, sa fougue, son ingéniosité toléraient, sollicitaient l'objection, ne se refusaient point à un surcroît de besogne. « Chacun, raconte Lekain, connaît la facilité de M. de Voltaire pour écrire ; mais personne n'a vu ce que nous avons vu pendant qu'il préparait sa *Zulime*. Son secrétaire ayant égaré et brûlé, comme un brouillon inutile, le cinquième acte de cette tragédie, il le refit de nouveau et sur de nouvelles idées qui lui furent suggérées par la circonstance. Il ajouta le rôle de Cicéron au quatrième acte de *Rome sauvée*, lorsque nous jouâmes cet ouvrage au mois d'août 1750 sur le théâtre de la duchesse du Maine, au château de Sceaux. » Les pièces de Voltaire se ressentent de cet excès de mobilité ; elles ne donnent pas l'impression d'une puissante coulée de lave, sortie du cœur et de l'âme du poète ; ce sont des chefs-d'œuvre de marqueterie, de savants édifices qu'une main agile et presque trop adroite a bâtis, ornés. Une psychologie superficielle. Des faits habilement enchevêtrés. Une intrigue dénouée après d'extraordinaires péripéties. De tout petits ressorts, beaucoup d'invention ; peu de grandeur véritable. De la vie, mais non pas la vie profonde et qui remonte aux sources, la vie qui se joue à la surface, une vie factice, la vie des planches.

Ces sortes d'œuvres sont d'ailleurs fort séduisantes : elles divertissent en même temps qu'elles émeuvent ; elles ébranlent l'imagination plutôt que la sensibilité. Nos aïeux s'attendrissaient sur les malheurs de Zaïre. Les spectateurs d'aujourd'hui les prennent difficilement au sérieux. Nous ne concevons pas que le malentendu d'où ils découlent se prolonge alors qu'un mot suffirait pour le dissiper. Nous ne comprenons pas davantage la passivité de l'héroïne, son mutisme obstiné, son manque de confiance envers l'homme qu'elle aime. Si elle nous apitoie, elle nous irrite aussi et finit par nous paraître un peu sotte. La « croix de sa mère » nous fait sourire ; et de même les « reconnaissances » qui précèdent et amènent le dénouement. La jalousie d'Orosmane nous toucherait, mais elle repose sur un fondement bien frêle : l'ambiguïté du billet de Nérestan. Ce billet est trop astucieusement rédigé ; l'auteur en a calculé les termes.

de façon à créer, à entretenir l'équivoque. Tout cela offense le sens commun. Tout cela

> Sort du bon caractère et de la vérité.

Est-ce à dire que la pièce soit inintéressante ? Pas précisément. Une certaine flamme l'échauffe, l'ardeur de l'inclination réciproque des amants ; ils échangent des paroles vives et sincères, chantent de jolis duos. Comment ne point compatir au tourment de deux êtres séparés par d'invincibles obstacles ? Rien ne troublerait et ne diminuerait notre plaisir si ces sentiments étaient exprimés dans une langue plus simple, moins solennelle...

Le style, voilà la principale faiblesse des tragédies de Voltaire. Que les contemporains puissent le louer, qu'ils n'en discernent pas les défauts, qu'ils lui attribuent les qualités qu'il n'a pas, ce nous serait un sujet d'étonnement, si nous ne nous reportions à l'époque. Les beaux esprits du dix-huitième siècle prisaient au théâtre la fausse élégance et la boursuflure. Ils exigeaient que l'alexandrin tragique fût noble, ils en tendaient par là exempt de toute familiarité. Le châtelain de Ferney possède ce talent ; ses amis La Harpe, Marmontel le lui accordent : ses ennemis ne le lui refusent pas. Fréron, Collé, Rousseau qui n'étaient certes pas enclins à l'indulgence, s'inclinent devant la beauté du vers voltairien ; ils le proclament *brillant*, *éblouissant*, *magique*. Geoffroy le juge assez durement ; et cependant il n'ose aller contre l'opinion commune et déclare que ce vers a de *l'éclat* et du *coloris*. L'illusion ne s'écroula que plus tard. Hugo, Villemain, Gautier, Saint-Victor brûlèrent ce que leurs prédécesseurs avaient adoré ; ils ne niaient pas les dons prodigieux du père de *Candide* ; mais s'ils honoraient le prosateur, ils condamnaient le poète, à l'aide d'arguments qui ont conservé toute leur force. Le verdict est maintenant sans appel. Le style des tragédies de

Voltaire ne saurait plus trouver d'apologistes, ni même de timides défenseurs... Les professeurs de l'Université, chargés de former le goût littéraire de la jeunesse, sont unanimes, je suppose, à lui en signaler les défaillances. Ils n'ont pas de peine à les énumérer, elles sautent aux yeux. Ce style enflé, à la fois creux et tendu, surchargé d'ornements, plat, mais non point dénué de recherche, grandiloquent, et (n'en déplaise à Marmontel) incolore, inflige aux auditeurs un fâcheux malaise. Sur tout ce qu'il prétend décrire ou traduire, il répand une teinte grise qui rebute l'attention. Médiocrement original, il pastiche la « manière » de Corneille, de Racine, et n'approche pas de ses modèles. Quand il imite Shakespeare, c'est pis encore. Rapprochez des scènes capitales d'*Othello* les scènes correspondantes de *Zaïre*. L'exercice en vaut la peine. Les insinuations d'Iago éveillent les soupçons, déchaînent la fureur du More et lui arrachent des cris incohérents où se révèlent les symptômes de la folie commençante : « Avec Desdémone, auprès d'elle, dans son lit... Abomination !... Le mouchoir, le mouchoir !... Obtenir l'aveu du crime et l'en châtier. Non, l'étrangler d'abord, ensuite la forcer d'avouer. Orosmane, conserve, lui, les apparences du sang-froid : il disserte sur son cas, paisiblement.

> ...Eh bien, cher Corasmin, qu'en dis-tu ?
> Tu vois comme on me traite...

Il ne se fâche qu'après, à la réflexion, et parce qu'il se dit apparemment qu'un homme trahi ne peut, sans inconvenance, rester calme.

> Je me meurs, je succombe à l'excès de ma rage.

Et il développe, il développe... Les mots froidement véhéments s'alignent :

> Le voilà donc connu, ce secret plein d'horreur,
> Ce secret qui pesait à son indigne cœur.

Lorsque le texte shakespearien passe par la plume
du dramaturge français, il perd sa vigueur, il s'ané-
mie. Le fameux monologue d'Hamlet transcrit dans
la dix-huitième lettre philosophique, devient une
chose presque ridicule. « C'est mettre un terme aux
douleurs qui sont l'héritage de la « chair », dit l'Anglais... Voltaire abrège : il écrit : « C'est la fin de nos
maux. » Il supprime les cauchemars, les épouvantes
dont l'éternel sommeil est bouleversé. « Mourir, dormir... dormir, rêver peut-être. Voilà le problème. Dans
ce sommeil quels rêves aura-t-on ? » Traduction de
Voltaire :

                              Mais un affreux réveil,
    Doit succéder sans doute aux douceurs du sommeil.

Partout des périphrases édulcorées remplacent les
énergiques images. « S'assurer le repos avec une simple aiguille » n'est plus qu' « un heureux homicide ».
Shakespeare écrit : « La conscience nous rend craintifs et poltrons. Voltaire délaye cette idée en trois
alexandrins inexpressifs et pompeux :

    Mais le scrupule parle, il nous crie : Arrêtez !
    Il défend à nos mains cet *heureux homicide*
    Et d'un héros guerrier fait un chrétien timide.

Quand il copie Corneille, l'auteur de *Zaïre* est-il
mieux inspiré ? Il réussit parfois à frapper des vers-
maximes, à les graver d'une façon durable dans la
mémoire :

    ...A tous les cœurs bien nés que la patrie est chère !...

    ...Qui sert bien son pays n'a pas besoin d'aïeux.

il sait condenser en douze pieds une affirmation qui
flatte le préjugé ou l'orgueil du public :

    Des chevaliers français tel est le caractère.

Visiblement, ses préférences vont à Racine. S'il ne le pille pas, au sens propre du terme, il le « démarque ». D'innombrables réminiscences d'*Athalie*, d'*Andromaque*, de *Bazajet*, flottent à travers son théâtre. Il leur emprunte des hémistiches, des épithètes,

Et malgré notre usage *antique et solennel*...

(Tancrède)

Porte, *porte aux autels* un cœur maître de soi.

(Alzire)

A corrompu le cours de ses prospérités.

(Sémiramis)

Ce dernier vers est une transposition quasi littérale du vers d'*Athalie* :

De mes prospérités, interrompre le cours.

De la langue racinienne, il s'assimile particulièrement la phraséologie amoureuse et courtisanesque, les fadeurs... Orosmane languit *dans les fers* d'une *beauté* aux pieds de laquelle il dépose ses *feux* et *ses soupirs* ; il est sensible aux *appas* d'un *vertueux objet* ; il brûle de *former des nœuds* bien ou mal *assortis*. L'écrivain croirait déchoir s'il se servait d'expressions courantes : il fuit le réalisme ; il multiplie les *trépas*, les *forfaits*, les *courroux* ; il abuse des inversions, dont quelques-unes ont égayé le parterre :

Tu verras de chameaux un grossier conducteur...

Il affectionne les locutions abstraites qu'il estime distinguées ; il abuse des interjections, des apostrophes ; il en fait une consommation effroyable. Les *ô ciel*, déjà si abondants chez Racine, pullulent avec de nombreuses variantes :

O vengeance, ô tendresse, ô nature, ô devoir.
O perfidie, ô crime, ô jour fatal du monde

(Mérope.)

O ma religion, ô mon père, ô tendresse.

(Zaïre.)

La répugnance que Voltaire a de recourir aux mots familiers l'amène, par une pente inévitable, à l'emploi systématique de la métaphore.

Ces métaphores sont quelquefois inintelligibles, souvent incorrectes. Dans *Tancrède*, il montre la main du Temps *consumant* les flambeaux de la haine ; un *culte* qui est le premier degré d'une *grandeur* naissante ; un *poison* qu'on arrête en sa source. Dans *Zaïre*, il parle des eunuques... sans en parler. Il évoque, silhouettes vagues et prudemment estompées,

> ...Ces monstres d'Asie.
> Du sérail des Soudans, gardes injurieux
> Et des plaisirs d'un maître, esclaves odieux.

Injurieux, odieux... Ces épithètes surgissent, dès que Voltaire en a besoin, pour boucher un trou à l'intérieur du vers, ou à la fin, pour rimer. Il y a (M. Charles Lefebvre les a comptés), sept *triste* et six *affreux* dans le second acte de *Zaïre*, huit *horrible* dans les trois derniers actes de *Mahomet*. Si l'adjectif est terne, la rime est banale. *Larmes* et *alarmes*, *généreux* et *glorieux*, *loi* et *toi* (ou *moi*, ou *soi*), *cours* et *jours*, *craindre* et *plaindre*, *guerre* et *terre*, inexorablement s'attendent, s'appellent... Ces vers chevillés, pauvrement rimés, sont peu harmonieux ; la musique qui caresse et qui berce en est absente. Que leur reste-t-il donc qui justifie l'engouement qu'ils excitèrent ? Une certaine éloquence, dans l'expression des vérités générales. Voltaire chérit la justice, la tolérance ; il voue une ardeur chaleureuse, opiniâtre, à l'exaltation de ces vertus. Son personnage favori est l'avocat, l'orateur qu'il charge de remuer la foule. Les harangues intercalées dans *Mahomet*, dans *Tancrède*, dans *Brutus*, dans *Alzire*, dans les *Guèbres* sont des morceaux philosophi-

ques et oratoires où affluent les traits fortement ra
massés ; les formules lapidaires :

Si l'homme est créé libre il se doit gouverner.

(Brutus.)

Oui, le vrai Dieu, mon fils, est le Dieu qui pardonne.

(Alzire.)

Ces diamants étincellent à condition qu'on les isol
du fatras qui en éteint la splendeur. Une gangue
trop épaisse les étouffe. Dix minutes d'émotion ou
d'agrément ne suffisent pas à compenser deux heures
d'ennui. Le théâtre de Voltaire est bien mort... Aucun
effort ne pourra le ressusciter. Chaque tentative nou
velle pour le tirer de l'oubli l'y replonge plus profon
dément. La seule *Zaïre* émerge, de loin en loin, lors
qu'un acteur et une actrice célèbres, s'avisant que le
costume turc leur va bien, s'offrent cette fantaisie.

La « turquerie » sied à ravir à M. Albert Lambert :
elle met en valeur sa grâce robuste et fière, sa pâleur
orientale, son pur et noble profil. Orosmane lui con
vient, puisque la physionomie du personnage est faite
de dignité, de charme, de passion, et que ce sont
là justement les meilleures qualités de notre beau
tragédien. Mme Weber se souvient, en incarnant la
« chrétienne du sérail », qu'elle a exprimé dans une
autre œuvre — et avec une magnifique ampleur — les
délices, les extases, les illuminations de la foi. Zaïre
a quelques traits de Pauline. Elle est, de plus, humai
nement amoureuse du superbe seigneur, son esclave
et son maître. L'instinct et l'intelligence de l'actrice
ne laissent échapper aucune de ces nuances. M. Sil
vain imprègne de sa bonhomie majestueuse et pater
nelle le vieux Lusignan et l'on ne saurait mieux dire
qu'il ne les dit les fameux vers qui réveillent Zaïre et
la ramènent à Dieu :

Ma fille, tendre objet de mes dernières peines,
Songe au moins, songe au sang qui coule dans tes veines.
C'est le sang de vingt rois, tous chrétiens comme moi.
C'est le sang des héros défenseurs de ma loi...
Je te vois dans mes bras et pleurer et frémir...
Je vois la vérité dans ton cœur descendue.
Je retrouve ma fille après l'avoir perdue.

Ce discours, prononcé d'une voix emphatique, serait insupportable ; la simplicité du tragédien élimine le « ronron » et ne laisse subsister que le fond des sentiments qui sont touchants et vrais. Nous sommes tellement accoutumés à n'applaudir M. Grand que dans le répertoire moderne, que nous tremblons pour lui, quand il aborde un rôle classique. Il éprouve probablement cette même crainte. L'accueil du public l'a rassuré. C'est un Nérestan mâle et sincère. Les autres personnages sont fort décemment rendus par MM. Delaunay, Henry Mayer, Polac, Mme Garay-Myriel. Je veux n'oublier personne, à une heure où tous les artistes de la Comédie-Française, depuis le doyen et la doyenne jusqu'au plus humble comparse, remplissent allègrement leur devoir et consacrent ce qu'ils ont de génie, de talent ou de zèle aux intérêts et à la gloire de la chère Maison.

MARCEAU

OU LES ENFANTS DE LA RÉPUBLIQUE

La vieille formule du drame patriotique et militaire

26 avril 1915.

L'AMBIGU a remis, pendant quelques jours, sur l'affiche *Marceau ou les Enfants de la République*. Ce vieux drame a contre lui sa célébrité même ; il a été trop souvent, trop longtemps joué. Son titre exhale comme une odeur de moisi, évoque toute une série d'ouvrages qui, durant un demi-siècle, émurent la foule et dont elle avait fini par se lasser. Le plaisir qu'elle y goûtait n'était pas cependant de qualité méprisable. Ces œuvres populaires et familières lui apportaient un aliment savoureux et sain, remuaient en elle les instincts généreux, l'appétit d'héroïsme qui sont au fond de la race et toujours prêts à jaillir. *Marceau* exalte le culte de la patrie, le courage, le désintéressement, la noblesse d'âme, les vertus françaises. La pièce, en somme, est intéressante. Bien charpentée, bourrée de coups de théâtre, elle ne pèche que par excès d'ingéniosité. L'invraisemblance de certaines de ses péripéties fait sourire. Aujourd'hui nous aimons les intrigues moins compliquées ; la simplicité nous plaît davantage qu'à nos grands-pères. Pourtant, ne généralisons pas. Le peuple, resté enfant, garde une secrète prédilection pour le merveilleux, pour les combinaisons imprévues d'événements, pour les rencontres providentielles, pour le miracle. Les fictions romanesques continuent de le séduire. Quand une part de vérité s'y ajoute, quand il peut croire que *c'est arrivé*, alors sa joie est complète.

Les dramaturges du dernier siècle excellaient à opérer ce mélange. Anicet Bourgeois et Michel Masson (les auteurs de *Marceau*) savaient, comme **Dennery**, doser d'une main adroite l'illusoire et le réel. Ils connaissaient profondément le public, le gros public auquel s'adressaient spécialement leurs ouvrages ; ils savaient qu'un des plus sûrs moyens de le conquérir, c'était, en le touchant, de l'amuser, de ne point l'assombrir par des tableaux uniformément graves et tristes, mais de varier l'aspect du spectacle, de placer à côté de la physionomie tragique la silhouette bouffonne, d'opposer à la figure du traître le profil du *rigolo* bienfaisant, d'exciter à la fois le rire et les larmes. Rire, cela détend après qu'on a pleuré, et cela donne des forces pour frémir de nouveau... Ils savaient aussi la sympathie qui s'attache aux noms illustres, aux grands personnages de l'Histoire, et qu'il n'y a rien de plus piquant que la vue, sur les planches, d'un prince, d'un ministre, d'un écrivain renommé, d'un guerrier fameux. *Marceau* réunit ces divers attraits. Dès le premier acte, la curiosité s'éveille. L'agencement de ces scènes d'exposition animées et colorées témoigne d'une dextérité remarquable. Les fournisseurs de l'Ambigu, comme ceux du Palais-Royal dans un autre genre, poussaient le métier à un suprême degré de perfection. Examinons d'un peu près leurs méthodes. C'est fort instructif.

D'abord, il convient de mettre tout de suite la salle en belle humeur. L'émotion naîtra plus tard. Il est indispensable que l'enjouement la précède, la prépare et progressivement y conduise. Mlle Croquette et Alcindor Beaugency se chargent d'égayer le spectateur. Croquette, fille du cabaretier Gibouleau, débite du vin, des échaudés et des œillades aux bons patriotes accourus pour participer à la fête de la Fédération. L'acteur Beaugency, l'élève favori de Talma, lui fait naturellement un brin de cour, l'aide à servir les clients, la défend contre leurs galanteries et dépose à ses pieds des madrigaux, ornés de réminiscences du répertoire : « Quand entrez-vous à la Comédie-Française, monsieur Alcindor ? — J'ai en poche mon engagement signé. — Je voudrais bien y débuter en même temps que vous... comme ouvreuse. » Mais voici le défilé des « futurs grands hommes » : le jeune Talma, le jeune Marie-Joseph Chénier qui devisent des choses nationales. Ils parlent une langue oratoire, lyrique et fleurie.

« Jamais cérémonie plus majestueuse ne se déroula aux yeux de la multitude, déclame le tragédien. Cent mille citoyens de tout âge, de tout sexe, de toute condition s'agitent dans la fièvre et le bonheur. La terre se meut sous les efforts multipliés ; l'air retentit de chants d'allégresse ; l'autel de la Fédération s'élève. Tableau sublime ! Tout un peuple ne formant qu'une armée, qu'une famille, n'ayant qu'un amour au cœur, l'amour du pays. »

Il conte à son ami la rencontre qu'il a faite, en une circonstance mémorable, d'un brillant officier d'artillerie, au visage sévère que tempérait un regard d'une « inexprimable douceur (?) ». Vous devinez, malgré la fantaisie du signalement, qu'il s'agit de Bonaparte. Nous le voyons aussitôt surgir, suivi du sergent Marceau, de l'architecte-adjudant Kléber, de l'avocat Robespierre, et d'un prêtre, l'abbé Pascal, en qui s'incarne idéalement la charité chrétienne, alliée à l'esprit démocratique. (*Marceau* est une pièce très républicaine. N'oublions pas qu'elle fut représentée en 1848.) Il est indispensable que ces personnages s'im-

posent d'emblée à l'affection et au respect du parterre.
Ils échangent des réflexions propres à leur concilier
ces sentiments.

« Nous sommes à peu près tous à l'aube de notre
carrière, déclare Chénier. — Plus ou moins pauvres,
fait observer Bonaparte. — Presque ignorés, ajoute
Marceau. — Nous avons droit à la gloire, s'exclame
Kléber. — Jusqu'ici les chemins nous étaient fer-
més, soupire Marceau. — Maintenant les routes nous
sont ouvertes », reprend avec feu Bonaparte. Et il
conclut : « L'avenir est à nous ! » Un concert de voix
enflammées s'unit à la sienne : « Il faut qu'on dise
un jour : le colonel Marceau ! — Le général Bonaparte ! — L'invincible Kléber ! — L'éloquent Chénier !
— L'incomparable Talma ! » Le poulailler de l'Ambigu soulignait d'un tonnerre d'applaudissements ces
paroles prophétiques. L'arrivée de Galoubet portait au
paroxysme son enthousiasme. Galoubet, c'est le comique jovial, ingénu et attendri, qui joue un rôle si
important dans les mélodrames de l'époque romantique. Que voulaient les auteurs ? Prouver que les
« enfants de la République » furent aussi grands par
le cœur que par la pensée, qu'ils n'eurent pas moins
de bonté que de génie... Galoubet va servir à cette
démonstration. L'humble terrassier Galoubet a perdu,
en poussant sa brouette, cinq écus de six livres, dont
il est responsable envers son patron. Il gémit, il
tremble à l'idée de l'inévitable châtiment : il se voit
emprisonné et déshonoré. « Ma pauvre mère en mour-
rait. » Il songe au suicide. Devant ce désespoir, et
sur la proposition de l'abbé Pascal, Chénier, Hoche,
Marceau se cotisent... Talma verse sa quote-part et celle
de Bonaparte, qui n'a pas le sou : « Lieutenant, vous
me rendrez cet argent quand vous serez général. »
Galoubet se répand en effusions reconnaissantes :
« Je suis à vous à la vie et à la mort ! » Les habitués
du boulevard du Crime ne pouvaient demeurer insen-

sibles à de si cordiales effusions. Mme Joseph Prudhomme sanglotait dans son mouchoir, Gavroche acclamait de là-haut ces « braves types ». Mais ils n'eussent pas été tout à fait heureux, s'ils n'avaient eu par antithèse quelqu'un à maudire. Les auteurs de Marceau proposent à leur exécration un certain Fauvel qu'ils peignent sous les couleurs les plus sombres et s'efforcent de rendre odieux. Cet individu a bousculé un vieillard et une jeune fille, trop lents à s'écarter devant lui ; il a été provoqué par Kléber, témoin de sa brutalité. Ils vont se battre. Non, ils ne se battront point, car ce butor de Fauvel est un scélérat indigne de croiser le fer avec un honnête homme. La faute qu'il a commise, un Français ne saurait l'amnistier : elle manque d'allure, c'est une faute laide et sournoise... Marceau l'expose avec véhémence à son camarade Kléber. On bataillait quelque part, chez le Bavarois ou l'Autrichien : « Les habitants de la ville où nous étions en garnison, accablés de corvées et d'impôts, se révoltèrent. Le général qui nous commandait prescrivit une charge meurtrière contre les infortunés. Ordre nous fut donné de faire feu : mais comme nous désapprouvions cet acte de barbarie, nous tirâmes en l'air. Le général, furieux, court à un soldat, le frappe de son épée au visage, le blesse grièvement ; le soldat saisit l'épée et la brise. Il s'enfuit, protégé par nous, ses frères, qui serions morts plutôt que de le perdre. Le médecin-major Fauvel vint, à notre appel, soigner le blessé après nous avoir juré de tenir secret le lieu de sa retraite... » (L'histoire, assez peu intelligible, n'explique pas comment le rebelle, ayant outragé publiquement son chef, peut disparaître sans encourir la peine infligée aux déserteurs, c'est-à-dire le pire des châtiments. Mais n'épiloguons pas)... Bref, Fauvel se dérobe à sa promesse ; il dénonce le coupable, le livre au peloton d'exécution. Les compagnons de la victime le flétrissent, le marquent au fer rouge sur l'épaule d'un signe qui commémorera son ignominie.

(Comment ce nouvel acte d'indiscipline n'a-t-il pas été puni ?) En résumé, Fauvel se comporte à la manière d'un Boche fanatique et félon. C'est ce qui lui attire le mépris universel ; c'est ce qui l'empêche de s'aligner sur le pré avec le noble Kléber. Cet exemple atteste que de tout temps, les procédés *boches*, la cruauté, la déloyauté, la perfidie, ont soulevé la conscience de chez nous. Les faits, les idées qui obtenaient l'approbation ou déchaînaient la colère des auditeurs du vieux drame de 1848, recevront le même accueil du public de demain, lorsque des épisodes de l'épopée actuelle seront placés sous ses yeux. Nos passions, nos désirs, nos admirations, nos haines sont immuables. Nous adorons l'héroïsme chevaleresque. Nous détestons la bassesse et la férocité hypocrite. Qu'y a-t-il dans le naïf et charmant ouvrage d'Anicet Bourgeois ?... Des roulements de tambour, des sonneries de clairon, des élans de chauvinisme (au sens élevé du terme), un bel orgueil flottant parmi les plis du drapeau, l'ivresse de la victoire. Ces choses peuvent se rajeunir par la forme. Aucune n'est périmée.

J.-F. Fonson

LA KOMMANDANTUR

pièce en 3 actes (Théâtre du Gymnase)

10 *mai* 1915.

L'AUDITION de la *Kommandantur* ne nous fut pas
agréable. Cette œuvre a contre elle ce qui constitue
son principal intérêt : le réalisme des scènes qu'elle
évoque, la cruauté des faits qu'elle expose. Dans une
série de tableaux pittoresques et poignants, elle nous
apporte la vision directe du martyre actuellement enduré par le peuple belge. L'action se déroule à Bruxelles au début de l'occupation. Antoine Jadot, commer-
çant et fonctionnaire, a employé jadis, comme comp-
table, le Prussien Siegfried Weber qui, désireux de
coopérer à la conquête pacifique du pays, en attendant
l'invasion brutale (nous connaissons leurs méthodes),
a émis l'exorbitante prétention d'épouser Catherine,
la fille du logis. Rebuté, congédié, il est reparti
pour l'Allemagne. Il en revient avec les armées du
Kaiser. C'est l'heure des représailles. Ayant sollicité
la mission de dénoncer et d'arrêter les suspects, il
se rend chez son ancien patron ; il le surprend au milieu du dîner familial ; il voit, assis côte à côte, le
père, la mère, Catherine et le fiancé de Catherine,
Pierre Gilbert ; il leur prodigue les paroles d'amitié ;
il jouit de l'inquiétude de ces braves gens. Il éprouve
une orgueilleuse joie à leur offrir un appui qu'ils
n'osent refuser, car l'imminence du danger les rend

craintifs. Il invite poliment M. Jadot à le suivre au
siège de la Kommandantur, pour y subir l'interro-
gatoire de rigueur... Le rideau se relève sur ce lieu
sinistre. De pauvres diables y sont emprisonnés, hommes du peuple, petits boutiquiers, camelots, coupables d'avoir colporté des feuilles prohibées, convain-
cus de malveillance à l'égard des nouveaux maîtres.
Ces silhouettes sont joliment croquées. M. Fonson,
peintre cordial et pénétrant des mœurs populaires,
possède la malice, le bagout, l'ironie pince-sans-rire,
qui donnent tant de saveur aux propos du célèbre Beu-
lemans. Il nous montre, cette fois encore, des Beule-
mans, dont la verve narquoise s'exerce aux dépens
de la lourdeur et de l'insolence boches. D'épais soldats,
brutes terrorisées, surveillent les captifs. Des officiers passent, le monocle à l'œil, la cravache à la main,
l'injure aux lèvres. L'un d'eux paraît plus humain ;
c'est qu'il est tuberculeux et que la certitude de sa
fin prochaine l'amollit. Mais Jadot se méfie — il a
raison — d'une apparente bonté, sous laquelle il flaire
un piège. Innocent, persécuté, il ignore la gravité des
charges articulées contre lui, les conséquences d'une
accusation inspirée par la haine. Le procès se termine
à son avantage. Il rentre en sa maison après une semaine d'angoisse. L'hypocrite Siegfried l'y rejoint ; il
s'attribue le mérite de l'avoir sauvé et réclame son
salaire : l'amoureuse complaisance de Catherine. Elle
le repousse avec dégoût. Il tire alors de sa poche une
plaque d'identité, souillée de sang : « Votre fiancé est
mort au siège d'Anvers, lui dit-il. En voici la preuve. »
La jeune fille, folle de désespoir et de fureur, le poi-
gnarde.

Ce dénouement atténue, il ne supprime pas l'oppression qui, au cours de la soirée, n'a cessé de nous
étreindre. Est-il nécessaire d'analyser des sentiments
enracinés si profondément en nous ?... Imaginez que
dans la chambre, où agonise un blessé, quelqu'un
s'avise de simuler les affres du moribond, d'imiter ses

hoquets et ses soupirs d'angoisse. Ce spectacle nous serait intolérable. Il y a pareille inconvenance à étaler toutes vives, sur le tréteau d'un théâtre, les misères dont saignent nos cœurs. Tandis que les comédiens évoquent l'état d'âme des habitants du territoire occupé, nous nous rappelons que ces frères malheureux ne sont pas délivrés, qu'ils continuent de souffrir. . L'idée que du fond d'une loge confortable, à l'abri du péril, nous nous repaissons de leurs tortures, cette idée nous couvre de confusion, nous humilie et nous glace. Nous avons conscience de nous associer à une profanation... Nous sommes personnellement et solidairement trop meurtris. Nous ne pouvons en cet instant applaudir, ni même écouter de telles pièces Ce sont là des ouvrages pour pays neutres...

Les œuvres qu'accepte le spectateur, et dont le rayonnement lui est profitable, ce ne sont pas celles qui abaissent ses regards vers les horreurs de la guerre. mais celles au contraire qui l'en éloignent ou ne l'y ramènent que par allusion, celles qui le transportent dans une atmosphère d'héroïsme, de noblesse morale et de grandeur. J'assistais hier à une représentation de *la Fille de Roland*. J'en suis sorti remué, pénétré de virile allégresse, et de foi confiante. La critique littéraire n'a pas jusqu'ici témoigné assez d'admiration au drame de Henri de Bornier ; elle l'a gratifié d'épithètes banalement louangeuses ; qualifié d' « honorable », d' « estimable ». Ce n'est pas suffisant. Il vaut mieux que le rang qu'elle lui assigne, loin de Corneille, à côté de Bellay, dans les régions moyennes du répertoire tragique. Je ne crois pas m'illusionner et je fais la part des circonstances. Assurément la pièce emprunte aux heures que nous vivons une signification particulière. Mais il me semble bien qu'elle les dépasse. Un souffle épique, un brûlant enthousiasme la soulèvent et l'imprègnent de beautés supérieures. Si l'auteur n'avait été qu'éloquent et habile, son talent aurait suffi à émouvoir le public de 1875, avide de réconfort au lendemain des désastres. Il était plus que cela. Il était sincère. Et voilà pourquoi son œuvre dure, pourquoi, solennellement reprise en 1890, elle ne parut pas avoir vieilli. Cette chaude et naïve sincérité fut le génie du dernier bon « pêcheur de lunes ». Il croyait éperdument à l'obligation du sacrifice à l'imprescriptible loi du devoir ; il prêchait l'union ; il aimait le courage, l'honneur, la générosité, toutes les vertus françaises. Elles illuminent la *Fille de Roland*. Chacun des personnages s'inspire du principe que la conviction du poète patriote et chrétien impose comme une règle immuable à l'existence humaine digne d'être vécue : *fais ce que dois*. Tous ils pratiquent le désintéressement chevaleresque, ils enseignent à détester l'égoïsme, ils se dévouent à quelque idéal. Gérald, libérateur de Durandal et vainqueur du Sarrasin, pourrait recueillir le fruit de sa victoire, épouser Berthe, être heureux. Mais il apprend la félonie de son père, Ganelon, sauvé du supplice et condamné à l'exil par la miséricorde de Charlemagne. Et quoique les fils ne soient pas responsables des fautes paternelles, il renonce au bonheur, il partage volontairement le sort du fugitif ; il ne consent pas à l'abandonner à sa détresse. Il considère que leurs destins sont liés, et que Dieu lui ordonne d'alléger par sa présence les tristesses et les remords du criminel. Il a pris l'habitude de ne jamais vivre pour soi-même, de vivre uniquement pour autrui... Bornier, nourri de la moelle des chansons de geste, pense que l'individu ne s'appartient pas, qu'il lui faut se subordonner à la collectivité — famille, armée, religion, patrie — dont la prospérité seule importe. Voilà le sens de l'œuvre du brave homme, du mâle écrivain que fut Henri de Bornier et plus spécialement de son chef-d'œuvre. Ce magnifique symbole, n'est-ce pas celui-là même qui résume l'immolation anonyme, la vaillance fraternelle de nos soldats ?

14 mai 1915.

M. Fonson m'écrit une lettre dont il n'exige pas l'insertion. Il s'adresse à l'esprit d'impartialité et d'équité du chroniqueur du *Temps*, qui défère volontiers à son désir.

« Monsieur et cher confrère,

» C'est à vos sentiments de courtoisie, et je puis dire, n'est-ce pas ? de cordiale confraternité, que je m'adresse pour vous demander la permission d'expliquer aux lecteurs du *Temps* quel but j'ai poursuivi en faisant représenter au Gymnase la *Kommandantur*.

» Croyez bien que jamais je ne me serais permis d'entrer publiquement en discussion avec vous s'il ne s'était agi que d'une critique exclusivement littéraire, mais cette fois les circonstances tragiques que nous traversons ont voulu que l'on discutât bien plus l'opportunité des représentations de ma pièce que ma pièce elle-même.

» Certains ont été d'avis que précisément, en temps de guerre, c'était de guerre qu'il fallait parler ; d'autres, parmi lesquels vous êtes, ont estimé qu'il était fâcheux qu'on étalât sur une scène nos misères actuelles. C'est surtout ce reproche-là qui me peine, car il démontre qu'on a méconnu mes intentions, sans doute de la meilleure foi du monde.

» Lorsqu'en novembre j'ai quitté Bruxelles, après bien des aventures dont vous n'êtes pas sans avoir entendu parler, je me suis rendu en Hollande. Là l'esprit empli de souvenirs tragiques, les oreilles bourdonnantes encore des chants de triomphe des Allemands dans les rues de ma ville natale ; hanté par la vision des théories de pauvres gens fuyant Liège, Louvain, Aerschot, Malines ; le cœur gonflé d'admiration pour le sang-froid, le courage et la dignité silencieuse de mes concitoyens, j'ai songé à dire toute leur vail tance, à montrer la grandeur et la noblesse de leur attitude. Nos poètes l'avaient fait, avec quelle beauté ! nos orateurs avaient imité leur exemple ; je pensais qu'à mon tour il m'aurait été permis de le tenter... Ma façon, à moi, de m'exprimer, c'est le théâtre ! Que voulez-vous ? C'est mon métier ! Alors, pieusement, oui, cher monsieur, *pieusement*, j'ai écrit la *Kommandantur*.

» Je n'ai touché la douleur des miens qu'avec des mains tremblantes d'émotion, avec le souci d'être juste et véridique et de montrer mes compatriotes tels qu'ils étaient, exprimant leur patriotisme avec leur simplicité coutumière et leur héroïsme sans phrases, sans lyrisme, leur héroïsme ingénu, dirai-je, tant il a la pudeur de sa grâce.

» Et tenez, me permettrez-vous de rappeler cette scène du premier acte où mon vieux Jadot exprime l'amour qu'il a pour son pays ?

» Oui, Thérèse, dit-il, je t'aime bien et les petits
» aussi. Jusqu'à présent, j'étais même certain que
» c'était toi que j'aimais le plus au monde. Quand
» nous avons perdu Henri, j'ai cru que je mourrais de
» chagrin. Alors, ta tendresse, la tendresse de Jeanne...
» le petit Lucien... tout cela a fait que je me suis con-
» solé, oui consolé !... Mais vois-tu, maintenant, je
» sens qu'au-dessus de toi, de Jeanne et de Lucien, il
» y a quelque chose de plus grand, quelque chose qui
» contient tout cela, qui est tout cela, avec notre mai-
» son, les champs qui sont autour de la ferme où je
» suis né, où nous sommes fiancés, les mau-
» vais jours que nous avons passés, nos joies, nos
» douleurs : quelque chose enfin qui est tout ce que
» nous avons aimé, tout ce que nous avons souffert !
» Quelque chose qui est dans ton cœur, qui est dans
» mon cœur, dans tous nos cœurs, et qui était depuis
» toujours, sans même que nous le sentions... C'est
» notre pays ! Eh bien, oui, mon Dieu, notre patrie !
» Tu te souviens, comme Henri se moquait de moi,

» parfois, gentiment, oh ! gentiment, quand je par-
» lais du drapeau ou quand il me voyait mettre ma
» belle redingote des dimanches pour aller à la place
» des Martyrs, aux fêtes de septembre ? Je sentais
» bien qu'il trouvait ça un peu ridicule, un peu vieux
» jeu, si tu veux... C'est qu'il ne savait pas, vois-tu ?
» Il était comme l'enfant qui n'a jamais vu sa mère
» malade et qui s'est imaginé qu'elle ne mourra
» jamais ! »

» Ce sont ces sentiments-là mon cher monsieur
Brisson, que j'avais tenu à exprimer dans ma pièce.
Oui, presque tous, en Belgique, nous étions, avant
cette guerre, comme le fils de Jadot. A force de nous
sentir heureux, en sécurité chez nous, nous en étions
arrivés à sourire parfois, lorsque nous assistions à des
cérémonies d'un chauvinisme que notre neutralité
semblait peu justifier. Aujourd'hui, c'est autre chose !
J'ai assisté à Bruxelles au réveil émouvant de ces sentiments qu'exprime Jadot. J'ai admiré — avec quelle
piété ! — le courage des humbles, la générosité des
riches ! j'ai entendu la foule murmurer la *Marseillaise* derrière le corbillard d'un soldat français escorté
par trois soldats allemands ; j'ai vécu à côté de Jadot
les heures d'angoisse qu'il a passées à la *kommandantur,* tandis que tous deux, nous nous attendions à être
fusillés d'un instant à l'autre ; j'ai connu Spieckour
et Klosch den Door ; j'ai vu leur vaillance ; j'ai
recueilli la promesse qu'ils m'ont faite d'aller rejoindre
nos armées s'ils étaient rendus à la liberté.

» J'avais pensé que tout cela, il était bon de le dire,
de le montrer à nos amis d'Angleterre et de France,
afin qu'ils sachent que ceux qui sont restés là-bas,
dans nos villes occupées, nos contrées envahies, n'ont
pas changé, sont restés les ennemis irréconciliables
des Allemands et ne leur dissimulent ni leur haine
ni leur dégoût, dussent-ils y perdre la liberté ou la
vie.

» Ce qui m'avait encouragé à faire jouer la *Kom-*

mandantur à Paris, après l'avoir fait jouer à Londres, c'est que la presse anglaise avait loué ma pièce unanimement et sans réserve ; c'est que mes amis d'Angleterre, de Belgique et puis ceux de France auxquels je l'avais lue l'avaient trouvée saine et utile et que personne, vous m'entendez, *personne*, ne m'avait mis en garde contre le péril que vous me signalez dans votre article. Si, pourtant, quelqu'un l'avait prévu M. le préfet de police, qui n'a cédé d'ailleurs que sur les raisons patriotiques que je lui avais données.

» Veuillez, mon cher confrère, ne trouver dans cette lettre aucune amertume, ni surtout aucune récrimination. J'ai tenu à vous dire l'unique but que j'avais poursuivi en demandant à M. Franck de monter la *Kommandantur* au Gymnase. Ce but, je le lui avais révélé, il l'avait compris et l'avait approuvé, ce dont je lui suis infiniment reconnaissant.

» Sans doute, nous avons eu tort, puisque d'excellents Français, d'ardents patriotes comme vous ont été choqués du spectacle de nos douleurs trop vives encore. Avouez cependant que je pouvais me faire des illusions puisque pendant les deux mois que ma pièce a été jouée, en français, à Londres, je n'ai entendu aucune note discordante. « *Vérité en deçà des monts, erreur au delà.* » On devrait toujours relire Montaigne !

» Pardon, mon cher confrère, d'avoir pris de votre temps et de votre place, et merci pour l'extrême galanterie que vous ne manquerez pas d'avoir vis-à-vis d'un confrère qui s'est peut-être trompé sur le choix du moment, mais qui a l'excuse de l'avoir fait avec les meilleures intentions du monde et à une époque où il est tellement difficile de savoir exactement le théâtre qu'il convient de faire, qu'en fin de compte il vaut mieux, peut-être, n'en pas faire du tout.

» Veuillez agréer, mon cher monsieur Brisson, mes salutations les plus confraternellement empressées.

« JEAN-FRANÇOIS FONSON.

« *P. S.* — Quelqu'un dans la presse a été jusqu'à dire que j'avais « renié » mon prénom de Frantz. Voici pourquoi j'ai repris les deux prénoms qui se trouvent sur mon acte de naissance : pendant que j'étais à Bruxelles, au moment de l'occupation, j'entendais à chaque instant des Allemands qui, dans la rue, s'appelaient du nom de Fritz ou de celui de Frantz ; ces noms me sont devenus insupportables. C'était bien simple pourtant ! »

Je n'ajouterai que quelques mots à ces explications. Je ne crois pas que la sincérité et le désintéressement de M. Fonson puissent être mis en doute. Tout ce qu'il possède à Bruxelles est aux mains des Allemands. La vivacité agressive de son œuvre l'expose à de faciles et dures représailles. Cette menace ne l'a pas empêché de dire toute sa pensée sur l'opprimé et sur l'oppresseur, de peindre, tels qu'il les avait vus, le Boche sournois, brutal et féroce, le Belge indépendant, fier, irréductible, d'opposer à l'orgueilleuse et lourde suffisance de l'un la fermeté sans pose, la bonhomie goguenarde, l'humeur caustique et gaie de l'autre, l'ironie bruxelloise au despotisme germain. Les intentions de M. Fonson étaient pures, et nul, qu'il le sache bien, ne s'y est mépris. Son drame pathétique, indigné, familier et coloré conquit le public anglais, obtint de lui un accueil dont la presse de Londres, unanime à le louer, nous apporta l'écho chaleureux. M. Fonson ne trouva pas moins de sympathie auprès de ses compatriotes qui lui sont reconnaissants d'avoir si cordialement plaidé leur cause. Il espérait, que dis-je ? il était sûr de rencontrer en France cette même approbation. Jugez de son étonnement, de son chagrin. Un courant d'indifférence et d'hostilité, qu'elle ne parvint pas à remonter, se forma contre la pièce. On l'écouta, on l'applaudit, on ne contesta point son mérite, on apprécia l'excellence de son but. Et toutefois on la déclara inopportune. La critique fut plutôt maussade, la foule

se montra peu empressée. M. Fonson aurait tort d'attribuer cette froideur à quelque hostilité préconçue. J'ai
essayé ici même d'en démêler les raisons. Notre sensibilité répugne à accepter certains spectacles qui l'im-
pressionnent trop vivement. L'auteur allègue l'empressement, exempt d'embarras, que le spectateur anglais
lui a témoigné. Mais les Anglais sont plus éloignés
que nous ne le sommes des souffrances et des misères
de l'invasion ; ils y compatissent d'une façon plus
détachée, plus lointaine, par l'imagination et le cœur ;
leur sol est inviolé ; ils n'ont pas comme nous un
morceau de chair pris et déchiré dans le formidable
engrenage de la guerre... M. Fonson fait encore observer que d'excellents Français, d'ardents patriotes, ayant
lu son ouvrage, n'y ont rien relevé de répréhensible,
et y ont puisé au contraire une réconfortante et salu-
taire émotion. Ces mêmes personnes, assises coude à
coude devant la rampe, n'auraient pas été affectées différemment ? La scène imprime aux mots, aux gestes
et aux visages un relief inattendu. Le lecteur réfléchit,
il analyse et contrôle ses sensations ; l'auditeur s'y
abandonne, il ne réagit pas et suit l'irrésistible impulsion du premier mouvement. C'est ainsi que se constitue autour des ouvrages dramatiques cette atmosphère qui décide de leur sort. L'atmosphère ne fut
point favorable à la *Kommandantur*. Nous éprouvions
une gêne indéfinissable : le malaise de contempler, en
témoins curieux et non exposés, des misères actuellement subies ; nous avions la petite honte de notre sécurité et de notre amusement ; nous avions enfin le sentiment que le réalisme de ces tableaux nous attristait
sans utilité, sans profit moral, nous remuait sans nous
ennoblir. La tentative nous semblait, non pas irrespec-
tueuse, blessante ou inintéressante, mais prématurée.
Nous rendions pleine justice à M. Fonson. Nous eussions voulu lui apporter notre adhésion entière. Tout
le monde en cette aventure a été de bonne foi...

Pierre Frondaie

I. COLETTE BAUDOCHE

D'après le livre de Maurice Barrès (Comédie-Française)

17 mai 1915.

M. Maurice Barrès a publié son roman au début de l'année 1909. Il en résumait ainsi l'objet et le sens dans une lettre-préface adressée à M. Frédéric Masson : « Colette Baudoche est la sœur de l'Alsacien Ehrmann... J'ai voulu décrire les sentiments des récentes générations d'Alsace-Lorraine à l'égard des conquérants. J'admire en elles ce qui me paraît le signe d'une humanité supérieure : la volonté de ne pas subir, la volonté de n'accepter que ce qui s'accorde avec leur sentiment intérieur. Ces captifs et ces captives continuent d'ajouter au capital cornélien de la France. J'ai tenté d'incorporer à notre littérature les grands exemples de constance et de fierté qu'ils fournissent là-bas, afin que leur vertu continue de s'exercer au milieu de nous. » Déjà précédemment l'auteur s'était intéressé à Metz et aux Messins. Un pathétique chapitre des *Déracinés* analysait la sensation de Sturel et de Saint-Phlin au cours de leur promenade dans la vieille ville aujourd'hui modernisée, « remplie d'éclats tudesques et de traîneries de sabres » ; il décrivait les vestiges de la vie française, encore visibles sous la main profanatrice et féroce du vainqueur : rues ayant gardé leur aspect d'autrefois ;

enseignes surchargées et repeintes; étroites boutiques où d'anciennes sympathies, un peu craintives, vous accueillaient; petit café dont la caissière avait « la douceur et la gentillesse de la Moselle dans les yeux ». Une phrase achevait d'évoquer la physionomie désolée, courageuse et charmante de ces lieux : « La tristesse générale du pays asservi fait une magnifique atmosphère aux habitants d'antique origine ; elle communique à leur visage la dignité sérieuse de ceux qui, après un deuil, se sentent des responsabilités... » Depuis l'époque de ce premier pèlerinage, Metz dut subir des transformations profondes et rapides. Ce n'était plus « la ville resserrée et basse, cerclée par l'ancien système de ses murailles comme un bijou mérovingien monté sur fer ». L'architecte teuton l'avait bouleversée, saccagée, *embellie*, ornée d'édifices monstrueux, d'une gare kolossale au toit vert épinard, d'innombrables maisons café au lait, chocolat et pain d'épices, « révélant une singulière prédilection pour les aspects comestibles ». Seuls quelques quartiers étaient, au bout de dix ans, restés intacts : le Haut-de-Croix, Mazelle, les bords de la Seille. C'est là, sur le quai Félix-Maréchal, que résident Mme Baudoche et sa petite-fille Colette. Elles subsistent d'une modique rente de douze cents francs, occupent un appartement dont elles louent les meilleures chambres pour accroître leurs ressources. Mme Baudoche, fidèle à la religion du souvenir, a nourri en Colette ce même attachement. Leur pauvreté, leur dignité, leur noblesse d'âme inspirent l'amitié et le respect. L'aïeule est charitable et tendre ; l'enfant est simple, modeste, laborieuse. Penchée le jour sur un travail de couture ou bien, le soir, à l'heure du souper, « rougie par la pleine lumière du fourneau », elle accomplit gaiement ses devoirs. Les deux femmes ne sont pas malheureuses. « La vue de la rivière, l'animation du quai, ses arbres, et les rumeurs des moulins leur font une société agréable. » Bonnes patriotes, honorées de la confiance des « dames

de Metz », elles éprouvent d'abord de la répugnance
à prendre comme locataire le Prussien Frédéric Asmus,
docteur fraîchement débarqué de Kœnigsberg, chargé
d'inculquer aux jeunes Lorrains les rudiments de la
Kultur. Physiquement, ce professeur réalise le type
légendaire de l'Allemand, croqué par le crayon spirituel et perspicace de Hansi ; il apparaît massif, énorme,
gauche, inélégant, vêtu du complet de drap verdâtre,
ou bien, aux minutes solennelles, cuirassé de la rigide
redingote universitaire. Moralement, ce n'est pas un
méchant diable. Barrès ne dissimule point ses défauts,
mais il lui prête des qualités qui justifient la future
inclination de Colette. Il le montre loyal, débonnaire,
un peu naïf, soucieux de s'instruire et de « perfection-
ner son français », étonné des préventions qu'il excite,
désireux d'en triompher et de gagner le cœur de Mme
et Mlle Baudoche. Avec l'obséquieuse ténacité qui
caractérise les gens de sa race, il les entoure, les
assiège, les accable de prévenances et de compliments,
sollicite leurs conseils, se fait devant elles docile, sachant que le plus sûr moyen de leur plaire est de se
reconnaître leur obligé... En 1909, ce portrait n'était
pas inacceptable. Le romancier-psychologue conservait un fond de méfiance ; cependant il pouvait imaginer qu'à titre exceptionnel, un Allemand fût probe
et sincère... Depuis, l'illusion s'est envolée... Donc,
Asmus réussit... Il désarme l'hostilité de Colette. Profondément épris de la jeune fille, il parvient à l'émouvoir, et quand il lui propose le mariage, elle ne lui
oppose pas un refus catégorique. Hésitante, troublée,
elle finit par consentir. C'est à cet instant que se produit le miracle. Elle assiste à la cérémonie commémo-
rative des victimes de la guerre de 1870. Tandis que
le prêtre officie, agenouillée sous les voûtes de la cathé-
drale, elle écoute la voix des morts. Ceux-ci l'éclairent,
la retiennent sur la pente où le vertige d'une erreur
passagère l'entraînait. Elle renonce à la sécurité entrevue. Elle repousse l'étranger. Elle restera Française.

Telle est l'histoire que l'art et la sensibilité de M. Barrès parèrent de grâces touchantes et imposèrent à l'universelle admiration. Comme il l'a fait observer lui-même, elle présente, actuellement, surtout un intérêt rétrospectif et documentaire. Ce chef-d'œuvre porte sa date, correspond à un état d'esprit momentané, vise une situation et des choses abolies. Si l'opinion que nous nous formons de l'héroïne n'est point altérée, le héros nous suggère des pensées toutes nouvelles. Nous le considérons à travers des événements qui le transfigurent. Des certitudes que l'on n'avait pas il y a six ans sont acquises et changent, en ce qui le concerne, les dispositions de la foule. Les spectateurs s'abandonnent à l'impression immédiate : ils sont incapables d'un effort de raisonnement et de réflexion. Pour que le personnage fût agréé d'eux, il eût fallu modifier sa physionomie. Ce travail de mise au point était assez facile à exécuter. Quelques retouches, quelques allusions suffisaient. L'adaptateur n'avait tout bonnement qu'à faire de cet homme simple un homme double, de cet amoureux candide un être sournois, de ce Prussien faussement converti un Barbare irréductible ; même sans aller si loin, sans opérer une métamorphose radicale, il pouvait marquer chez Asmus un fond de « bocherie » inconscient, indiquer que l'Allemand le mieux intentionné, à l'instant où il se croit le plus honnête, le moins égoïste, lorsqu'il cède à l'impulsion sentimentale ou sensuelle de la passion ou du désir, lorsqu'il semble se donner vraiment à la femme aimée, ne se donne qu'à demi et cache, sous une apparente bonhomie, des instincts d'animal de proie... Un trait, un jeu de scène, un geste, deux ou trois mots jetés dans le dialogue eussent assuré ce résultat... (Oh ! la magie du *mot* au théâtre !... C'est le mot, non pas l'idée, qui déchaîne et apaise les orages. Toujours à un mot imprudent s'accroche la petite révolte qu'un mot circonspect eût prévenue)... Placé devant un Asmus hypocrite, brutal et perfide, l'auditeur aurait

pu le haïr tout à son aise ; il n'aurait pas eu l'agace-
ment d'être contraint de lui accorder un minimum
d'estime et de sympathie. Il se fût davantage apitoyé
sur Colette, plus vivement ému du péril auquel l'exposait son aveuglement, et plus franchement réjoui de sa
délivrance. C'eût été un autre drame, moins fin, moins
nuancé, mieux approprié aux circonstances. M. Pierre
Frondaie pouvait l'écrire avec l'assentiment du romancier. Cette permission, je ne pense pas qu'il la lui ait
demandée. Il a préféré (et comment blâmerions-nous
son scrupule?) suivre pas à pas le livre, n'en déna-
turer ni le plan, ni les péripéties, ni la conclusion.
Tout au plus a-t-il légèrement travesti le caractère, ou
plutôt l'allure du docteur de Kœnigsberg, en accentuant sa lourdeur, en le tournant au comique. Il s'est
dit sans doute que cette pointe d'enjouement adouci-
rait l'humeur irascible du public — à supposer que le
public jugeât à propos de se cabrer. On ne sait jamais.
Et puis, s'est-il dit encore, quel inconvénient y a-t-il à
ce que le parterre se gausse de la pesanteur, de la
pédanterie, de l'infatuation germaines ?...

De cette tâche, M. Frondaie s'est acquitté avec
adresse, avec tact. Pour rendre ce qui, scéniquement,
était presque intraduisible — la mélancolie pénétrante
du récit, la justesse précise et colorée des descriptions,
l'enveloppement d'un style où la sobriété classique
s'allie à la flamme du lyrisme intérieur — il a trouvé
des artifices, des « équivalents » ingénieux. Au premier acte, nous écoutons les confidences échangées
entre la petite-fille et la grand'mère. Mme Baudoche
songe à l'avenir, à l'établissement de Colette, et c'est
afin de procurer à l'enfant un bonheur tranquille
qu'elle essaye d'élargir leur mince budget, qu'elle attire
sous son toit un hôte de passage. « Tu épouseras un
bon Lorrain comme nous. Je vous donnerai ces deux
chambres. Nous vivrons heureux tous les trois. »
L'hôte se présente. Mme Baudoche le reçoit sans plai-

sir. Elle eût mieux aimé ouvrir sa maison à un compatriote. Mais elle n'a pas le choix ; et d'ailleurs, l'embonpoint jovial, la grosse face sereine, le courtois empressement du nouveau venu la rassurent. Frédéric Asmus se déclare ravi du logement et des habitantes. D'avance il les remercie des fructueuses leçons de français qu'il attend d'elles : « Je vous brie de me corricher, de me rebrendre ; j'ai peaugoup de ponne folonté. » Il s'installe ; il apporte sa nourriture : de la bure, du saucisson, des tranches de jambon, achetés chez le charcutier voisin. Il réclame à boire. Il a toujours soif. Maurice Barrès raconte que le professeur, convié à venir entendre un conférencier parisien à l'hôtel du Nord, s'inquiétait de savoir si cette causerie serait copieusement arrosée. Ici, l'inquiétude d'Asmus est mise en action comme il convient. « — Avez-vous de la bière? demande-t-il à ces dames. — Il nous reste deux bouteilles. — Deux bouteilles seulement? Enfin! je boirai peu, ce soir. J'ai déjà vidé quelques chopes au buffet... » Tout de suite, il devient familier; il exhibe le portrait de son père, de sa mère, de sa fiancée, gigantesque Wurtembergeoise au poil blond, aux robustes appas — une « Walkyrie »... L'abandon de ces confidences qu'on ne sollicite point n'exclut pas la vanité. M. Asmus traite en égales Mme et Mlle Baudoche. Mais il est orgueilleux de ses titres, il exige qu'elles l'appellent « Monsieur le Docteur ». Il le leur signifie poliment.

Quand le rideau se relève sur la salle à manger du petit appartement, nous constatons que l'intimité de ceux qu'il abrite s'est accrue. Asmus offre des fleurs à ses aimables logeuses en remerciement des six mois d'attentive sollicitude qu'il leur doit. Elles l'invitent à dîner, voulant reconnaître sa civilité et ne pas demeurer ses débitrices. Le repas commence cérémonieusement et finit par s'animer. **La goinfrerie, le**

bavardage, l'entrain balourd du professeur s'y étalent. Il déguste le vieux cru bordelais, qui délie les
langues. « Vous verrez que tout à l'heure j'aurai de
l'esprit. » Il s'efforce d'en avoir et de parler finement,
galamment — à la française... « Vous êtes une
ampoule, déclare-t-il à Colette, c'est-à-dire vous je-
tez, comme une lampe électrique, des lueurs éblouis-
santes. Vous m'illuminez. » Elle s'amuse de ces im-
propriétés de termes, source d'innocentes plaisante-
ries. Mais en même temps qu'elle se moque du jeune
savant, elle apprécie son courage; elle lui sait gré
d'avoir osé protester contre la suppression de l'enseignement du français, d'avoir en pleine classe défendu la gloire de Napoléon que calomnient de stu-
pides manuels scolaires; elle ne désespère pas de l'im-
prégner des vertus de l'âme lorraine. Très habilement
il flatte cet espoir : « Cultivez-moi; arrachez les mauvaises herbes; arrangez-moi comme un jardin; met-
tez-moi des roses de France. » Elle ne se fâche pas.
Il s'émancipe; il lui prend un baiser. Et lorsque, radieux et confus de son audace, il implore la faveur
d'épouser la délicieuse jeune fille qu'il vient d'offenser, il emporte la promesse d'un prochain consentement.

A ces deux actes de comédie succède l'acte tragique, l'acte de la crise, dont la saisissante et mâle
beauté a réveillé soudain notre attention un peu languissante et énervée. Il était impossible de faire célébrer sur les planches d'un théâtre la messe des morts.
M. Frondaie, par un moyen très simple, en suscite
la grave et poignante vision. Il imagine que le vieux
patriote Christian Tarrail a accompagné Colette à la
pieuse cérémonie, a été témoin de son émoi, du bou-
leversement qu'elle a subi, du coup de foudre qui
brusquement a tué en elle le doute et l'erreur. Dans
la bouche du Lorrain, survivant de l'ancienne guerre,
cette scène prend une ampleur grandiose. Paul Mou-

net l'élargit encore; il échauffe le récit du feu con-
centré de son regard, de l'accent de sa voix magnifique et profonde.

« Colette, agenouillée, priait. Tout à coup elle s'in-
terrompit; je la vis si pâle qu'elle me fit peur; elle
allait s'évanonir; je la soutins; je l'entraînai au
dehors; elle dit, en levant vers moi ses yeux résolus :
« Il est inutile de retourner dans l'église. Ce que je
» venais y faire est fait. »

Effectivement elle accomplit le sacrifice, sans une
défaillance, sans un regret. Compatissante à la douleur, mais insensible aux reproches de l'infortuné
Asmus, elle le congédie avec des paroles cornéliennes. « — Je serais le bonheur de votre vie, gémit-il.
— Il n'est pas de bonheur, si la conscience ne l'approuve. » Le professeur, humilié, déçu, ne peut
réprimer un mouvement de colère :

— Oh! ces Français! On croit qu'on les a. On ne
les a pas. Jamais leur conquête n'est achevée!

De toutes les phrases de l'ouvrage, ce fut la plus
applaudie, car elle exprimait tout haut ce que chacun
dans la salle pensait tout bas. Quelle que soit l'œuvre
qu'il écoute, le spectateur d'aujourd'hui la ramène
à son souci, à ses espérances. Il a besoin qu'on lui
dise des paroles d'optimisme et de réconfort, qu'on
entretienne en lui les amours et les haines salutaires,
qu'on le transporte dans les idéales régions de l'énergie, de l'action, de l'héroïsme, de la foi, ou bien
alors qu'on attise sa fureur, sa rancune, en vouant au
mépris du monde l'ennemi le plus atroce et le plus
abject. *Colette Baudoche* n'est pas une œuvre violemment agressive et satirique; c'est l'œuvre d'un poète-
philosophe ardemment patriote, mais cependant mesuré, et qui, sans cesser d'aviver chez le vaincu la
flamme du souvenir, s'attachait à observer d'un œil
calme le vainqueur.... En 1909, l'heure du tocsin s'an-
nonçait mais ne sonnait pas. Cette modération était
la noblesse du livre et sa leçon. En effet, Colette avait

d'autant plus de mérite à rester Française, ses sentiments éclataient avec d'autant plus de force que le hasard venait de placer sur sa route le meilleur des Allemands... La pièce de M. Frondaie parcourt ces mêmes étapes, conduit par les mêmes voies paisibles au même dénouement libérateur. Voilà pourquoi ses dernières scènes furent acclamées et ses premières scènes accueillies avec un peu de contrainte...

Une interprétation merveilleuse les fait vivre. J'ai dit la grandeur de M. Paul Mounet dans un rôle épisodique. M. de Féraudy met au service d'Asmus son expérience, son art raffiné, son doigté, la malice de son esprit caricatural; il louvoie parmi les écueils, arrondit les angles, contourne les précipices, « savonne » les mots dangereux; et pourtant ces précautions ne nuisent pas à la vérité du personnage. Toutes les tendresses, toutes les fiertés de la vieille grand'mère, Mme Pierson les exprime délicatement, profondément. Et quant à la petite-fille, c'est Mlle Marie Leconte, c'est la franchise, la bonté, la gaie vaillance, la fermeté sensible des femmes de chez nous; c'est le cri haut et clair de l'alouette gauloise. Sa voix chante, son cœur parle. M. Mayer, Mlle Kolb, pour de moindres tâches, ont droit aussi à des compliments.

II. LE CRIME DE SYLVESTRE BONNARD

D'après le livre d'Anatole France (Théâtre Antoine)

1er janvier 1917.

L'habile et intelligent Pierre Frondaie, quelque respect qu'il eût pour un chef-d'œuvre, n'a pu le transporter tout entier au théâtre. Il s'est vu contraint, — pénible immolation, — d'éliminer les premiers chapitres du *Crime de Sylvestre Bonnard*, de supprimer l'histoire du manuscrit de la *Légende dorée*, le voyage à Naples et en Sicile, les flâneries sur les dalles de lave de la Strada parmi les portefaix et les pêcheurs; il a dû exclure de sa pièce le souvenir épique de l'oncle Victor, le profil de l'aimable Mme Trepof, qui collectionne les boîtes d'allumettes en faisant le tour du monde, diminuer l'importance du chat Hamilcar, bête sacrée en laquelle l'aspect farouche d'un guerrier tartare s'unit à la mollesse appesantie des femmes d'Orient; il ne nous a pas montré la sémillante Mme Coccoz, ni son mari, humble et désolé. Les nécessités scéniques lui commandaient de choisir. Il n'a retenu du volume que ce qui se rapporte à son titre strictement, et de la vie du héros que ce qui précède, accompagne et suit le « crime » dont on l'accuse.

Ici, le livre est suivi pas à pas. Nous en retrouvons sur les planches, pieusement évoqués, les personnages. M. Frondaie a seulement transféré Sylvestre Bonnard de l'Académie des inscriptions à l'Académie française. S'il avait consulté le principal intéressé, sans doute ne l'eût-il point changé de place. N'estime-t-il pas que ce changement altère un peu sa physionomie? Un membre de l'Académie française est généralement un homme répandu, en commerce avec le monde. On 'magine plutôt qu'un égyptologue, un chartiste, absorbé par ses recherches méditatives, penché sur ses documents, perdu dans la solitude des bibliothèques, ignore les conditions de l'existence vulgaire, et conserve, jusqu'au sein de la vieillesse, la simplicité d'âme de l'enfance. Il faut que Sylvestre Bonnard soit naïf, désarmé devant la méchanceté humaine, exposé à tous les périls, à tous les pièges, amené à accomplir des actions qu'il juge innocentes et que condamnent les lois. Cette candeur, c'est sa grâce, M. Anatole France l'a fixée dans des traits délicieux qui ont été soigneusement recueillis par

M. Pierre Frondaie. Sylvestre Bonnard coule une vie paisible entre ses papiers, son matou ronronnant et sa vieille gouvernante, à qui il appartient. Il n'essaye pas de se défendre contre Thérèse. « Je sais qu'elle sait que je suis faible, dit-il, et cela m'ôte tout courage dans mes luttes avec elle. » Il se résigne à une soumission qui lui est bienfaisante, puisqu'elle le délivre des soucis matériels et assure son repos. Cette servitude imprime à sa physionomie un aspect touchant et comique, propre à égayer et à attendrir les spectateurs. Ce savant est une figure très théâtrale. M. Gémier, modérant l'énergie de son jeu dramatique, ouatant sa voix, coiffant d'une auréole de cheveux blancs son mâle visage, l'a joliment composée. Il nous montre un Sylvestre Bonnard ingénu, bon, sensible, troublé, conforme à la vérité psychologique, tel qu'il doit être pour ressembler au type original. Et comment ne serait-il pas bouleversé, le pauvre cher homme! Il dispute le bonheur de la petite Jeanne, sa protégée, à l'astuce du notaire véreux M. Mouche, aux perfidies sournoises de Mlle Préfère, institutrice. Ce combat, d'où il ne sort victorieux que parce que la Providence le protège au dénouement, emplit les quatre actes de la pièce.

M. Pierre Frondaie a développé les rôles des deux aigrefins. Sans les déformer, sans leur ôter toute vraisemblance, il en fait de plaisantes et sinistres caricatures. M. Cazalis et Mlle Fontenay l'y ont aidé. Ils copient les images tracées par Anatole France. « Maigre et sec, maître Mouche a le teint gris et terne, souillé de la poussière de ses paperasses. C'est un animal lunetté, car on ne peut l'imaginer sans lunettes. Il parle en termes choisis; il est cérémonieux et guette son monde, du coin de l'œil. Ses prunelles trottent sous les verres bleus, comme des souris derrière un paravent. » Mlle Préfère dissimule ou laisse percer, suivant les cas, son aigreur naturelle. « Sa tête fait songer à ces pommes de rainette que conservent dans le fruitier, pendant la saison froide, les ménagères. » Elle glisse sur le parquet comme une ombre ; elle prononce des mots et ne desserre pas les lèvres. Flattée des égards que lui témoigne un membre de l'Institut, elle forme le projet extravagant d'épouser Sylvestre Bonnard ; elle l'accable de tendres protestations auxquelles succède une haine farouche quand son espoir est déçu... Jeanne subit le contre coup de ces sentiments, tout à tour choyée, humiliée, torturée, réduite enfin à l'état de servante. Son vieil ami l'arrache à ce supplice; il enlève la petite Cendrillon et ce rapt attirerait sur lui les foudres du Code, si Mᵉ Mouche, tuteur légal de l'enfant, n'avait l'excellente inspiration de filer à l'étranger avec l'argent de l'étude, ce qui empêche la plainte d'être déposée Sylvestre Bonnard l'a échappé belle...

Les épisodes de ce conte humain et moral s'enveloppent d'une mélancolie souriante, à la Dickens. C'est très chaste, très frais, ce n'est pas brutalement tragique, et c'est douloureux. Le logis du savant, l'honnêteté qu'on y respire, le dévouement bourru de Thérèse (Mme Miller joue le personnage en perfection) ce tableau éveille des impressions rassurantes, cordiales. Il y a tout de même de braves gens sur la terre! Oui, mais que d'efforts ignorés dans l'accomplissement de leur tâche quotidienne! En eux et autour d'eux que d'orages! L'amertume et la joie de vivre sont immuablement associées, hélas! Il n'est pas une œuvre profonde qui ne soit triste.

A PROPOS DE « L'ASSOMMOIR »

Le réalisme et le romantisme d'Emile Zola

4 octobre 1915.

Pour les hommes de ma génération, l'*Assommoir* évoque des émotions chères et lointaines. Notre jeunesse admira ardemment cette œuvre. Si la pièce ne vaut pas le roman, ses qualités justifient le favorable accueil qu'elle obtint de la foule. Elle méritait à tous égards d'être applaudie. Elle a les naïvetés et les grâces du drame populaire. Elle est saine, bienfaisante. On ne peut guère concevoir pour quelles raisons elle fut jadis jugée immorale. Il faut se reporter à l'époque, se rappeler les sentiments qu'excitaient dans la bourgeoisie française aux environs de 1880 la personnalité de Zola, le caractère de ses productions, le bruit un peu scandaleux qui se faisait autour d'elles. Chaque manifestation du chef de l'école naturaliste soulevait des discussions passsionnées; la plupart des innombrables lecteurs de ses livres ne les admiraient pas sans réserve; ils en subissaient la force, ils en blâmaient les tendances; ils goûtaient à les lire un plaisir qu'ils n'avouaient point; ils les dévoraient en prenant des airs offensés. L'ancien journal « thiériste », le *Bien public*, donna en feuilleton l'*Assommoir*. Devant l'insurrection générale des abonnés, il n'osa pas persévérer, et la publication, brusquement interrompue, s'acheva dans la *République des Lettres*, revue d'avant-garde qu'avait fondée Catulle Mendès. La plume spirituelle d'Henry Roujon a raconté cette histoire.

Emile Zola se croyait un novateur; il rêvait de régénérer le roman et plus particulièrement le théâtre. Le désir d'être un grand auteur dramatique fut le tourment de sa vie. Il théorisait volontiers sur ces matières. Les pages de critique qu'il insérait chaque semaine dans le *Voltaire* sont intelligentes, courageuses, souvent marquées au coin du bon sens; elles exposent des idées, expriment des vœux que la génération suivante allait recueillir et essayer de réaliser. Dès 1876, deux ans avant la première représentation de l'*Assommoir*, l'auteur de *Thérèse Raquin* trace le programme du futur Théâtre-Libre; il défend le principe d'un art « ayant pour base l'analyse des sentiments, non la combinaison arbitraire et le vulgaire intérêt des faits ». Au fond, il se montre beaucoup moins révolutionnaire qu'il ne voudrait le paraître; il prise la beauté des chefs-d'œuvre classiques; il les loue en termes judicieux ; il aime Racine. « Nous devrions, dit-il, lui emprunter sa nudité hautaine, son dédain des intrigues compliquées, sa pénétration intime et continue des âmes et des cœurs. J'imagine une pièce moderne ainsi construite : un épisode qu'éclaire la seule notation logique des passions. Je sens confusément que l'avenir est là. » Et sans cesse il y revient. A propos d'une reprise d'*Esther*, il prodigue les conseils aux dramaturges novices. « Je souhaiterais que tous nos jeunes auteurs en revinssent à cette manière large et tranquille de comprendre le théâtre. L'action doit être une résultante des personnages et ne se nouer que pour remuer de la matière humaine. Les événements n'arrivent qu'en seconde ligne, l'élément humain doit tout dominer. Notre théâtre national a dévié vers la grossièreté des spectacles physiques. » Il blâme nettement cette tendance. « Nous désirons *voir*, tandis que nos pères se contentaient d'*écouter*. Malheureusement, si nous avons gagné en réalité, nous avons perdu en vérité supérieure. Essayons de pratiquer la méthode des maîtres, l'idée unique se développant d'elle-même et n'ayant d'autre ressort que la logique des sentiments. » Il se déchaîne contre les « truquages » du mélodrame, du vaudeville, de la comédie légère. Il malmène Edmond Gondinet et dénonce l'excès de minutie de la mise en scène du *Club* : « Le deuxième acte est trop long; on sent que l'action est là pour le cadre; les épisodes multipliés fatiguent et pourraient être supprimés. » Il s'en prend même à l'escalier, au fameux escalier de *Chatterton*, et lui consacre une colonne d'éreintement :

« L'avouerai-je? Ma préoccupation, ma grande préoccupation, pendant la soirée, a été le légendaire escalier. Et je suis sorti avec la conviction que cet escalier est le héros important du drame. Remarquez quel est son succès. Au premier acte, quand Chatterton apparaît en haut des degrés et qu'il les descend, son entrée fait beaucoup plus d'effet que s'il poussait simplement une porte sur la scène. Au second acte, quand les enfants de Ketty Bell montent des fruits au pauvre poète, c'est une joie dans la salle de voir les deux petites jambes des deux adorables gamins se hisser sur chaque marche; encore l'escalier. Enfin, au quatrième acte, le rôle de l'escalier devient tout à fait décisif. C'est au pied de l'escalier que l'aveu de Chatterton et de Ketty a lieu, et c'est par-dessus la rampe qu'ils échangent un baiser. L'agonie de Chatterton empoisonné est d'autant plus effrayante, qu'il gravit l'escalier en se traînant. Ensuite Ketty monte presque sur les genoux, elle entr'ouvre la porte du jeune homme, le voit mourir, et se renverse en arrière, glissant le long de la rampe, venant

tourner et s'abattre à l'avant-scène. L'escalier, toujours l'escalier. »

« *Voilà donc l'accessoire élevé au rôle principal* »,
conclut Zola. Et il s'indigne. Et son langage respire
l'équilibre et la sagesse. Et s'il déteste le romantisme,
c'est qu'il n'y trouve pas trace de ces qualités essentielles. Je continue de citer : « On reste stupéfait
devant certaines préfaces où le mouvement de 1830
est donné comme une entrée triomphale dans la
vérité humaine. A une rhétorique lymphatique ce
mouvement a substitué une rhétorique nerveuse et
sanguine. » Il déplore la tyrannie trop longtemps
exercée par Hugo et le cénacle. Mais il la suppose
périmée. Il salue l'avènement d'un art nouveau; il
voit se lever l'aurore : « L'évolution naturaliste s'accomplit. L'avenir est là. On précisera la formule; on
arrivera à découvrir qu'il y a plus de poésie dans le
petit appartement d'un bourgeois que dans tous les
palais vides et vermoulus de l'Histoire... » Ce que
Zola appelle « évolution naturaliste » est, d'après sa
définition, un retour à la simplicité, à la vérité, à
l'observation de la nature, à la peinture exacte et
sensible de la vie. On ne peut que se rallier à ses
doctrines. Et l'on regrette que le critique qui les
exposait avec une si persuasive éloquence ne les ait
pas, comme auteur, mieux appliquées. Il y a loin
de la théorie à l'exécution. Dès que Zola aborde la
scène, avec ses seules ressources ou en les unissant à
celles de l'industrieux Busnach, il tombe dans un
abîme de contradictions.

Zola, ennemi de la « grossièreté des spectacles physiques », étale, parmi les tableaux documentaires du
Ventre de Paris, le déballage des Halles centrales et
empuantit la salle d'une affreuse odeur de charcu-
terie, de fromage et de marée... Zola, irréductible adversaire de l'imagination romanesque et de l'emphase,
perpétue sur la scène les errements de Félix Pyat et

de Bouchardy. Il ne se lasse pas d'instruire le procès du romantisme. Le romantisme est son cauchemar. Dans la préface de son théâtre complet, il écrit, parlant du drame de *Thérèse Raquin*, que l'Odéon vient de remonter :

« Comment voulez-vous que les vieux chroniqueurs contemporains d'*Hernani* soient tendres pour mon héroïne? Passe encore si ma mercière était une reine et si mon assassin portait un justaucorps abricot. Il faudrait qu'au dénouement Thérèse et Laurent pussent s'empoisonner avec une coupe d'or pleine de vin de Syracuse. »

Le père du naturalisme était dupe d'une illusion. Il attachait plus d'importance à la forme qu'au fond même des choses. De la vieille école qu'il se proposait de supplanter il répudiait uniquement le décor. Il croyait faire acte de réalisme en remplaçant Lucrèce Borgia par une petite marchande, le palais par une arrière-boutique, le justaucorps abricot par un veston bourgeois ou un bourgeron plébéien. Mais que signifiait cette recherche du cadre et des costumes exacts si elle n'avait pas sa répercussion dans l'âme des personnages; si ces derniers, extérieurement véridiques, gardaient des façons artificielles de sentir et de penser? Or il n'y a pas à se dissimuler que c'est un des principaux reproches qu'encourent les pièces de Zola. L'écrivain se fâcha tout rouge, quand je ne sais plus quel critique l'appela le « dernier des romantiques ». L'expression était juste et fit fortune. Zola fut un romantique inconscient, un romantique « honteux ». L'*Assommoir*, le meilleur, le plus vivant des drames qui aient été extraits de ses romans, porte l'empreinte de cette atavique et mystérieuse influence. Et d'abord l'œuvre est lyrique. Au-dessus de ces tableaux pleins de détails familiers et brossés d'après nature, plane l'image symbolique de l'alambic du père Colombe, source de tous les maux, de toutes les tares, de toutes les misères physiques et morales qui mettent en péril la santé du peuple et l'avenir de la race... Ce duel entre l'homme et l'alcool prend l'allure d'une sorte d'épopée. Lorsque Coupeau se débat contre la fascination de la bouteille qu'une main criminelle a placée devant lui, cette scène, d'ailleurs fort belle, fait songer à certaines pages des *Travailleurs de la mer*. Il semble que l'objet matériel devenu monstre s'anime, se dresse en face de sa proie et la dévore. C'est bien en effet un monstre, dont l'être faible, esclave de l'habitude, ne peut repousser l'étreinte. Zola enfin, comme Hugo, use de l'antithèse : excellent procédé pour donner du relief à la pensée et émouvoir le lecteur ou le spectateur. Ses figures vont deux par deux, comme les bœufs attelés et comme les alexandrins de Despréaux. Il oppose l'ouvrier fainéant à l'ouvrier travailleur, l'hypocrite et vicieux Lantier, à l'honnête et pur Gouget, dit « Barbe d'Or »; il oppose la pauvre Gervaise à cette mauvaise peste de Virginie, le ménage des Lorilleux, ces fourmis, au ménage des Coupeau, ces imprévoyantes cigales... Chaque figure immobilisée dans son attitude est marquée de traits plus vigoureux que nuancés. La rancune de Virginie persécute Gervaise sans répit. La haine de Lantier est de même inflexible et s'exerce avec une incompréhensible férocité. Lantier et Virginie incarnent la méchanceté humaine, comme le couple Lorilleux l'avarice, comme Gouget la noblesse d'âme et le dévouement. C'est de la psychologie de mélo, ingénue et sommaire. Mais les silhouettes semées à travers l'ouvrage sont pittoresques, croquées avec une bonhomie malicieuse et une rondeur qui rappellent tout à la fois l'art de Paul de Kock, d'Eugène Sue, de Henri Monnier. La portière, Mme Floche, est une petite cousine de Mme Gibou. Mes-Bottes, Bec-Salé, Bibi-la-Grillade parlent la langue du Maître-d'Ecole et du Chourineur. L'agent de police, Poisson, sanglé dans la redingote crasseuse, coiffé **du chapeau haut de forme, armé** de la canne **plombée** de Vidocq, exhale un parfum balzacien. Quant à Bazouge, le croquemort, il a pour mission de dégager la leçon philosophique du drame. Son apparition — suprême antithèse — dans les moments où les personnages se croient heureux, signifie qu'il n'y a pas en ce monde de félicité durable et que les pauvres gens ne se reposent que lorsqu'ils cessent de vivre. Les premiers tableaux — Bazouge mis à part, — sont gais, saturés de l'odeur du faubourg parisien et de la banlieue. La rue y passe. Leur mouvement, leur couleur assurèrent au début la fortune de l'ouvrage et dissipèrent les préventions d'un auditoire plutôt hostile. Le public s'amusa de la rondeur joviale de Dailly — un Mes-Bottes épique et qui ne fut jamais égalé — de l'accent populacier de ses acolytes Mousseau et Courtès. S'étant diverti pendant trois actes, il consentit à frémir. Le spectacle de la chute progressive de Coupeau, de sa déchéance, de son agonie, de l'écroulement lamentable de Gervaise ne le rebutèrent point. Il acclama, dans la scène du *delirium tremens*, la mimique impressionnante de l'acteur Gil Naza. Il protesta seulement au dernier tableau contre l'excès de cruauté de Virginie, que soulignait la physionomie vipérine de Lina Munte.

En somme, l'œuvre réussit. Trois cents représentations n'épuisèrent pas son succès. Elle triompha des mauvaises dispositions du Tout-Paris boulevardier et de la méchante humeur de la presse. Vainement celle-ci s'appliqua-t-elle à énumérer les défauts du drame (ou ce qu'elle considérait comme des défauts) : vulgarité du sujet, description complaisante et trop appuyée des laideurs physiologiques, répugnante horreur du dénouement, monotonie d'une situation sans cesse renaissante. « Coupeau boira-t-il, ne boira-t-il pas le verre d'eau-de-vie qu'on lui offre? s'écriait Sarcey. Je vous avoue que ça m'est absolument égal. Il m'ennuie ce Coupeau; ce Coupeau me dégoûte. » …Zola s'empressa de riposter et de foncer, selon sa coutume, sur ses détracteurs. « Quelques critiques se sont montrés dédaigneux en disant que le drame était banal, parce que tout se ramenait à cette alternative : Coupeau boira-t-il? Coupeau ne boira-t-il pas? Mais en vérité tout le théâtre est là. La même question est toujours posée. Aimera-t-il? N'aimera-t-il pas? Jouera-t-il ? Ne jouera-t-il pas ? Tuera-t-il ? Ne tuera-t-il pas ? En dehors de ces combats, il n'existe pas de théâtre possible. Vous prétendez que l'ivrognerie est sale. Est-ce que tous les vices, toutes les passions ne sont pas sales? L'amour n'est guère propre, au fond, pas plus que le jeu, pas plus que le meurtre. Toute crise qui remue la bête humaine arrive à l'ordure. » On aurait pu répondre à l'auteur qu'il convient de distinguer, qu'il y a amour et amour, meurtre et meurtre, et que le geste le plus détestable a quelquefois pour mobile un sentiment désintéressé. Zola protestait aussi contre l'accusation d'immoralité; et là, il avait pleinement raison.

« La moralité de cette œuvre est formidable (sic)-. On devrait nous donner un prix Montyon. Si le théâtre est fait pour corriger, ouvrez les portes de l'Ambigu aux passants. Qu'ils viennent voir où conduit l'ivrognerie. Jamais un tableau plus redoutable n'a été mis sous les yeux du public. Et ne soyons pas hypocrites. Confessons que ce vice fait des ravages terribles parmi nous. Est-ce que tous les jours les journaux n'enregistrent pas des crimes commis dans des accès de délire alcoolique? Hier encore, dans cette rue de la Goutte-d'Or, un malheureux, fou d'eau-de-vie, assassinait sa femme. Consultez les statistiques, questionnez les commissaires de police et les médecins. »

Cet orgueilleux plaidoyer est irréfutable. La « formidable » moralité de l'*Assommoir* touche plus vivement les spectateurs d'aujourd'hui que ceux d'hier. Nous sommes mieux informés ; nous connaissons le fléau qu'il s'agit de détruire, et nous savons gré à

Zola de l'avoir, un des premiers, combattu. Ce drame
est une bonne action et ce n'est pas une œuvre indifférente. Une émotion sincère y palpite. En l'écoutant
on a le cœur serré, comme à la lecture des beaux livres
de Dostoïevsky et de Tolstoï. Les figures de Coupeau et
de Gervaise sont vivantes, douloureuses, et si vraies
qu'elles n'ont nullement vieilli. Devant tant de détresse on sent s'éveiller en soi une âme mélancolique,
pitoyable et fraternelle.

La troupe odéonienne, qui besoigne sous l'active et
allègre impulsion de M. Paul Gavault, interprète l'ouvrage intelligemment. Mlle Guéreau a du charme ;
elle manque de naturel et ne rend pas le côté « bonne
fille » de Gervaise ; elle se drape inopportunément
dans la dignité tragique, Mlle Molina est une Virginie
perfide et doucereuse, Mlle Kerwich une Mme Lorilleux
comiquement pointue, Mlle Corciade une Mme Floche
guignolesque ; M. Mosnier nous montre un Mes-Bottes
un peu trop discret mais délicat et sensible. Je n'ai
que des compliments à décerner à MM. Laroche,
Maury, Duard, Coste, à Mlle Neïr Blanc, à la gentille
Mlle Talour, à l'exubérante Mlle Marken, et surtout à
M. Desjardins, qui déploie une fois de plus, dans le
rôle de Coupeau, les ressources de son art sobre et
puissant...

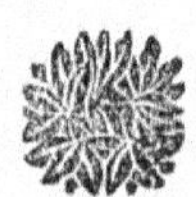

Maurice Donnay

I. L'IMPROMPTU DU PAQUETAGE

(Théâtre Sarah-Bernhard)

15 novembre 1915.

De même que Molière fit l'*Impromptu de Versailles*, M. Maurice Donnay a écrit son *Impromptu*. Ces sortes de pièces ont la grâce des choses spontanées. Point d'intrigue... Des personnages vivement croqués, silhouettés d'une plume incisive, défilent devant le compère ou la commère (vous remarquerez que c'est le procédé usité dans les revues et que l'auteur de l'*Impromptu de Versailles* et des *Fâcheux* est le premier en date des revuistes). On cause. On commente les événements du jour. On dit un peu de mal du prochain. On tâche d'avoir de l'esprit... M. Donnay se conforme au programme, sauf en ce qui concerne la médisance. Il n'égratigne presque pas cette fois ses contemporains, il les loue de les bien connaître, et de souligner avec une indulgente ironie leurs petites faiblesses et leurs demi-ridicules. Certes, les dames du monde qui s'occupent de « l'OEuvre du paquetage » n'en sont pas exemptes. Mais le grand souffle de la guerre a passé sur elles, les a momentanément purifiées. Elles ne se croyaient pas si bonnes; elles s'ignoraient; elles se regardent vivre avec étonnement, et surtout elles cessent de s'occuper exclusivement de leurs personnes ; elles se jugent, se comparent ; elles se sentent très humbles devant le dernier des soldats morts ou blessés sans phrases pour la patrie. Elles apprennent à n'être plus égoïstes. Et elles ne sont ni solennelles, ni pédantes. Elles gardent le sourire. Elles restent malgré tout Parisiennes. Elles ont le dévouement enjoué. En faisant leur devoir, elles s'amusent. Maurice Donnay fixe ces traits dans un dialogue exquis de naturel, pétillant de belle humeur.

« — Je suis folle du métro, s'écrie l'une d'elles. — Dans les voies souterraines, on a des pensées profondes. — On y prend contact avec le peuple. — Il vous marche sur les pieds... »

La baronne de Lifrand apporte des fleurs que lui a envoyées son ancien flirt, un amoureux d'avant la guerre. Que c'est loin ! « Ces fleurs m'ont fait plaisir, mais j'aurais préféré quelques paquets de tabac ! » Et la jolie baronne, qui vient de descendre les Champs-Elysées, décrit le Paris nouveau, le Paris silencieux, charmant et grave qu'elle ne put se résoudre à quitter aux heures du grand péril. Elle l'aime comme un ami, un être cher, qui a failli mourir et qui vous est conservé. Alors, sa physionomie vous paraît plus émouvante. Elle aime tout de lui, jusqu'à ses laideurs. « Je suis réconciliée avec la Tour Eiffel; elle est mobilisée, elle sert, elle a été visée; elle a vécu dangereusement, elle a une âme. » Ces propos, qui ne les a entendus ou tenus... avec un peu moins d'esprit? M. Donnay excelle à saisir au vol les papillons légers de la conversation courante.

Sur le canevas capricieux de ces épisodes se détachent deux ou trois scènes typiques. Un « poilu » surgit, une lettre à la main, devant la présidente du « Paquetage », la comtesse de Béranges. Il se nomme Biblot (Auguste), domicilié à Pantin (Seine). Il possède le bagout et l'aplomb d'un « Parigot ». Quoiqu'il se soit vaillamment battu, il n'a pas été blessé, ni malade. Il est seulement père de six enfants — trois filles et trois garçons — et voilà pourquoi l'autorité militaire le rend à la vie civile. Il en éprouve un certain dépit. « Quand on sort de ces fourbis-là avec ses abatis au complet, on se sent diminué. C'est vexant. » Cordial et familier, il expose son affaire. Il cherche du travail pour nourrir sa famille, puisque l'allocation lui est supprimée. Du temps où les peuples ne s'exterminaient point, il fabriquait, en chambre, des jouets, ces jouets ingénieux que promènent les camelots du boulevard. Ce commerce ne va plus. Il faut pourtant habiller Odette. Odette, c'est l'aînée des trois filles.

« — J'aurais voulu l'appeler Octavie, mais la bourgeoise exigeait Odette. Elle avait lu ça dans des livres. — Le nom d'Odette vous déplaît? pour quelle raison? interroge la présidente. — Parce que c'est un nom de riche; c'est comme si je m'appellais Gontran, Gontran Biblot. »

D'ailleurs Auguste Biblot adore sa ménagère; il ne lui connaît que des vertus. Elle est laborieuse, propre, rangée. « — C'est tout petit, chez nous; un logement d'ouvriers; mais c'est nettoyé, lavé. Et j'te frotte! Et j't'astique!... Vous vous regarderiez dans les meubles. Vous lécheriez le parquet. — Oh! non, je le salirais, dit en riant Mme de Béranges. — Très rigolo, je le replacerai », répond gaiement le « poilu ». Il est en verve et à l'aise. Il ne sait pas que l'accueillante personne qui le questionne avec tant de sympathie est une comtesse; il la prend pour une simple employée. Lorsqu'il s'aperçoit de son erreur, il se sent subitement paralysé, il balbutie des excuses. « Vous comprenez, si j'avais pu me douter que je parlais à une « dame de la haute », j'aurais choisi mes mots. » Une dame de la haute!... Qu'est-ce que ça signifie à présent? Oh! quel aimable petit discours Maurice Donnay met sur les lèvres de la présidente! Et que Mlle Jeanne Granier l'a bien dit! Ce n'est pas un discours, c'est l'élan sincère, l'effusion d'une brave femme qui a des aïeux envers un brave homme qui n'est pas né.

« De la haute! Ce sont nos soldats qui sont de la haute!... Il n'y a qu'à lire leurs lettres, les récits des combats, les citations... Cet héroïsme et cette simplicité : voilà la noblesse véritable. Oui, ceux-là sont tout en haut! »

Et comme Mme de Béranges continue, en causant, de vider ses armoires, de s'agenouiller pour ficeler des paquets, le territorial Biblot (Auguste) murmure à part soi : « Une dame de la haute qui se baisse ainsi, est-ce croyable? Décidément, on trompe le peuple. » Cinq minutes d'un entretien cœur à cœur ont opéré la fusion des classes...

Mais cet accord n'est complet que si la tendresse se joint à l'estime. La comtesse sera la sœur des déshéritées de la vie, lorsqu'elle aura pleuré sur l'infortune, le courage, la vertu de l'une d'elles. Mlle Berthe Trottro achève sa conversion. Elle ne paye pas de mine, la pauvre petite couturière montmartroise. Timide et craintive, elle ose à peine élever la voix. Elle ne mendie pas un secours, elle demande de l'ouvrage, elle veut gagner son pain. Elle déplore qu'on ne s'habille pour ainsi dire plus depuis la guerre. « Donner du travail au monde, ce serait utile. » Mme de Béranges ouvre une oreille un peu distraite à la banalité coutumière de ces plaintes; puis elle examine la solliciteuse, et lui trouve un air intéressant. « Racontez-moi votre histoire. » Le récit est émouvant au possible. Berthe Trottro avait un fiancé, Charles, un électricien, un bon sujet. Ils s'aimaient bien, tous deux, et rêvaient de fonder un gentil ménage. Il partit avec les camarades, se battit crânement. Un éclat d'obus lui a crevé un œil, démoli la mâchoire, enlevé la moitié de la figure. Se voyant à jamais mutilé et hideux, il a fait dire à Berthe qu'il lui restituait sa promesse; il souffrait trop à l'idée d'infliger à la jeune fille le contact de sa difformité; il la suppliait de l'oublier, de s'écarter de lui. Un instant — elle l'avoue — elle hésita. Mais aussitôt elle rougit de cette minute de défaillance... Abandonner ce malheureux infirme qui n'a qu'elle sur la terre, ce serait affreux, ce serait lâche. Elle s'est procuré sa photographie, afin de s'habituer au pauvre visage ravagé et d'atténuer le saisissement de la première rencontre. Et ils se sont mariés. Et elle ne regrette rien. Et elle est contente, et elle est fière d'être la compagne d'un héros... La présidente, toute remuée, ne peut retenir ses larmes. « Madame, voulez-vous me donner la main? » La comtesse de Béranges se sent désormais l'amie de Berthe Trottro. A ses yeux émerveillés, un univers insoupçonné se découvre. Le geste de la petite femme s'élargit, s'amplifie, devient l'acte d'amour dont la patrie reconnaissante paye l'abnégation de ses fils. Et voici la conclusion du délicieux ouvrage, où le plus spirituel de nos poètes a versé les trésors de sa générosité souriante, de sa discrète sensibilité :

« Ce qui fait la beauté de cette époque, c'est que l'honneur est partout. »

Mlle Jeanne Granier ne joue pas ses rôles; ce qu'elle dit jaillit d'elle sans effort, avec l'abandon, la souplesse, la sincérité de la vie... Mmes Marguerite Caron, Marcelle Praince, miss Campton, MM. Chameroy, Colas et Silvestre méritent d'être applaudis à côté de la savoureuse présidente du « Paquetage ».

II. A PROPOS DE L' « AUTRE DANGER »

(Comédie-Française)

26 février 1917.

JAMAIS je n'ai si bien saisi qu'hier la complexité des éléments qui déterminent le succès d'une pièce de théâtre. L'*Autre danger* a retrouvé l'accueil chaleureux d'il y a quinze ans. L'œuvre n'a pas vieilli. Pas plus qu'en 1902, elle ne heurte le public ; elle continue de l'émouvoir et de le charmer. En existe-t-il une, cependant, dont le dénouement, soit plus pénible, je dirai même plus indélicat ? Le sujet, schématiquement exposé, excite une sorte de répugnance... Rappelez-vous... Une femme mariée, mal mariée, Claire Jadain, mère d'une fillette, Madeleine, prend un amant, l'avocat Freydière. La jeune fille grandit ; elle ignore leur liaison et s'abandonne ingénument à l'inclination qui l'entraîne vers cet homme, mêlé depuis longtemps à sa vie. Elle l'aime. Troublé par cet amour, il l'aime aussi et le laisse voir. Au dernier acte, ils s'épousent... Eh ! quoi ? Le spectateur endure sans malaise qu'une fille s'unisse à l'amant de sa mère ... Non seulement il ne s'insurge pas contre une si scabreuse aventure, mais il en est profondément touché. Vous imaginez-vous ce thème entre des mains lourdes et brutales ? La représentation ne se serait pas achevée. Les petits bancs se fussent d'eux-mêmes jetés à la face des acteurs.

Par quel sortilège M. Maurice Donnay a-t-il conjuré cet orage ? D'abord, il a de la grâce, une grâce infinie qui atténue les aspérités, apaise les scrupules, désarme les colères, prévient les protestations ; de plus, il a de l'esprit et sait sourire opportunément, lorsqu'il estime qu'une détente est nécessaire; il excelle à pallier, par l'agrément du détail et la belle humeur répandue dans des coins de dialogue, l'uniforme et monotone tristesse que répandraient, réduites à elles seules, les scènes tragiques. Enfin, il a reçu le don d'analyser avec clairvoyance les sentiments, de les peindre avec justesse. Les personnages, quelque exceptionnels que soient leurs paroles et leurs gestes, ne nous choquent plus, dès l'instant où la cause profonde de ces gestes et de ces paroles nous est révélée. La vérité psychologique, jointe à une rare souplesse d'exécution, a assuré la fortune de l'*Autre danger*. Dans aucun ouvrage la sensibilité de l'auteur ne se fit aussi pénétrante, aussi caressante; dans aucun, son métier ne fut aussi adroit, aussi attentif. On dirait que, conscient de l'extrême difficulté de sa tâche, il se soit plus qu'ailleurs surveillé, interdit toute provocation, appliqué à réunir en son jeu le plus d'atouts possible, afin d'être bien sûr de gagner la partie.

L'évolution sentimentale des trois personnages principaux est marquée de traits nuancés et précis; pas un de leurs mouvements intérieurs ne nous échappe. Et c'est parce que ces états d'âme successifs sont clairement expliqués, que le drame logiquement issu de leurs conflits ne nous blesse pas et nous remue. Au premier acte, l'ardente tendresse de Freydière vainc la résistance de Claire Jadain, trouble la quiétude résignée de l'honnête femme, qui ne demanderait, au fond, qu'à prendre en patience ses déceptions conjugales et à rester vertueuse. Elle ne cède pas sans angoisse au vertige. Mais une fois entrée dans la voie de l'adultère, elle la parcourt jusqu'au bout; elle s'abandonne tout entière à la passion éveillée en elle, malgré elle, et devient la plus fervente des amoureuses. Elle ne reviendra point sur ses pas; le don qu'elle a fait de sa personne est total,

définitif. Rarement deux cœurs battent à l'unisson;
cet accord parfait, à supposer qu'il se réalise, ne dure
qu'un temps. Tôt ou tard, l'un des amants se détache
et avance plus vite que l'autre dans le sentier du désenchantement et de la froideur. Déjà, au second acte,
le fatal symptôme s'accuse chez Freydière. Il aime
encore, certes; il s'irrite même des obstacles que les
circonstances dressent contre son amour, des précautions que doit observer Claire vis-à-vis des seize ans
et de la perspicacité précoce de Madeleine; il se plaint
de ces contraintes qu'il subit lui aussi ou des conseils
de prudence que lui prodigue sa maîtresse alarmée.
Il propose d'espacer des visites chaque jour plus périlleuses, de s'éloigner de cette maison où il se sent
gêné. Il obéit, en somme, au désir que Claire lui
signifiait tout à l'heure. Cela suffit pour qu'elle change
aussitôt d'attitude et de langage. Dès qu'elle devine
que peut-être Freydière lui échappera, elle s'efforce
de le retenir : « Cette atmosphère de mensonge me
pèse autant qu'à toi. Mais nous la respirons ensemble;
quand je ne puis être à toi, comme aujourd'hui, j'ai
la consolation de te parler, de t'entendre... » Elle
s'émeut de l'idée que leur intimité sera moins complète : « Voyons, Claire, ne pleure pas. Tu ne m'as
pas compris. — J'ai compris que tu me disais des choses effroyables. — Non, mais raisonnables. Du reste,
je n'ai fait que te suivre. C'est toi qui as commencé.
— Moi, je t'ai dit des choses raisonnables ! » Joli
revirement, et si féminin ... Pourtant, le coup a
porté. L'harmonie ne règne plus. L'égoïsme de
l'homme reprend ses droits... Freydière trace un mélancolique tableau des bonheurs interdits aux amants
qui ne sont pas libres.

« Songes-tu que nous ne voyagerons jamais seuls,
que nul train ne nous conduira vers les rivages bleus,
que jamais nous ne vivrons sous le même toit, dans
le rapprochement délicieux des longues causeries,
parmi les objets familiers? »

Ces mots de regrets sont des mots d'amour. Ne nous y trompons pas, malgré tout. Ils annoncent la lassitude prochaine. Claire aura beau lutter, elle n'empêchera pas l'occasion de naître, le destin de s'accomplir. Elle trouvera en sa propre fille l'instrument de son malheur... Au début, Madeleine n'inspire à Freydière qu'un sentiment voisin de l'aversion; sa présence indésirée l'agace ; son involontaire tyrannie lui est odieuse. Il le lui témoigne durement. Il affecte de la traiter en gamine, de ne pas la prendre au sérieux; il accueille ironiquement ses confidences. Elle lui raconte qu'elle fixe chaque jour ses impressions sur un cahier. « Vous avez donc des impressions? » Elle assure que la vie lui apparaît sous un aspect imprévu et plus grave. « Vous évoluez? » Il ne s'aperçoit pas que ce besoin d'épanchement, qu'il encourage si peu, que cette envie de plaire, et ces gentils bavardages sont les balbutiements de la passion.

Lorsque ses yeux s'ouvrent — trop tard — le mal est fait. Madeleine l'aime d'autant plus qu'il l'a humiliée et que le dépit la pousse à essayer de le conquérir... Elle y réussit. Elle l'amène, par d'innocentes coquetteries, à se montrer jaloux. Il ne se rend pas compte immédiatement de ce qui se passe en lui.. S'il le comprenait, il se ferait horreur... Il ne résiste pas au plaisir de regarder l'enfant s'épanouir dans l'enivrement de son premier bal, de respirer le parfum de cette fleur. Un émoi voluptueux, discret, inavoué, anime les propos qu'ils échangent. Madeleine est ravissante ce soir et bien habillée. Elle voudrait qu'il le remarquât. Elle lui reproche son air réservé. « — Vous n'êtes plus la petite fille que j'ai connue. — Tout le monde m'adresse des compliments... Il n'y a que vous. — Mes compliments vous sont inutiles. — Ce sont ceux qui me seraient le plus agréables. » Et Freydière lui tourne un petit couplet qui ressemble terriblement à une déclaration. Ces scènes de marivaudage sont exquises. Maurice Donnay y excelle. C'est un Marivaux exempt de préciosité, habile à débrouiller le fin du fin, et sans pédanterie, sans effort. Un fil d'Ariane le guide dans ce labyrinthe : l'intuition des choses amoureuses. Rien de ce qui touche à la femme ne lui est étranger.

La conclusion approche. Une savante préparation l'a rendue plausible et nous met en disposition de l'accepter... Nous sommes persuadés de la sincérité de Madeleine; nous croyons que le sentiment qui la possède n'est pas une amourette, mais un véritable et profond amour, et que cet amour la fera vivre, mais qu'elle en pourra mourir. L'art de l'écrivain a été de nous communiquer cette certitude et d'écarter l'un de l'autre, progressivement, Claire et Freydière, de telle sorte qu'au dénouement il ne subsiste de leurs liens sensuels qu'un souvenir et que leur rupture soit irrévocablement consommée... Alors, nous consentons... C'est un peu dur tout de même. Le rideau tombé, nous réfléchissons à ces singuliers événements. Nous leur donnons une suite, par la pensée. Aux quatre actes que nous venons d'applaudir, nous ajoutons un acte hypothétique. Nous tremblons pour le fragile bonheur du jeune ménage, bonheur basé sur un faux serment, menacé d'un désastre presque inévitable, empoisonné dans son germe. N'est-ce pas une nouvelle signification du titre de l'ouvrage ? N'est-ce pas là encore l'AUTRE DANGER? Freydière et Madeleine auront de la chance s'ils n'en arrivent pas à se haïr... L'auteur alléguera que nombre de mariages normaux et corrects ne tournent pas beaucoup mieux... C'est lui qui a raison, puisque cette objection, nous ne la lui avons pas d'abord opposée et qu'elle ne nous est venue à l'esprit qu'après que les chandelles furent éteintes...

Mme Bartet interprète le rôle de Claire Jadain, comme elle le joua le premier jour, avec une émotion, une douceur, une douleur, une noblesse incomparables. Elle traduit avec une égale sincérité le double caractère du personnage et justifie la tendre observation de Freydière : « Une femme peut être à la fois une amante et une mère. Tu en es la preuve passionnée. » Mlle Bovy, qui succède à Mlle Piérat, ne la fait pas oublier. On ne saurait avoir plus de vivacité, de finesse, de naturel... Elle burine spirituellement le profil d'une Madeleine de seize ans; elle semble un peu jeunette au troisième acte, et surtout au dernier. Que ce petit bout de femme drôlet et frêle soit incapable de se consoler de sa première désillusion romanesque, nous ne le pouvons guère concevoir. La faute en est, non au manque d'intelligence de l'artiste, ni à quelque erreur de sa sensibilité, ni à un excès de sécheresse, mais simplement à l'insuffisance de ses moyens d'expression. Elle a tout compris, tout senti ; elle n'a pas tout exprimé. M. Grand, un Freydière sympathique et plein de tact, Mlle Maille, toujours cordiale et charmante, Mmes Kolb, Robinne, Guintini, MM. Mayer, Numa, Dehelly, le pittoresque Denis d'Inès et le savoureux Bernard mettent leur talent et leur zèle au service de l'ouvrage.

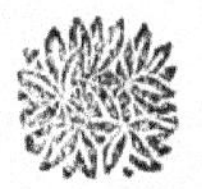

A PROPOS DE LA « FIGURANTE »

Le pessimisme de M. François de Curel

(Comédie-Française)

6 *mars* 1916

L E public de 1916 se montre plus favorable à la *Figurante* que n'avait été le public de 1896... Non seulement l'œuvre de M. de Curel l'intéresse, mais il lui témoigne une vive sympathie. Aucune contrainte ne subsiste dans les applaudissements qui la saluent. Cette même pièce, il y a vingt ans, choquait un peu tout le monde. « M. de Curel, écrivait Sarcey, se plaît à mettre des personnages d'exception dans des situations exceptionnelles; et puis il nous dit : « Regardez! hein! comme c'est la vie! » Nous qui ne nous reconnaissons point dans ses peintures, nous goûtons l'ingéniosité de l'auteur, mais nous nous révoltons contre ses portraits. Jamais nous n'avons vu de gens comme ça; ils ne nous touchent pas, parce qu'ils n'ont pas nos façons de parler ni de sentir; parce que, comme dit le poète de *Mardoche*, nous n'avons pas le crâne fait de même, le crâne ni le cœur. » Que le critique du *Temps*, généralement hostile au réalisme du Théâtre-Libre, fît ses réserves, ceci ne saurait nous étonner. Mais Catulle Mendès,

animé de dispositions contraires, n'est guère plus
tendre. S'il loue l'art de l'écrivain, il juge la pièce
inégale, sèche, froide; il lui reproche de manquer de
générosité et de passion; il y relève des invraisem-
blances psychologiques; tantôt elle le blesse par un
excès de brutalité ou de cynisme ; tantôt elle lui semble trop timide et trop douce. Son dénouement « à
la Scribe » lui déplaît. Voilà beaucoup d'objections,
dont quelques-unes certainement sont fondées. On
peut se demander pourquoi nous y sommes moins
sensibles...

Le drame se noue entre quatre personnages des-
sinés, dès le premier acte, avec une vigueur et une
netteté remarquables. La critique fut unanime à pro-
clamer les mérites de cet acte d'exposition, à le
présenter comme un modèle de clarté, de souplesse,
de vérité fine et vivante... Rappelons succinctement
la situation. Hélène de Monneville, unie très jeune à
un mari trop âgé, le savant paléontologiste Théodore
de Monneville, membre de l'Institut, a pour amant
l'éloquent, le brillant Henri de Renneval, député, futur ministre. Le mari n'ignore pas cette liaison; il la
tolère, il la surveille ; il attend patiemment l'occasion
d'une revanche : sa rancune s'abrite sous d'inquié-
tants sourires. Le temps est son allié; le temps crée
les lassitudes qui conduisent aux ruptures. Henri de
Renneval n'a rien à reprocher à Hélène, la plus aimante, la plus dévouée des maîtresses. Elle l'aida dans
des circonstances difficiles, lui conserva d'indispensables amitiés que la politique détournait de lui. Il sait
ce qu'il doit à cette femme ; il ne cesse de lui exprimer sa gratitude. « C'est vous qui m'avez maintenu,
imposé, remis à flot. » Mais il est ambitieux; il aurait besoin d'un foyer, d'un salon, d'une façade. L'associée irrégulière, astreinte au respect des convenances et privée de liberté, ne remplace pas la compagne légitime... Alors il s'avise d'un singulier expédient. S'il contractait un mariage de pure forme ; s'il

épousait une jeune fille pauvre qui consentirait — marché offert et accepté loyalement — à tenir sa maison, à porter son nom, à jouir de sa fortune et de sa gloire, sans être pour lui autre chose qu'une collaboratrice intelligente, ne serait-ce pas la combinaison rêvée? Il aurait ainsi une existence simplifiée, correcte, normale, et pourrait rester fidèle à ses anciennes amours. Hélène ne le détourne pas de ce projet, bien qu'elle en discerne le péril. Elle s'y rallie par nécessité, comme à l'unique chance de retenir un bonheur qu'elle sent prêt à lui échapper. « Que faire? Je vous vois inquiet et maussade. Je constate que d'heure en heure vous vous détachez. Si la cause de ce malaise est dans votre ambition déçue, en vous procurant de quoi la servir, j'ai l'espoir de vous ramener à moi. Si, au contraire, vous êtes simplement rassasié de votre vieille amie, qu'elle vous perde un peu plus tôt un peu plus tard, qu'importe ?... Donc c'est résolu... Je vous marierai... » Elle cherche. Et naturellement, elle essaye de mettre tous les atouts dans son jeu. Il faut que la *figurante* soit laide, dénuée de séduction, de coquetterie, de tempérament, affligée d'un caractère aussi disgracieux que son visage. Elle croit l'avoir trouvée en la personne de Françoise, une nièce orpheline que M. de Monneville a recueillie. Cette petite sauvageonne s'enferme dans un silence énigmatique et maussade. Elle ne parle pas, mais elle regarde, elle épie. Rien n'échappe à ses yeux fureteurs et sournois. Elle a dérobé une lettre d'Hélène à Henri, lettre révélatrice, qui l'a mise au courant de leur crise sentimentale. Il semble qu'elle déteste M. de Renneval. Elle se montre à son sujet agressive, amère. Elle s'est réjouie méchamment d'une chute de cheval qui a failli lui coûter la vie. Hélène, indignée de cette dureté de cœur, en conclut que Françoise réunit décidément toutes les conditions souhaitées pour jouer le rôle ingrat qu'elle lui destine. Or elle s'abuse. Ce qu'elle prend pour de la haine

n'est que la fermentation d'une jalousie impuissante à
se dominer. Françoise aime secrètement Henri de
Renneval. Aussi accepte-t-elle l'étrange proposition
qu'on ose lui faire. Elle feint de souscrire aux conditions imposées. Elle a son idée, son plan, une
arrière-pensée de conquête. M. de Monneville l'approuve et l'encourage. La combative Françoise sera
l'instrument de sa vengeance. Il s'en explique avec
elle franchement et crûment; il lui raconte sa mésa-
venture conjugale, lui confie son désir de représailles
et l'espoir qu'il place en elle.

Cet entretien entre l'oncle et la nièce, cette confession d'un vieux mari trompé à une vierge, les confidences scabreuses où il se complaît froissèrent les
auditeurs de 1896. Ils jugèrent la scène indécente et
cynique. Peut-être Antoine, systématiquement attaché aux outrances du Théâtre-Libre, en accentuait-il
la brutalité?... Je ne sais, n'ayant pas gardé un souvenir précis de son interprétation. Celle de M. de
Féraudy s'enveloppe de précautions, de ménagements.
L'habile comédien atténue l'âpreté du rôle, il en arrondit les angles, il communique au personnage un
aspect débonnaire, il lui prête une bonhomie malicieuse qui plaide en sa faveur; il ne le représente pas
comme un homme hypocritement vindicatif et cruel,
mais comme un brave homme, fin, lucide, patient,
philosophe et taquin, qui s'amuse aux dépens de ceux
qui l'ont offensé et tente sur eux une petite expérience de laboratoire... M. de Féraudy ne veut pas
que nous puissions être blessés du langage de M. de
Monneville. Il imprègne d'une onction paternelle et
d'une aimable humilité l'aveu que le savant fait de
ses erreurs, les renseignements et les conseils qu'il
prodigue à Françoise. « J'ai commis la faute d'épouser une femme jeune, quand mes cheveux blancs
commandaient la solitude. J'ai résolument supporté
les conséquences de cette faute, en y mettant même

7

une certaine bonté; mais un membre de l'Institut n'est pas bon de la même manière que le bon Samaritain. » Il indique à sa nièce la route au bout de laquelle l'attend le bonheur. « Le lendemain du mariage, commencera pour toi une existence rude et incommode. A force d'adresse, de fermeté, de persévérance, il faudra te faire aimer. La jeunesse, l'amour, l'intérêt politique, le bon renom sont de ton côté. Tu vaincras. » Il ajoute, afin sans doute que son machiavélisme paraisse moins odieux au public : « Tu n'es pas entre mes mains une simple machine de guerre, je te le jure. Tu me rendras le repos. Mais tu seras heureuse. » Le pacte est conclu. L'énergique Françoise tente l'aventure, avec le ferme espoir d'en sortir triomphante.

Le rideau se relève au second acte sur une bataille à demi gagnée. Depuis trois mois, Françoise s'appelle Mme Henri de Renneval. Elle a subi une complète métamorphose. La petite pensionnaire provinciale est devenue la plus élégante des Parisiennes et pour son mari une collaboratrice précieuse. Elle lui apporte l'aide de son intelligence, de son esprit délié, de son tact et de sa séduction. Car cette femme supérieure est pleine de grâce... En même temps qu'elle travaille à la fortune de l'ambitieux député, elle prend peu à peu possession de son cœur. Mais elle se renferme strictement dans les limites des conventions établies. Elle a juré de n'être qu'épouse honoraire. Elle se refuse aux désirs d'Henri, quoiqu'elle meure d'envie d'y céder. Elle répugne au partage et subordonne son consentement au congé officiel de la maîtresse déjà presque abandonnée. Il résiste par scrupule, par orgueil. Il repousse cet ultimatum; et puis il craint d'être ingrat envers son ancienne amie. D'autre part, ne l'est-il pas envers l' « associée » qui l'assiste chaque jour d'un dévouement efficace? (Elle a obtenu pour lui la promesse d'un portefeuille dans le minislère de demain.) Il se sent aimé d'elle, il l'aime, et toutefois il ne peut se résoudre au geste libérateur. La situation serait sans issue, si M. de Monneville ne s'en mêlait.

L'astuce du vieux savant, ses manœuvres et ses paroles adroites exaspèrent l'impatience des amoureux, les incitent à franchir le fossé qui les sépare. « Pourquoi te montrer si peu généreuse? N'es-tu pas la plus forte? dit-il à la femme. La rupture que tu exiges s'accomplira de soi-même. — Soyez moins timide, dit-il au mari; ne voyez-vous pas qu'on vous adore? » Il achève de les troubler, de les énerver. Henri presse Françoise, qui défaille dans ses bras et ne se ressaisit qu'à grand'peine. Elle est vaincue, prête à se donner. La brusque arrivée d'Hélène de Monneville glace les effusions de leur intimité naissante. Françoise se sauve à l'approche de l'ennemie. Hélène n'a pas revu Henri depuis son mariage; tout de suite elle s'aperçoit qu'elle eût mieux fait de ne pas venir. Il est embarrassé, froidement affectueux. Elle voudrait dissiper cette gêne, et elle l'accroît. Ses tendres reproches, sa tristesse, le dépit qu'elle ne peut longtemps cacher rebutent l'amant pour qui sa présence est un supplice. Irritée et agacée, elle essaye de lui dire du mal de Françoise; il l'arrête par un mot cinglant. Alors, ce sont des prières et des larmes. « Je vais sortir, vous me rejoindrez et nous passerons la soirée ensemble. » Il y consent, afin d'abréger cette pénible conversation. Mais Françoise s'est ravisée. Jalouse aussi, il lui déplaît de s'effacer devant sa rivale. Voilà les deux femmes en présence... La haine éclate dans leurs regards, dans la politesse cérémonieuse des propos échangés. Bientôt, s'affranchissant de toute hypocrisie, elles renoncent à dissimuler leurs sentiments. Hélène de Monneville affecte vis-à-vis d'Henri un ton protecteur ; elle le met en garde contre certaines compromissions politiques et l'exhorte à tourner le dos au gouvernement. Françoise l'interrompt : « Ma tante, j'ai le plaisir de vous annoncer que mon mari est ministre des Affaires étrangères. » Fureur d'Hélène : « Il y a quelques mois, tu ne te serais pas permis de me parler de la sorte. Tu étais une personne de peu d'importance, une créature neutre, qui acceptait ici l'emploi de mannequin. » Riposte de Françoise : « J'ai accepté d'être la meilleure amie, la conseillère la plus loyale d'Henri. Est-ce là ce que vous appelez un mannequin? Sachez que je suis une petite personne très volontaire qui ne se laissera pas supprimer. Vous êtes chez moi. Puisse votre échec de tout à l'heure vous inspirer un peu de méfiance de vos lumières, avec un peu d'estime pour les miennes. » Le duel se poursuit entre des adversaires qui cherchent à se blesser mortellement. Je ne saurais assez louer l'art que Mlles Marie Leconte et Cerny déploient dans l'expression de ces violences. La colère de Françoise n'exclut pas la compassion. L'emportement d'Hélène est fait d'humiliation et de douleur. Ces nuances sont rendues en perfection par les interprètes, dont le jeu souple, ému sonnages. Enfin M. Duflos, à force de mesure et de justesse, empêche qu'on ne sourie des incertitudes où se débat l'homme trop aimé...

Françoise, outrée de la mollesse de ce mari qu'elle a cru sincère et qui n'a point le courage, pour venir à elle, de rompre immédiatement avec le passé, s'est reprise. La pièce finirait sur un irrémédiable désaccord... Heureusement M. de Monneville — l'éternel sauveteur — est là. Il intervient, comme toujours, à propos. Il prêche à sa nièce, momentanément rentrée chez lui, la persévérance, l'indulgence. Elle écoute les avertissement de cette sagesse pratique; elle suit surtout les impulsions de la nature et de l'instinct. Jamais Henri ne lui a été plus cher que depuis qu'elle l'a quitté. Elle brûle de s'offrir à lui, de lui appartenir sans conditions. C'est ce qu'elle déclare à la pauvre Hélène, dans une scène d'une lucidité, d'une cruauté, d'une logique admirables. Elle crucifie la maîtresse déchue, en lui ôtant toute illusion, en lui expliquant ce que ressent Henri, ce qu'elles ressentent l'une et l'autre, en disséquant leurs trois cœurs.

« Après mon départ, vous avez vu sa consternation et sa terreur de me perdre. Vous avez compris qu'il ne balancerait pas entre vous et moi. Une petite chance de salut se présente à votre esprit. Vous pensez : Françoise n'aime pas Henri; elle n'y tient que par vanité. Tâchons de nous réconcilier avec elle, d'obtenir que sa cupidité et son orgueil soient contents. Henri, redevenu solitaire, m'accordera, par habitude, par désir de la paix, par un reste d'affection, peut-être encore quelques bonnes journées. *L'autre* disparaîtra. Je ne saurai plus qu'elle est de ce monde. Votre plan serait fort habile, conclut Françoise, si je n'aimais pas mon mari; malheureusement pour vous, je l'aime. »

Vainement, la lamentable Hélène proteste-t-elle, s'insurge-t-elle contre l'évidence; ses yeux rougis, la pâleur de ses joues, son accablement, sa détresse éclairent Françoise, qui lui retourne le fer dans la plaie : « Je vous vois aux genoux d'Henri, le suppliant de renoncer à moi, de vivre avec vous. Il ne s'en soucie guère. Je suis pour lui l'avenir. Que ma revanche est déjà belle! En me retirant, en vous laissant près de lui, ah! que je vous faisais un cadeau perfide! Vous voici dédaignée, mise au rebut, ou gardée par charité. » Hélène écoute ces choses terribles; et elle s'écroule, et elle sanglote, et elle souffre à mourir...

Françoise est-elle donc un monstre pour la torturer ainsi?... Nullement. Elle obéit à la loi naturelle qui veut qu'on défende son bonheur. Qu'importe si ce bonheur s'échafaude sur des ruines? L'égoïsme so nourrit des pleurs et du sang d'autrui! Egoïstes, ils le sont tous, dans l'œuvre de M. de Curel. Férocement égoïste, Françoise, amoureuse et conquérante; despotiquement égoïste, Hélène, tenace et irrésignée; bassement égoïste, Henri, intrigant et sensuel; vilainement égoïste, le vieil oncle papelard et rancunier. L'auteur n'a pas beaucoup plus d'illusion sur l'animal humain que n'en avait La Rochefoucauld. La sécheresse de ce tableau attristait les spectateurs de 1896. S'il nous captive davantage, c'est qu'apparemment nous sommes moins réfractaires qu'ils ne l'étaient à la vision directe et réaliste de la vérité. Si ce drame sombre et désenchanté nous touche, c'est qu'adouci par l'interprétation nouvelle, il laisse transparaître une sensibilité d'abord inaperçue. M. de Curel contemple de très haut le tourment des créatures gouvernées par les tyrannies mystérieuses de l'hérédité et de la passion. Il y compatit, n'en doutez pas. Pénétré de ces misères, il les décrit avec une inexorable précision, il nous en donne la sensation toute chaude : il les fait vivre. C'est ainsi qu'il nous émeut.

Deux poèmes sur la guerre

L'HUMBLE OFFRANDE, de M. André Rivoire

GAVROCHE ET FLAMBEAU, de G. Trouillot

3 avril 1916.

Beaucoup de poèmes sont nés de la guerre. Quelques-uns appartiennent, par leur forme dialoguée,
au domaine du théâtre, et ont paru sur la scène.
L'*Humble offrande* exprime, avec cette sensibilité
nuancée, cette tendresse émue, cette grâce enveloppée et discrète que M. André Rivoire répand dans
toutes ses œuvres, des sentiments qui nous touchent
vivement, car ils reflètent les nôtres. Aucun artifice
de langage ne supplée à l'accent d'une confidence sincère. Or, il y a peu de rhétorique dans les vers de
M. Rivoire, j'entends de cette rhétorique vaine et
creuse, sous laquelle se dissimule la banalité des
lieux communs. L'écrivain ne veut parler que s'il a
des choses à dire et des choses qui n'aient pas été
dites trop souvent et par tout le monde. Il descend
en lui-même ; il s'interroge. S'interrogeant loyalement
et profondément, il analyse, il traduit la pensée des
« intellectuels » de sa génération. Quel peut être
leur présent état d'âme? Par quels mouvements intérieurs, par quelles impressions ont-ils passé depuis
dix-neuf mois? Ce fut d'abord une sorte de stupeur,

puis une tristesse mêlée d'amertume. Ils assistaient au naufrage de tant d'illusions !

Nous nous étions épris d'un idéal trompeur,
Un rêve fraternel mit en nous sa torpeur...
Quel rêve !... Nous avions pensé, fous que nous sommes.
Désarmer les méchants à force de pardon...
La France généreuse et libre aurait fait don
De la paix souveraine au peuple entier des hommes...

Le poète doit se plier aux dures réalités, se résigner à l'ajournement indéfini de ses espérances. D'ailleurs, l'imminence du péril ne lui laisse pas le temps de méditer. L'heure est grave. L'action s'impose. Il voudrait y participer virilement. Hélas ! il se sent chétif : il n'a plus les bouillonnements de sève de la jeunesse. Son âge et sa faiblesse physique l'écartent du champ de bataille. Cette impuissance le décourage, l'humilie...

Oh ! tu n'es pas coupable et ce n'est pas ta faute,
Si l'on n'a pas voulu de toi pour les combats,
Si l'on t'a refusé de servir côte à côte
Avec les glorieux absents qui sont là-bas !...
Toi-même tu sais bien que tu n'aurais pu suivre
L'impétueux appel des vieux clairons de cuivre !

Lorsque la Muse apparaît, sa jolie Muse familière aux clairs regards, à la voix franche et sonore (la voix et les yeux de Mlle Marie Leconte), il la repousse. il la fuit. Elle lui reproche avec douceur l'ingratitude de cet accueil.

Ton air découragé m'accuse ;
A peine si ta main se tend.
Je sens que j'ai tort d'être blonde,
Et d'être rose et d'être ronde,
Et de sourire par instant,
Tout cela te plaisait naguère...

Cela ne lui plaît plus, en effet. Il n'ose approcher l'aimable fille, inspiratrice de ses anciennes chansons.

Les baisers qu'elle lui apporte, il les refuse. Chanter,
faire des vers, maintenant, est-ce possible ?

Surtout des vers pareils à ceux que je t'offrais,
Des vers chantant l'amour gai, lumineux et frais...

La pauvre petite Muse — qui n'est pas la Muse
épique d'Hugo, la Muse orgueilleuse de Vigny, la
Muse douloureuse de Musset — s'émeut de cette
détresse. Et soudain, elle s'ennoblit. Elle trouve dans
la simplicité de son cœur l'éloquence qui relève, qui
console, qui ranime l'énergie. La bonté parle en
elle, la bonté et le bon sens. Son poète se croit déchu.
Et pourquoi ? N'a-t-il pas à jouer un rôle nécessaire,
une mission à remplir? N'existe-t-il qu'une façon de
se battre ?

Tu te plains de n'avoir pas d'armes ?... Et ta plume,
Qui, depuis si longtemps, se rouille, dans ta main ?...
Un vers !... Et sur le monde une étoile s'allume,
Pour guider, dans leur nuit, les peuples en chemin !...

Parce que tu n'es plus celui que tu souhaites,
Devant ces feuillets blancs, des mois, tu t'accoudas !...
Écris !... La France attend l'œuvre de ses poètes,
Pour achever, demain, l'œuvre de ses soldats.

Chacun sa tâche !... Écris !... C'est la tienne... Eux, s'ils
                                        ⌈meurent,
Ce n'est pas seulement pour leurs champs envahis,
C'est pour que les beaux vers de la France demeurent,
C'est pour sauver, surtout, l'âme de leur pays !...

Au fond de leur obscure et naïve tendresse,
L'art qu'ils ignorent n'est pas moins essentiel :
Un beau vers est pareil au clocher qui se dresse.
Tous deux, du même élan, montent vers notre ciel !...

L'appel de la Muse populaire est écouté. Le poète
reprend conscience de son devoir. Dans des strophes
que la véhémence et l'art de Georges Berr ont fait
acclamer, il s'adresse aux Mots de France, il les presse
d'accourir, il mobilise l'innombrable armée du Verbe,

armée pacifique, armée guerrière, qui concourt à la victoire, puisqu'elle récompense et châtie, puisqu'elle dénonce à l'univers civilisé les crimes des Barbares, perpétue les images de l'héroïsme, persiste à défendre la cause du droit outragé et prépare un avenir meilleur :

> Tous les mots de France, sonnez,
> Venez sous ma plume, venez
> Avec une sainte allégresse ;
> Et les jours sombres révolus,
> Redevenez les mots élus
> Par qui l'Humanité progresse...

Les mots obéissent à M. André Rivoire. Il leur impose une discipline sans violence, leur apprend à traduire harmonieusement les intentions, les élans de son esprit et de son cœur délicats.

On eût bien étonné M. Georges Trouillot, parlementaire militant, sénateur et ministre, si on lui avait prédit son actuelle aventure. Il se révèle poète, auteur dramatique. Il a écrit, à l'occasion de la guerre, des vers chaleureux, cordiaux, français jusqu'aux moelles, imprégnés dans leur substance et leur forme des sucs les plus purs de notre race. Ces vers patriotiques sont des vers classiques. Car, en littérature, M. Georges Trouillot est éperdument conservateur. Il n'admet pas que les vieilles règles du Parnasse soient transgressées ; il entre en de grandes colères contre les novateurs ou les novatrices qui leur manquent de respect, et je sais tel morceau de lui, où ces fureurs revêtent l'allure grondeuse d'une honnête et robuste satire à la Despréaux. Il voue enfin à la rime millionnaire le culte superstitieux de Ban-

ville et se suiciderait plutôt que de n'user point de
la consonne d'appui.

Cette passion, ce scrupule, ce traditionalisme rigou-
reux, cette intransigeance — oh ! quand ils s'avisent
d'être autoritaires, les démocrates ! — tous ces traits
composent à M. Georges Trouillot une physionomie
originale. Nous les retrouvons, pleinement épanouis,
dans la pièce qu'il a fait jouer au cours d'un des derniers galas du Trocadéro. Et si ce généreux petit
ouvrage a été goûté, applaudi, s'il a remué l'immense
auditoire, c'est justement parce que l'auteur s'y est
peint, y a versé, avec une charmante bonne foi, ses
idées, ses enthousiasmes, ses instincts, le fond le plus
secret de lui-même. Aimant le peuple, il a choisi
comme protagonistes les deux figures plébiennes de
Flambeau et de Gavroche ; il les a plantées face à
face, fraternellement unies. Ce rapprochement ingénieux lui permettait d'embrasser le passé et le présent, et d'ôter à cette dissertation toute froideur didac-
tique.

Donc, le *bleuet* Gavroche — classe 1916 — fusil
en main, casque en tête, bouffarde au coin de la bouche, promène devant les créneaux de la tranchée son
désœuvrement momentané. Il s'est battu. Il attend
une nouvelle occasion de dire bonjour à MM. les
Boches. Or voici que surgit Flambeau — le grena-
dier Flambeau de Rostand, le rude et doux geôlier
de l'Aiglon, le conscrit républicain de Fleurus, le
grognard césarien de Wagram et d'Austerlitz... Flambeau, réveillé par le tumulte d'une formidable artillerie, est venu inspecter le champ de bataille, se ren-
seigner sur la stratégie et la tactique modernes, examiner de quelle façon se comportent ses neveux. Il
ne comprend pas... Ça la guerre ? Cette immo-
bilité, cette torpeur, ce travail de taupe, ces manœuvres à l'aveuglette, ces combats sans soleil? Et naturellement, il estime que, de son temps, les choses
allaient mieux.

La victoire, avec nous, savait marcher plus vite.
Depuis quatre-vingt-douze, à Jemmappe, à Valmy.
On avait vu comment on chasse l'ennemi.
Puis, comment on traînait, en troupeaux, à sa suite,
Les peuples à travers l'Europe, et de quel train
On franchissait d'un bond les Alpes et le Rhin.

Flambeau raille l'indolence des clampins frileux et
craintifs qui, pour prendre l'offensive et culbuter l'armée du kronprinz, attendent le retour de la saison
printanière. Piqué au vif, leste à la riposte, Gavroche
lui cloue le bec. Ils sont inouïs, ces vieux! Ils ne
connaissaient pas leur bonheur! Ils luttaient en rase
campagne, visage découvert, corps à corps, à la française. Ils ignoraient l'Aviatik et le Zeppelin. Ils
essuyaient le feu des misérables canons à courte
portée, ils ne recevaient que des boulets ou des balles.
La belle affaire, vraiment! Aujourd'hui, les pruneaux
jaillissent du sol, pleuvent du ciel. La nature et la
science se coalisent contre le pauvre soldat, réduit à
s'affubler d'une cagoule, d'un masque et d'un habit
de carnaval.

— Pour nous changer du fer et du feu, le poison !
C'est l'uniforme, quand montent de l'horizon
Ces trucs à vous coucher sur le sol une armée.
Vos bronches ne pouvaient craindre que la fumée.
Veinards ! Et tout au long des pays allemands,
Aux étapes, Gretchen ouvrait des bras charmants
Quand vous fripiez un peu les fleurs de son corsage.
Nous, voici plus d'un an, déjà, que l'on est sage.
Veinards ! Veinards ! Veinards ! on dit que vous étiez
Des braves à trois poils ! Rien que trois ! Quels troupiers !
Nous sommes des poilus, nous, de la tête aux pieds.
Même alors qu'on n'a pas un seul poil sur la lèvre.

Ce qu'ont fait nos poilus, nos marins ? Gavroche
cite des exemples. C'est l'agonie des matelots du
Bouvet, serrés autour du drapeau. C'est la mort anonyme et sublime du zouave qui, des rangs ennemis,
crie à ses camarades de tirer et tombe en chantant

la *Marseillaise*... Et ces martyrs ne se plaignent point. Ils allègent l'épreuve en lui opposant la bonne humeur, trésor de chez nous, fleur de l'héroïsme... Le moineau de Paris, Gavroche, n'incarne-t-il pas, ne symbolise-t-il pas toutes les qualités du soldat de France ? il est curieux, débrouillard, intelligent. Il donne sa vie, mais il veut savoir pourquoi il la donne. Il s'immole à des principes qui lui sont chers. Incorrigible idéologue, il croit sauver l'humanité en servant la liberté. Et ce sacrifice, il l'accomplit allégrement.

Gavroche, maintenant, c'est lui, la Grande Armée.
Il est gardien du sol gaulois, cet avorton
Qui porte quelquefois barbe grise au menton
Tout en ne perdant rien de ce qui fait qu'on l'aime.
Il ajoute la gloire à son rayon bohème.
Le Taube est sur son front, la mine sous ses pas,
Mais il fait la grimace et la nique au trépas.
S'il est besoin, il donne, et loin du canon même.
Des leçons d'endurance à qui n'en aurait pas,
Les pieds dans l'eau, la tête au feu, quand on patauge
Plus boueux que ne sont des cochons dans leur bauge,
Ne craignant rien, sinon les renoncements vils,
Le poilu dit : Pourvu qu'ils tiennent, les civils !
Il n'est vraiment chez nous que le drap bleu qui s'use
Les Boches tout voisins, près des fils barbelés,
Des plus doux noms d'oiseau par tous sont appelés ;
A leur gueule béate, on rigole ; -- on s'amuse
A leur jouer Guignol, on taquine la muse.
Nous avons nos journaux, nos five o'clock, nos thés.
Le bridge et tous les arts y sont des mieux portés,
Et quand parfois à l'âme on sent venir du vague,
Pour sa petite amie on cisèle une bague.

Enfin Gavroche adore son pays comme la plus séduisante des maîtresses ; il l'admire comme le chef-d'œuvre de la création. Il le loue en termes délicieux. Oh ! que Marguerite Moreno a bien dit ces jolis vers, avec quelle ferveur pieuse et tendre !

La terre, la mer et le ciel,
Toutes les douceurs infinies,

> Tout le parfum et tout le miel,
> Splendeurs en elle réunies,
> Peuples, chez nous, vous les avez.
> Aimez-vous montagnes ou plaines,
> Roses d'un jour, neiges hautaines,
> Fraîches ou brûlantes haleines ?
> Elle a tout ce que vous rêvez.
>
> Son histoire, en toutes ses pages,
> A ce qui fait les pays grands.
> Lorsque défaillent leurs courages,
> Les patients de tous servages
> Regardent du côté des Francs.
> Elle est le bras des justes haines,
> Et, gloire des heures prochaines,
> Ce n'est que pour briser des chaînes
> Qu'elle dresse des conquérants.

Le dialogue s'achève par la réconciliation de Gavroche et de Flambeau. Aucun malentendu ne peut séparer ces êtres, attachés aux mêmes cultes, issus du même sang, nourris de la même sève. La France d'hier, la France de demain sont une seule France. Telle est, je suppose, la signification du monument que le bon poète Georges Trouillot a érigé en l'honneur de l' « union sacrée »...

A PROPOS DE « TRICOCHE ET CACOLET »

L'ironie pessimiste de Meilhac et Halévy

(Odéon)

1er *mai* 1916.

CHAQUE fois que nous écoutons une pièce de Meilhac et Halévy, nous ressentons un plaisir mêlé de quelque surprise. Le temps, si cruel aux œuvres dramatiques de la fin du dernier siècle, pèse très légèrement sur celles-ci. Ce charmant théâtre est toujours jeune ; il n'a vieilli que par le costume et le décor. Ce sont les grâces de la vieillesse. Pour tout le reste, il est demeuré près de nous. C'est qu'il ne se borne pas à décrire des mœurs passagères. A travers l'homme d'une époque, il peint l'homme éternel; il s'élève au-dessus de l'observation anecdotique et courante; il porte des jugements dont la justesse subsiste ; il exprime des vérités d'ordre général. Sa philosophie nous touche et nous convainc d'autant plus qu'elle ne se pare d'aucune solennité. Elle est familière, dénuée de prétention, toute simple. Meilhac et Halévy ont un sens rare de la mesure. Ils fuient la violence. Ils ne se fâchent pas. Ils sourient. Ce sourire est un des secrets de leur persistante verdeur. On se fatigue de l'indignation véhémente, de l'éloquence déclamatoire, non de la malice clairvoyante et de l'ironie légère.

Les auteurs de *Froufrou* ne furent pas placés d'abord
au rang qu'ils méritaient d'occuper. Les contemporains ne leur accordaient pas la même estime qu'à
Emile Augier, qu'à Dumas fils, qu'à Théodore Barrière. Ils voyaient en eux des faiseurs d'opérette et
des vaudevillistes extrêmement spirituels, mais incapables de s'élever jusqu'à la haute littérature. L'idée
ne leur serait pas venue de situer dans leur admiration ces pièces, jouées sur la scène des Variétés ou
du Palais-Royal, auprès du *Demi-Monde*, des *Effron-
tés*, des *Filles de marbre*, des *Faux bonshommes*... La
plupart des spectateurs ne soupçonnaient point, lorsqu'ils faisaient fête aux petites comédies de **Meilhac** et
Halévy, que leurs applaudissements allaient à de
grandes comédies, à des satires profondes. Ce qui les
trompait, sans doute, c'est que cette humeur satirique
n'était ni maussade, ni haineuse, qu'elle s'alliait à
une fantaisie délicate, à une gaieté nuancée et fine...
L'héroïne du *Caprice*, de Musset, dit M. de Chavigny,
époux volage : « Je connais son cœur ; il est méchant,
il n'est pas mauvais. » Cette définition s'applique à
la comédie. Le rire de la comédie doit être méchant,
mais non pas féroce ; il doit piquer à coups d'épingle,
non pas larder brutalement à coups de couteau... Rappelez-vous un dialogue fameux. La « Petite Marquise »
déclare à son amant qu'elle ne peut se résoudre à le
quitter... Et comme il s'alarme d'une aventure qui
va lui causer mille soucis : « Vous ne m'aimez pas,
s'écrie-t-elle, vous ne m'avez jamais aimée. — Je vous
ai aimée en homme du monde. » Voilà la satire de
Meilhac, pénétrante mais contenue, qui blesse mais
s'abstient d'appuyer et ne se retourne pas dans la
plaie. Elle n'exclut pas la bonté, ou plutôt la bienveillance. Les auteurs de ces ouvrages lucides et
humains se montrent indulgents parce qu'ils com-
prennent qu'ils ont eux-mêmes besoin d'indulgence
et qu'ils ne sont peut-être pas exempts des faiblesses
discernées et raillées chez autrui... Dans leur imper-

tinence, il y a de la douceur, et dans cette douceur, une aimable humilité... Ils n'affectent pas le ton rogue et méprisant des personnes qui croient à leur propre perfection. Ils s'irritent moins des ridicules qu'ils ne s'en amusent ; ils s'en amusent un peu à la façon de Philinte.

> Oui, je vois ces défauts dont votre âme murmure
> Comme vices unis à l'humaine nature,
> Et mon esprit enfin n'est pas plus offensé
> De voir un homme fourbe, injuste, intéressé
> Que de voir des vautours affamés de carnage,
> Des singes malfaisants et des loups pleins de rage.

Tous ces traits nous les retrouvons dans les meilleurs comme dans les moindres ouvrages de Meilhac et Halévy. *Tricoche et Cacolet*, que vient de remonter l'Odéon, n'est pas un de leurs chefs-d'œuvre. Intrigue incohérente, trop délayée. Episodes laborieusement groupés autour d'un sujet assez banal. Intérêt médiocre. Oui, mais que de détails ingénieux, que d'inventions, quelle verve jaillissante, que de mots qui pétillent et qu'on n'oublie pas, quelle fermeté dans le dessin des personnages ! Ce ne sont que des silhouettes. Et ce sont des caractères. Le banquier Van den Pouf n'est pas un mari complaisant, il admettrait difficilement que l'adultère troublât son foyer. Toutefois il tolère et même il désire qu'un accueil obligeant, que de savants manèges de coquetterie y attirent, y retiennent les gens dont il a besoin. Il expose ses théories à Mme Van den Pouf qui se révolte et répugne à les accepter. « La vertu chez une femme ne doit pas aller jusqu'à empêcher son mari de gagner de l'argent. Une parole prononcée d'une voix douce, un regard jeté à propos ne l'empêchent pas d'être vertueuse, et cela attire les clients. Une fois les clients attirés, c'est moi qui me charge de faire leur affaire, de faire leurs affaires, veux-je dire. Fascinés par vous, enfoncés par moi et le lendemain flanqués à la porte. Voilà comment j'admets la vertu. »

Bernadine Van den Pouf refuse de suivre ses conseils. Si elle ne veut pas ouvrir sa porte à Oscar pacha, détenteur de la concession de l'emprunt turc, ce n'est pas qu'elle soit rigoriste à ce point. Seulement elle déteste son mari, raison plus que suffisante ; et puis Oscar pacha lui déplaît parce qu'elle aime le duc Emile. Elle l'aime honnêtement, bien décidée à demeurer pure ; mais elle l'aime : elle le lui a écrit. Cette lettre imprudente, subtilisée par l'agence Tricoche et Cacolet, vendue à M. Van den Pouf, la met à la merci des plus odieux chantages. Elle demande au duc Emile de l'y soustraire et de l'enlever... D'ailleurs, elle ne s'engage à rien. Au contraire, elle veut qu'il soit bien convenu qu'on ne lui manquera pas de respect. « Jurez-moi que dans quelque situation que puisse nous jeter cette équipée, jurez-moi que je serai pour vous une sœur, que vous serez pour moi un frère. — Vous tenez à ce serment ? » Il trouve les scrupules de Bernardine inintelligibles, il essaye de les combattre. « Ce qui me charme dans notre amour, dit-elle, c'est la joie que j'éprouve à y résister... S'exposer aux rigueurs de l'opinion sans avoir fait quoi que ce soit qui les justifie, cela est beau. — Cela est beau si l'on veut, répondit-il ; il me semble à moi que du moment qu'on se résigne à braver les rigueurs de l'opinion, on ferait tout aussi bien de... » Le duc Emile est plein de bon sens. Et il est délicieux. Il obéit aux caprices de l'exigeante petite femme. Elle ne consent pas à se séparer du portrait de sa mère, peint à l'huile. Il emporte l'énorme toile qui ne le quittera plus ; il subit cette corvée sans un murmure. Il ne se plaint jamais, même quand Bernardine se moque de lui : « Je ne craindrai rien, tant que ce tableau sera entre vous et moi. » Il essuie avec une sérénité angélique les rebuffades : « Ne m'appelez donc pas Bernardine. C'était bon chez mon mari, ces familiarités-là. Mais vous devriez comprendre que maintenant... » Le duc Emile acquiesce. Et il paye...

Sa fonction est d'être tapé. Sa main de Nabab débonnaire et résigné sème les billets de banque : « Duc, donnez cinq cents francs. » Il s'exécute et ajoute d'un ton cordial : « Vous voyez comme j'ai bien fait de passer chez moi et de me munir de la forte somme ! »

Au troisième acte, il entre, suivi de Bernardine, au service de Fanny Bombance. Le couple recourt à ce déguisement pour échapper à la persécution légitime de M. Van den Pouf. Et le duc Emile continue de payer ; il paye toujours. Il paye le bijoutier, le parfumeur, le couturier, la modiste. Les factures affluent et sollicitent automatiquement son inépuisable libéralité. « Dans les maisons où j'ai servi, j'avais l'habitude de faire des avances. — C'est un trésor que ce garçon-là ! » s'écrie Fanny Bombance, au comble du ravissement et de la stupeur... Elle l'interroge, elle voudrait savoir si quelques-unes de ses amies ont eu chez elles ce domestique généreux et distingué. « Alors, comme ça, c'est la liste de mes anciennes maîtresses que Madame... — Justement. » Il les énumère : Hélène Clou (lorsqu'il avait seize ans), Mina Castrucci, Bébé Patapouf, Adélaïde de Valgeneuse. Elles lui ont, en effet, coûté beaucoup d'argent... La scène est un bijou d'esprit et de grâce.

Les deux figures de Tricoche et de Cacolet paraissent empruntées aux feuilletons de Ponson du Terrail ou de Chavette. Un tour d'imagination paradoxale les relève, atténue leur vulgarité. Tricoche est, à sa manière, un artiste; il travaille pour s'enrichir, mais aussi parce que son métier lui procure des jouissances singulières, celle de se travestir et de mystifier le prochain ; celle d'échafauder des combinaisons romanesques et d'y jouer un rôle. « J'adore ces affaires-là, je les adore... » Un certain article de son catalogue vise le cas des maris inquiets, désireux d'épier la conduite de « leurs dames »... Il se voue de préférence à ces sortes d'opérations. C'est ce qu'il explique à M. Van den Pouf : « Vous me croirez si vous le voulez, sur dix personnes qui viennent ici, il y en a neuf pour cet article-là... Nous disons donc *surveillance de votre dame*... Avant, pendant ou après ? — Avant, monsieur, avant ! — A la bonne heure ! Et n'en êtes-vous encore qu'aux soupçons, ou bien avez-vous un commencement de preuves ? — Mon Dieu, je ne sais. Ma femme a abandonné la maison avec un ami. — Avec un ami ! Mais alors pourquoi, tout à l'heure, m'avez-vous dit : avant ?... » Tricoche bâtit son plan de campagne; il oppose des ruses machiavéliques aux ruses infernales de Cacolet. Car ces associés sont des ennemis et s'appliquent réciproquement à se duper. Tricoche a promis de ramener la femme au domicile conjugal ; Cacolet de mettre les amants en lieu sûr. J'abrège le récit de cette odyssée burlesque. Les fugitifs échouent dans un estaminet du quartier Montparnasse. Bernardine est à bout de force. Le duc Émile ne vaut guère mieux. Ces émotions, ces promenades en fiacre, ces perpétuels changements de position sociale ont brisé leur courage. Ils échangent des réflexions mélancoliques. « Il y a des moments, dit le duc, où je ne puis m'empêcher de penser que nous serions plus heureux chez votre mari. » Enfin il découvre — ce qui ne contribue pas à le réjouir — qu'il a dépensé en douze heures, depuis l'enlèvement, vingt-huit mille sept cent quatre francs soixante-quinze centimes... « Supposons que nous nous aimions seulement pendant quinze jours... Nous ne pouvons supposer que nous nous aimions moins de quinze jours, n'est-ce pas ?... Multipliez 28.704 fr. 75 par 15... » Ils sont, l'un et l'autre las de l'aventure, impatients de rentrer dans la vie normale. Bernardine rejoint M. Van den Pouf, qui s'étant consolé de son veuvage avec Fanny Bombance, a perdu le droit de se montrer chatouilleux... Au surplus, sa femme lui revient intacte.

Vous remarquerez la pudeur de Meilhac et Halévy, la réserve qu'ils imposent à leurs héroïnes en les arrêtant à mi-chemin sur la pente du péché. Ils veulent que les amours d'Hélène et de Pâris, du fusilier Fritz et de la grande-duchesse ne se réalisent que par des mots et n'aillent pas jusqu'aux gestes définitifs. Leur irrévérence s'inclinait devant la morale traditionnelle que défendaient énergiquement à côté d'eux les Augier, les Dumas, les Barrière, champions de la famille, soutiens de l'édifice social. Ils étaient tout de même de leur temps. Et cependant ils avaient peu d'illusions. Un scepticisme absolu est au fond de ce théâtre, en apparence léger et charmant, en réalité désabusé et amer. La Rochefoucauld y retrouverait, dissimulées sous des fleurs, ses plus inexorables maximes... M. Van den Pouf (je reviens à *Tricoche et Cacolet*) raconte que sur la dénonciation d'un policier, il s'est précipité à la gare de Lyon dans l'espérance d'y pincer Mme Van den Pouf. « J'accours. J'arrive. J'aperçois une femme voilée. Je lève le voile. Ce n'était pas ma femme, c'était celle d'un excellent confrère. Elle partait avec un jeune étranger. Je leur ai fait mes excuses, je les ai mis en wagon. En les quittant, je me sentais tout remonté. » Que signifie cette anecdote, sinon qu'il y a dans le malheur de nos amis un je ne sais quoi qui ne nous est pas désagréable ? Maintenant, écoutez les confidences de la mère de Fanny Bombance, Mme Boquet : « Le jour où elle a filé d'ici avec ce petit cabotin des Batignolles, j'étais furieuse. Mais, qu'est-ce que vous voulez ? Quand, six mois après, je l'ai vue s'arrêter à ma porte dans une grande voiture jaune qui a fait une émeute dans le quartier... Ces choses-là, on a beau dire, ça fait toujours quelque chose sur une mère. — Ça la flatte ? — Naturellement ! » Intérêt, égoïsme et vanité. Voilà l'être humain aux yeux de Meilhac et Halévy. Ils ne s'irritent pas... Ils constatent. Ils sourient...

La troupe odéonienne mène rondement l'ouvrage. MM. Laroche et Bertin — Cacolet et Tricoche — sont adroits et lestes. M. Yonnel est un duc Emile suffisamment bouffon ; Mlle Méthivier une Bernardine provinciale...

I. GEORGE DANDIN

17 *juillet* 1916.

GEORGE DANDIN reparaît à de longs intervalles sur l'affiche du Théâtre-Français et s'y maintient difficilement. Une quarantaine de représentations en ont été données depuis cinquante ans. C'est peu. Le *Malade imaginaire*, le *Médecin malgré lui*, et même *Pourceaugnac* (pour ne nous occuper que des pièces en trois actes de Molière) ont meilleure fortune. Ce chef-d'œuvre n'attire point le public. La critique a recherché les causes d'un insuccès, littérairement immérité. Elle l'attribue à la pauvreté de l'intrigue, bâtie en effet sur une situation qui ne se renouvelle pas ; elle l'attribue surtout au ton de l'ouvrage, à son excès d'ironie, à un je ne sais quoi de maussade et d'attristé dont la foule se détourne. Tous les spectateurs admirent cette comédie ; la plupart l'écoutent sans beaucoup de joie et n'éprouvent guère le désir de la réentendre.

Cependant, à l'origine, elle plut. Rappelons les circonstances qui amenèrent Molière à la composer. Elle vit le jour à l'occasion des réjouissances organisées dans les jardins de Versailles pour célébrer la conquête de la Franche-Comté et de la Flandre. Montée magnifiquement, parmi les splendeurs du parc royal, au milieu d'une salle de verdure, « elle était mêlée,

dit la *Gazette* du 21 juillet 1668, d'une autre pièce
en musique et en ballets, laquelle se jouait pendant
les entr'actes. A celle-ci succéda une collation de fruits
et de confitures, disposée aux deux côtés du théâtre
et offerte aux souverains par les invités placés sur la
scène, ce qui, étant accompagné de quantité de jets
d'eau, parut tout à fait galant à l'assistance, de près
de trois mille personnes, où l'on remarquait le nonce
du pape, les ambassadeurs et les cardinaux de Ven-
dôme et de Retz. » *George Dandin* fut encore représenté vingt fois à la cour et trente-neuf fois à la ville
jusqu'à la mort de l'auteur. L'accueil de ces divers
auditoires ? Très chaud. Un feu roulant de rire. Chacun, selon sa condition, trouvait dans la farce des
raisons de s'égayer. Les gentilshommes attachés à la
personne du roi jugeaient impayables les silhouettes
de M. et Mme de Sotenville. Dès cette époque, les
Parisiens raillaient volontiers les provinciaux. Rien ne
semblait aussi ridicule aux vrais grands seigneurs
que la morgue prétentieuse et la fausse élégance des
hobereaux campagnards. Le personnage de George
Dandin éveillait chez le bourgeois des dispositions
analogues. Les spectateurs du Palais-Royal, le tapis-
sier du quai du Pont-Neuf, l'apothicaire du quartier
des Halles, se gaussaient du paysan ambitieux qui
avait voulu se décrasser par un mariage aristocra-
tique. Ils applaudissaient à sa confusion et ne le plai-
gnaient nullement. « George Dandin, dit l'honnête
Robinet, ne reçoit que des mépris de sa femme, ainsi
que de son beau-père et de sa belle-mère qui ne l'ont
choisi pour gendre que pour ses grands biens. » Ce
mari est grotesque. Il est comique. Il n'inspire pas
aux contemporains le sentiment de vague commisé-
ration que nous lui témoignons aujourd'hui. Il a
commis par vanité la pire des fautes. Il en est châtié.
Tant mieux. Voilà ce que le parterre pense de lui.

Et Molière ? Se montre-t-il également dur,

n'éprouve-t-il point quelque pitié à l'égard de son héros ? Est-il pour, est-il contre le lamentable Dandin ? Sans aller jusqu'à attribuer au père du *Misanthrope* des idées républicaines, ne peut-on le supposer capable, comme La Fontaine, de prendre la défense des petits et de reprocher aux grands un excès d'orgueil, un usage immodéré de leurs privilèges ?

Selon que vous serez puissant ou misérable,
Les jugements de cour vous rendront blanc ou noir.

Prêtons l'oreille à George Dandin. Les monologues où il se confesse révèlent son état d'âme et peut-être, par extension, le sentiment de celui qui le fait parler... Les premiers mots qu'il prononce servent à énumérer ses déceptions, à exposer ses griefs, à les livrer aux réflexions des gens de son espèce qui seraient tentés de l'imiter : « Ah ! qu'une femme demoiselle est une étrange affaire ! La noblesse de soi est bonne ; c'est une chose considérable, assurément. Mais elle est accompagnée de tant de mauvaises circonstances qu'il est très bon de ne s'y point frotter. Je suis devenu là-dessus savant à mes dépens, et connais le style des nobles, lorsqu'ils nous font, nous autres, entrer dans leurs familles. L'alliance qu'ils font est petite avec nos personnes ; c'est nos écus qu'ils épousent ; et j'aurais mieux fait, tout riche que je suis, de m'allier en franche paysannerie que de prendre une femme qui se tient au-dessus de moi, s'offense de porter mon nom et pense qu'avec tout mon bien, je n'ai pas assez acheté la qualité de son mari. George Dandin ! George Dandin, vous avez fait une sottise, la plus grande du monde. » Que le bonhomme ait sottement agi en essayant de sortir de sa condition, Molière en demeure d'accord ; il le lui reproche et veut qu'il en pâtisse. Mais il ne prise pas davantage les aigrefins de la gentilhommerie qui s'engraissent à ses dépens et le bafouent. A ceux-là, il dit vertement leur fait et par la bouche de leur victime. « L'aventure n'a pas été mauvaise pour vous, s'écrie Dandin, poussé à bout par l'impertinence des Sotenville. Vos affaires étaient fort délabrées et mon argent a bouché quelques bons trous. » On pourrait découvrir à cet endroit l'indice d'une intention bienveillante. Molière va-t-il se prononcer en faveur du paysan dépouillé et molesté ? Non. Il ne prend pas parti. Il met en relief les défauts et les qualités de chacun. Il ne se pique que de tracer des portraits exacts. Il fournit au public des éléments d'appréciation et lui laisse le soin de conclure.

A le bien considérer, c'est un fâcheux individu que George Dandin. Ce rural, probablement enrichi par héritage (on ne voit pas qu'il travaille de ses mains), a voulu épouser une fille de noblesse. C'est la vanité et non l'amour qui l'a déterminé à ce choix ; aucun de ses propos ne révèle qu'il aime sa femme ou qu'il l'ait aimée. Il l'a achetée. Des parents avides la lui ont vendue. Et d'avoir conclu ce marché en dehors d'elle, c'est une des choses qu'elle ne lui pardonne pas : « M'avez-vous, avant le mariage, demandé mon consentement et si je voulais de vous ? Vous n'avez consulté pour cela que mon père et ma mère; ce sont eux, proprement, qui vous ont épousé... » Il a débattu, arrêté tous ces arrangements avec M. et Mme de Sotenville, accepté leurs conditions, payé leurs dettes. Il subit leur prestige à tel point qu'il va leur porter ses doléances, et quoiqu'il les sente hostiles, solliciter leur appui. Il conserve envers la noblesse un fond de respect qui résiste aux humiliations et aux rebuffades. Ses velléités de rébellion fléchissent aussitôt que le baron de Sotenville élève la voix ; il enrage, mais n'ose désobéir ; il répète, comme un écolier, les plates excuses qu'on lui dicte. Son « snobisme » le rend faible. Il se sait socialement inférieur à ceux qui l'oppriment ; et puis, il les craint, car de toute façon il est lâche ; il a peur, s'il entrait avec eux en lutte ouverte, qu'ils n'usent contre lui de leur crédit, de

leurs relations et ne réussissent à le faire pendre. A sa
femme même, il parle avec précaution ; il se soulage
en injuriant la servante Claudine, en la traitant de
« dessalée » et de « carogne » ; mais vis-à-vis d'Angélique, qui est une demoiselle, il retient sa langue. Il
ne se permet de l'appeler « coquine », épithète qu'elle
justifie si bien, qu'au troisième acte, quand, la
croyant démasquée, il s'imagine que ses parents renon-
ceront à la soutenir. Bref, grossier, indélicat, égoïste,
tenace, bassement glorieux, souple d'échine, dénué de
fierté et de courage, George Dandin est le modèle des
pleutres. Il n'a pour lui qu'une certaine rondeur à la
Sancho, une verdeur de bon sens qui rendent ses
propos assez agréables. Mais l'auteur ne le propose
décidément ni à notre compassion ni à notre estime.

M. et Mme de Sotenville sont délicieux. Molière a
aperçu ce couple en province, lors de ses pérégrina-
tions, de même qu'il a rencontré Cathos, Madelon et
la comtesse d'Escarbagnas. Étroitement unis, ils vont
toujours deux à deux, ils ne se montrent pas l'un
sans l'autre, pensant, pérorant, plastronnant ensemble, sous le toit de tuile de la taupinière qu'ils déco-
rent pompeusement du nom de château. Le baron
se vante d'avoir des aïeux morts au service du roi.
Il vit, confit dans leur souvenir, comme la baronne
dans le culte moisi et superstitieux des Prudoterie...
Ils n'avaient pas le sou quand le ciel a mis sur leur
route cette bonne pâte de Dandin. Ils ne croient pas
être ses débiteurs. Ils l'ont si grandement honoré en
le choisissant pour gendre que c'est lui qui leur doit
de la gratitude, et ils sont stupéfaits qu'il le conteste.
Ils ne le haïssent point. Ils le regardent de haut,
ainsi qu'un objet étrange, lointain, indifférent, avec
lequel il n'est décent d'entretenir qu'un commerce
accidentel réduit au strict nécessaire. Ils ont eu beau
le doter arbitrairement d'une particule, M. de La Dan-
dinière reste à leurs yeux presque inexistant ; et il

cesse entièrement d'exister lorsqu'il se trouve devant un vrai gentilhomme. Entre les assurances, appuyées des présomptions les plus graves, que leur apporte Dandin, et la simple dénégation du vicomte Clitandre, ils n'hésitent pas une minute. C'est le vicomte qui a raison. Ils ne sauraient admettre qu'un vicomte puisse les tromper ou se tromper. Ils n'admettent pas davantage qu'une femme, née Sotenville, pèche contre la vertu, de manière, du moins, à provoquer le scandale. Car en tout ceci il y a des nuances. S'il leur était démontré qu'Angélique est coupable, ils la répudieraient nettement : « Jour de Dieu, je l'étranglerais de mes mains, s'il fallait qu'elle forlignât de l'honnêteté de sa mère. » M. et Mme de Sotenville ont des mœurs, de solides principes avec lesquels ils ne transigent jamais. Toutefois, ils se laissent convaincre plus aisément de l'innocence que des erreurs de leur fille. Et quand, en dépit de l'apparence, elle s'est lavée de l'accusation, ils accablent le mari de compliments qui lui sont un supplice et un outrage : « Mon gendre, vous devez être ravi, vos soupçons se trouvent dissipés le plus avantageusement du monde. » Ils se moquent de lui : et ils ne se moquent pas tout à fait ; ils pensent vraiment qu'Angélique est pure... Mais ne le fût-elle pas qu'ils se persuaderaient qu'elle l'est, afin de pouvoir la défendre sans mentir et conserver la façade de leur magnifique intransigeance. Cette subtilité cauteleuse des Sotenville perce dans mille détails. Ils sont insolents et ils sont prudents. Ils éprouvent une joie secrète à humilier Dandin, à relever brutalement l'excès de familiarité de ses discours, à le remettre à sa place, à le rappeler au sentiment des distances ; mais s'ils s'aperçoivent que l'homme va se cabrer, ils font doucettement machine en arrière, sachant ce qu'ils ont obtenu, ce qu'ils tireront encore de cette excellente vache à lait : « Suffit, m'amour, de lui avoir donné ce petit avertissement », déclare le baron à son impétueuse moitié. Puis se tournant vers son gendre, et de l'air le plus obligeant : « Sachez que vous êtes entré dans une famille qui vous prêtera de l'appui et ne souffrira point que l'on vous fasse aucun affront. » D'autre part, il prodigue les civilités à Clitandre, le convie à courre un lièvre. Les gens de même race, à travers des désaccords passagers, s'entendent et se rapprochent.

C'est aussi par différence d'origine et d'éducation que s'explique l'insurmontable éloignement d'Angélique. Tout l'irrite et l'exaspère en Dandin. Ils ne parlent pas le même langage. Elle ne lui cache point, du reste, cette aversion et lui en marque les motifs : « Mon dessein n'est pas de m'enterrer vive dans un mari. Comment ! parce qu'un homme s'avise de nous épouser, il faut que toutes choses soient finies pour nous et que nous rompions tout lien avec le monde ! C'est une chose merveilleuse que cette tyrannie de messieurs les maris ; et je les trouve bons de vouloir qu'on soit morte aux divertissements et que l'on ne vive que pour eux. Je me moque de cela et ne veux point mourir si jeune. » Une si parfaite franchise nous plaît et nous inclinerait à l'indulgence. Mais elle n'est que momentanée. Angélique redevient, aussitôt après, rouée, menteuse, sournoise, perfide, méchante ; elle feint la soumission envers des parents qu'elle redoute ; elle s'abaisse aux plus tendres prières (*Mon cher petit mari, je vous en conjure*) lorsqu'elle se sent à sa discrétion, puis se redresse comme une vipère une fois le péril écarté. C'est une vilaine créature. Elle ressemble trait pour trait à la Dorimène du *Mariage forcé*, de même que Sotenville est une réplique caricaturale du Dorante du *Bourgeois gentilhomme* et Clitandre une épreuve retouchée des blondins séducteurs de l'*Ecole des femmes* et de l'*Ecole des maris*. Molière ne se lasse pas de repeindre, avec des variantes, les plus expressifs de ses modèles.

Ces figures plaisantes ou sévères, gracieuses ou

laides, il les groupe et les mélange, selon les exi
gences du sujet. Les unes éveillent la sympathie, d'au
tres la repoussent. Elles se font valoir par le con
traste. Les duos d'amour de Valère et de Mariane
nous reposent des scélératesses de Tartuffe, la spiri
tuelle simplicité d'Henriette de la pédanterie de Phi
laminte, la bonhomie de Chrysale de l'âpre cuistrerie
de Trissotin, la droiture d'Eliante des manœuvres com
pliquées de Célimène, la belle humeur de Toinette de
l'astuce intéressée de Béline. Ici, rien de pareil. Une
médiocrité morose qui va chez quelques-uns jusqu'à
l'abjection, caractérise uniformément tous les person
nages de *George Dandin* et crée autour de la pièce une
atmosphère grise et morne. Pas un rayon de soleil
dans ce tableau, pas une détente dans ce conflit, où
se mesurent la rapacité, la duplicité, la bassesse vani
teuse, l'égoïsme féroce.

La farce que Scapin emplit de ses fourberies n'est
guère plus réconfortante, mais il l'emplit aussi de son
ingéniosité inventive, de sa gesticulation pittoresque,
de sa verve ardente et lyrique. Ces agréments man
quent à *George Dandin*. La pièce est monotone et
rude. Sa rudesse n'offusquait pas les gens du dix-sep
tième siècle. Ils s'amusaient des tortures infligées à
l'époux de la vindicative Angélique, comme les
enfants trépignent d'aise en voyant Guignol assom
mer à coups de bâton le commissaire. Nous sommes
moins ingénument cruels. Nous ne souhaitons pas la
mort du pécheur, ni d'assister à son agonie. Notre
sensibilité s'offense de l'avilissement sans mesure du
misérable Dandin, ainsi que d'une atteinte portée, en
sa personne, à la dignité humaine. L'absence de toute
figure où notre besoin de sympathie puisse s'accro
cher explique, je suppose, l'indéfinissable malaise qui
glace le public en présence du chef-d'œuvre.

Cette impression peut être atténuée par une inter
prétation vive et légère. C'est à quoi s'efforcent les
acteurs de la Comédie. M. Bernard prête à George

Dandin son naturel et sa placide douceur. La belle Robinne ne pousse pas à l'excès la perversité d'Angélique... Mlle Even et M. Lafont dessinent joliment les profils jumeaux des Sotenville. Je voudrais que le baron eût encore plus de branche, qu'il fût un coq majestueux et hérissé. Mlle Dussanne est une Claudine pendarde à souhait ; M. Mayer un Clitandre plein d'aimable fadeur ; M. Denis d'Inès rend avec un tact exquis les drôleries et les finesses villageoises de Lubin.

II. LA « CRITIQUE
DE L'ÉCOLE DES FEMMES »

12 février 1917.

Nous avons pris plaisir à écouter la *Critique de l'Ecole des femmes*. De tous les ouvrages de Molière, c'est un de ceux où il se peint le plus librement, où il se montre dans l'exercice de sa profession, ouvre au public la maison qu'il habite et lui confesse les sympathies, les aversions, les rancunes, les mouvements divers, nous dirions aujourd'hui les états d'âme, inhérents à son triple métier d'auteur, d'acteur et de directeur de théâtre. Ce qu'on doit chercher ici, ce n'est point l'aveu des sentiments profonds du poète, de ses souffrances, de sa jalousie, du supplice que lui infligea l'indifférence d'une femme trop aimée ; ce sont les petites passions, les vivacités combatives liées à l'accomplissement de la tâche quotidienne.

Molière avait besoin de se défendre ; et pour se défendre, il attaquait. En cette année 1663, il était parvenu à l'apogée de sa fortune. Il jouissait de la faveur du roi ; la vie lui souriait ; il gagnait beaucoup d'argent ; il touchait les profits de quatre parts sociales ; il possédait une part comme comédien ; une

seconde part appartenait à sa femme ; et quand une
de ses pièces figurait sur l'affiche, il avait droit à
deux autres parts. Cela lui valait au moins 25.000
livres de revenus. Sa dernière œuvre, l'*Ecole des femmes*, jouée le 23 décembre 1662, attirait la foule. Col-
bert venait de le pensionner en accolant à son nom
une flatteuse épithète. De tels succès ne pouvaient
manquer de déchaîner l'envie. Elle s'exerça avec
fureur contre la comédie nouvelle. D'aigres censures
essayèrent d'empoisonner la satisfaction légitime de
l'écrivain, d'humilier son orgueil, de détourner les
spectateurs d'une œuvre qu'ils se permettaient —
quelle impertinence ! — d'applaudir. Dès la première
représentation, ces fâcheuses dispositions éclatèrent.
Despréaux en fut outré et dépêcha, le 1ᵉʳ janvier, à
son ami, en guise d'étrennes, l'épître bien connue qui
le vengeait de cette injuste agression :

> Laisse gronder tes envieux,
> Ils ont beau crier en tous lieux
> Qu'en vain tu charmes le vulgaire,
> Que tes vers n'ont rien de plaisant.
> Si tu savais un peu moins plaire,
> Tu ne leur déplairais pas tant.

Au lieu de s'apaiser, l'assaut redoubla ; sa violence
appelait la controverse. Mais tandis que les admirateurs de Molière le louaient discrètement et dans le
privé, ses détracteurs élevaient la voix et imprimaient
des libelles... Un opuscule de Visé, qui courait sous
le manteau, accusait de plagiat — inévitable grief —
l'auteur de l'*Ecole des femmes*. « Le sujet n'est pas
de son invention ; il l'a puisé à maintes sources ; il
l'a tiré de Boccace, des contes de Douville, de la
Précaution inutile, de Scarron, et d'un livre intitulé :
les *Nuits facétieuses du seigneur Straparole*. » Toutefois, le pamphlétaire, afin de donner plus de poids à
ses critiques, affectait d'être équitable, mêlait au
blâme quelques louanges.

« Cette pièce a eu un sort singulier. Tout le monde

l'a trouvée méchante et tout le monde y a couru. Les dames l'ont condamnée et l'ont été voir ; c'est le sujet le plus mal conduit qui fut jamais, et je suis prêt de soutenir qu'il n'y a pas de scène où l'on ne puisse faire voir une infinité de fautes. Je suis cependant obligé d'avouer, pour rendre justice à ce que son auteur a de mérite, que cette pièce est un monstre qui a de belles parties et que jamais on ne vit tant de si bonnes et de si méchantes choses ensemble. Il y en a de si naturelles qu'il semble que la nature ait travaillé elle-même à les faire... »

Ces observations n'excédaient pas les limites d'une discussion courtoise. Molière les eût sans doute endurées. Mais il y en avait de plus perfides. De pieux personnages, s'appuyant sur l'autorité de Bossuet, l'accusaient d'irrévérence et presque de sacrilège, s'offensaient des « commandements du mariage », où ils croyaient discerner une parodie des commandements de Dieu ; ils n'acceptaient pas que l'on tournât en dérision les « chaudières bouillantes » de l'enfer ; leur pudeur s'alarmait de certaines crudités, de certaines images équivoques ; elle s'indignait des « enfants faits par l'oreille » ; elle attribuait un sens obscène au trouble d'Agnès, quand l'ingénue n'ose avouer à Arnolphe ce que le galant Horace « lui a pris »... Le prince de Conti s'écriait : « Rien n'est aussi immodeste ni aussi scandaleux que cette scène ! » Molière sentit le péril d'une telle campagne. Il résolut de réagir vigoureusement, et luttant avec ses armes, de donner une forme théâtrale à sa riposte. Il dédia la *Critique de l'Ecole des femmes* à la reine mère qui, bonne chrétienne, lui témoignait néanmoins de la bienveillance, ce dont il éprouvait une infinie gratitude. « Je me réjouis de pouvoir encore avoir l'honneur de divertir Votre Majesté ; elle, madame, qui prouve si bien que la véritable dévotion n'est point contraire aux honnêtes amusements ; qui, de ses hautes pensées et de ses importantes occupations, descend humainement dans le plaisir de nos spectacles et ne dédaigne pas de rire de cette même bouche dont elle prie si bien Dieu. » Le petit ouvrage, représenté le 1er juin 1663, n'atteignit nullement le but qu'il se proposait ; il ne fit pas taire la médisance ; il l'exaspéra. Faute d'aliment, cette polémique se fût éteinte. Il la prolongea et communiqua à une querelle fugitive l'ampleur d'une bataille rangée.

Beaucoup de pièces ont été bâties sur le modèle de celle-ci. Molière a toujours eu des imitateurs. Regnard écrivit la *Critique du Légataire*, Destouches la *Critique du Philosophe marié*, Montfleury le *Procès de la femme juge et partie*. Aucun de ces ouvrages n'a survécu à l'occasion qui l'avait fait naître. L'œuvre de représailles composée par Molière n'est due, comme eux, qu'à un accident, qu'au besoin que ressentait un dramaturge irrité et sensible de s'expliquer et de se justifier *coram populo*. Cependant, elle demeure vivante, parce qu'elle contient des traits d'observation qui n'ont pas vieilli. C'est le propre du génie moliéresque d'élargir la matière qu'il entreprend et de transformer les vérités particulières en vérités éternelles. La *Critique de l'Ecole des femmes* est le type du plaidoyer que les auteurs de tous les pays et de tous les temps ont l'impérieuse tentation d'écrire lorsqu'ils se croient victimes d'un excès de rigueur, c'est-à-dire à peu près chaque fois qu'une de leurs productions ne recueille pas des suffrages unanimes. Changez le titre, conservez le plan. Vous avez une satire d'aujourd'hui et de demain. Les interlocuteurs mêmes sont d'une modernité surprenante. Nous possédons l'équivalent de la précieuse Climène, du pédant Lycidas. Nous avons nos snobinettes imprégnées de l'opinion courante, superficiellement frottées de littérature ; nous avons nos hommes de lettres ratés et fielleux ; et nous avons nos marquis, incapables de traduire une impression réfléchie, absolus et sots, et qui ne vont au théâtre que pour s'y faire voir et parce qu'il sied d'y aller quand on appartient au Tout-Paris des « couturières ». Et nous avons aussi nos « prudes Aramintes », promptes à s'effaroucher de l'ombre d'une indécence. Sur ces figures âgées de deux siècles et demi, nous pouvons mettre des noms contemporains...

Le plus intéressant des personnages est celui qui ne paraît point et se laisse à chaque mot deviner. Il ne s'efface plus comme il a coutume de le faire dans ses grandes comédies, voulant que les caractères se développent d'eux-mêmes selon la nature et sans intervention arbitraire de sa part. Cette fois il escalade, d'un pied vif, les tréteaux sous le nom de Dorante, avocat agressif et chaleureux ; il souffle à l'oreille de la sage Uranie et de la malicieuse Elise les arguments destinés à confondre leurs contradicteurs, propagateurs de la calomnie. Il mène le combat. Du bout de sa plume, épée redoutable, il pique jusqu'au sang la minaudière, l'homme aux larges canons et le cuistre. Il confie à ces trois ridicules la mission de l'outrager, ce qui est la meilleure façon d'ôter à l'outrage tout crédit.

Le marquis sort du théâtre. Il annonce qu'il vient d'entendre la plus méchante pièce du monde. « Comment, diable ! A peine ai-je pu y trouver place. J'ai pensé être étouffé à la porte. Et jamais on ne m'a tant marché sur les pieds. » Ce n'est pas Molière-auteur qui dicte ces paroles au marquis, c'est Molière-directeur, ravi de constater que sa salle ne suffit pas à contenir les flots pressés du public. A ce public, dont il s'efforce d'échauffer l'enthousiasme, l'adroit impresario adresse des flatteries délicates. Il prononce, contre les gens du bel air, le panégyrique des petites gens. « Apprends, marquis, que le bon sens n'a point de siège déterminé à la comédie ; que la différence du demi-louis d'or et de la pièce de quinze sols ne fait rien du tout au bon goût ; que debout ou assis,

on peut donner un mauvais jugement. » Attention,
Molière, voilà d'imprudents discours ! Ne blesseront-
ils pas ces gentilshommes qui, à l'exemple du roi,
daignent vous soutenir ! Ménagez-les, de grâce ! Et
le chef de la troupe s'avise en effet de l'erreur qu'il
allait commettre ; il sert aux courtisans un compliment galamment tourné : « Sachez, monsieur, qu'on
peut être habile avec un point de Venise et des plumes
aussi bien qu'avec une perruque courte et un rabat
uni ; que la grande épreuve de toutes nos comédies,
c'est l'approbation de la cour, que c'est son bon goût
qu'il faut étudier pour trouver le moyen de réussir ;
qu'il n'existe pas de lieu où les décisions soient si
justes. » L'escarmouche se poursuit. Le généralissime
allonge à gauche, à droite, des coups de boutoir. Mo-
lière-acteur égratigne en passant ses rivaux de l'hôtel
de Bourgogne. « Tous les autres comédiens qui étaient
là en disaient du mal. — Il faut les en croire, répond
ironiquement Dorante. Ce sont des personnes éclai-
rées et qui agissent sans intérêt. » Enfin Molière-dra-
maturge achève la manœuvre et consomme la déroute
de l'ennemi. Il larde d'épigrammes virulentes l'infortuné Lycidas.

Piteux, crasseux, besoigneux, humble et plein de
bile, dévoré de rancœur envers le succès qu'il n'a pas
su conquérir, cet homme noir — premier croquis de
Trissotin — suinte l'amertume et la haine. L'œil aigu
de Molière le transperce, observe tout ce qu'il y a en
lui de bas, de médiocre, de venimeux, le dépit du
poète qui ne peut même pas être sifflé — une chute
bruyante, ce serait la gloire — mais auprès duquel
on passe sans y prêter attention. Lycidas a horreur
des ouvrages « qui font de l'argent ». L'empressement
de la foule est un signe infaillible de leur nullité.
« Il y a une grande différence de toutes ces bagatelles
à la beauté des pièces sérieuses. Cependant, tout le
monde donne là-dedans aujourd'hui. Il ne court plus
qu'à cela, et nous voyons une solitude effroyable aux

grandes œuvres, alors que des sottises ont tout Paris. Cela est honteux pour la France. » Dorante relève vertement ces propos, rabroue le misérable, clôt le bec à Climène, renfonce dans la gorge du marquis ses turlupinades, proteste de l'innocence d'Agnès, affirme — en est-il vraiment si sûr ? — que l'auteur n'a pas mis d'intention polissonne dans la phrase incriminée, et que c'est bien un ruban qu'a pris Horace et non quelque autre chose malhonnête à désigner. Il proclame la vanité des règles classiques, l'indépendance de l'art, l'indifférence de l'écrivain heureux et célèbre à l'égard de qui le déchire. « Il ne se soucie pas qu'on fronde ses pièces, pourvu que le monde y vienne. » Si Molière avait à ce point méprisé les attaques, il n'y eût pas répliqué avec tant de feu... Un peu « cabot », Molière, lorsqu'il plaide *pro domo sua...* Mais qu'il est spirituel et méchant ! Qu'il est auteur dramatique !

Interprétation soignée. M. Croué dessine finement le profil de Lycidas, M. Paul Numa imprime à Dorante une allure cordiale et aisée, très agréable, Mme Simone Damaury est raisonnable, bienveillante et de bonne foi, comme il sied à Uranie. Mlle Faber-Climène joue à merveille de l'éventail. La joie de la représentation, ce fut M. Denis d'Inès, un marquis de grand style, haut en couleur, épanoui dans sa stupidité, royalement fat, superbe...

LES COMÉDIES ET PROVERBES

Renaissance d'un vieux genre français.

CARMONTELLE, THÉODORE LECLERCQ, MUSSET, FEUILLET,

PAUL BOURGET, GÉRARD D'HOUVILLE

28 août 1916.

LA *Revue des Deux Mondes* a eu l'heureuse idée de faire refleurir ce genre tombé littéralement en désuétude. C'est un genre bien français. Sainte-Beuve ne lui refusait pas son estime. Dans une étude consacrée à Théodore Leclercq, il le définit. « Représentons-nous ce qu'était le proverbe dramatique à l'origine. Une petite pièce en plusieurs scènes qu'on écrivait et que souvent on improvisait entre soi sur un simple canevas et qui renfermait un petit secret ; le secret c'était le mot même du proverbe (par exemple *Selon les gens l'encens* ou bien *Il ne faut pas jeter le manche après la cognée*), mot qui était enveloppé dans l'action et qu'il s'agissait de deviner, de manière que si les spectateurs ne le devinaient pas, il fallait, lorsqu'on le leur disait, qu'ils s'écriassent : « Ah ! c'est vrai ! », comme lorsqu'ils apprennent le mot d'une énigme qu'ils n'ont pu trouver... M. Leclercq ne prend pas tant de précautions. Le mot du proverbe qui figure déjà le plus souvent au titre, se trouve régulièrement au bout de l'ouvrage et en marque la fin. Quand le mot est dit, et que le proverbe est placé, la pièce est finie. Ce mot n'est chez lui qu'un prétexte à bien des fables de La Fontaine : on s'en passerait très aisément... M. Leclercq a atteint les extrêmes limites de cet art. Il vivra dans la série de nos comiques comme l'expression fidèle des mœurs et de la société d'un moment, plus près de Picard que de Carmontelle et donnant encore mieux l'idée d'un La Bruyère féminin et adouci. » Carmontelle et Théodore Leclercq, si chaleuresement loués par Sainte-Beuve, n'avaient pas inventé ces sortes d'ouvrages. Au dix-septième siècle, c'était un divertissement fort goûté de la cour et de la ville. On s'ingéniait dans le monde à composer des proverbes, pour exercer, comme dit Cathos, « les beaux esprits de l'assemblée ». Les acteurs, s'inspirant des procédés de la *commedia dell' arte*, improvisaient le dialogue sur un sujet convenu. Quelques-uns de ces canevas ont été conservés. Nous possédons ceux que Mme de Maintenon offrait en amusement à ses chères brebis. *N'éveillez pas le chat qui dort, Méchant ouvrier n'a jamais bon outil*, thèmes innocents que développait l'imagination et qu'embellissait la grâce des demoiselles de Saint-Cyr... Carmontelle excellait à ces jeux. Son talent de comédien, la souplesse de son caractère, la fécondité de ses ressources le désignèrent à l'emploi fort envié d'ordonnateur des fêtes du duc d'Oriéans. Il versait dans ses petites pièces ses qualités naturelles : de la vivacité, de l'observation, de l'enjouement, du tact, une malice sans venin. Théodore Leclercq eut à peu près les mêmes débuts que Carmontelle et la même destinée. D'amateur, il devint professionnel. Sa réputation mondaine élargie confina à la gloire et nul ne s'étonna que le plus illustre des critiques lui fît l'honneur d'un de ses *lundis*.

La postérité n'a pas ratifié ce jugement. L'œuvre de ce Verconsin supérieur est oubliée ; elle renferme une

peinture assez piquante de la société de l'Empire et
de la Restauration. Les personnages qui y évoluent
sont à peu près ceux des vaudevilles de Scribe. La
veine héroïque et la veine satirique s'y mélangent ; le
jeune et bouillant colonel, le tabellion sympathique,
le brillant avocat, lumière du barreau, le musicien
de génie y coudoient l'ambitieux, l'envieux, l'intrigant, le quémandeur. Ce dernier dit à un nommé
Mitis, homme puissant, dont il sollicite la protection :
« Tâchez de placer mon fils dans un bureau ; vous
me rendrez service ; il n'est bon à rien. » Théodore
Leclercq trouvait de ces mots qui le faisaient com-
parer à La Bruyère. Il traçait aussi d'aimables portraits de femmes et parait de dons charmants la jolie
veuve, la coquette, l'ingénue. Les salons de la Chaussée
d'Antin et ceux du Faubourg raffolaient de ces légers
ouvrages. Ma vénérable amie, Mme Lardin de Musset
m'en parlait quelquefois, lorsque j'allais lui porter
mes hommages dans le petit appartement de la rue
Tronchet, où tout, les meubles, les pastels, les dessins
accrochés au mur et le visage même de l'aïeule octo-
génaire (le frère et la sœur se ressemblaient) ressus-
citait le poète. Il était entre nous ; je l'apercevais, je
l'écoutais ; non pas le Musset morne et fatigué du
déclin, mais un Musset rayonnant d'allégresse et d'es-
piéglerie. C'est celui-là que Mme Lardin de Mussin
me peignait de préférence, le blond adolescent aux
cheveux bouclés, à la taille svelte, pincée sous le drap
de l'habit bleu, infatigable valseur, Chérubin impertinent et tendre, adoré des belles Egéries du règne de
Louis-Philippe.

« Vous ne sauriez croire, racontait-elle, ce qu'était
Alfred en ce temps-là. Quand il arrivait, la flamme
du plaisir dans les yeux, il semblait qu'on vît entrer
le printemps et l'amour. Avec cela habillé à ravir,
coquet, soigné de sa personne, suivant la mode et la
devançant, inventant des cravates, lançant des gilets,
très Parisien... Et il jouait si bien les proverbes ! »

A la dernière visite que je lui fis, comme les détours de la conversation nous ramenaient sur ces matières, après m'avoir donné mille détails sur la maison hospitalière et gaie de Mme Jaubert — la marraine — où fréquentaient des bas-bleus et des princesses russes, toutes amoureuses de son blondin de frère, elle ouvrit le meuble de bois de rose qui contenait les manuscrits de Musset — trésor tenu soigneusement sous clef. Elle me montra divers essais dramatiques, une version rimée de la première scène d'*On ne badine pas avec l'amour*, des vers dédiés à Mme Allan, et une page qu'elle ne se lassait pas de relire. C'était l'esquisse de la préface écrite pour les *Deux maîtresses*, et non publiée. Musset y décrivait la physionomie du boulevard de Gand, lieu d'élection du dandysme, rendez-vous des élégances, espace minuscule et abondant en délices. L'endroit est boueux en hiver, torride en été. On s'y écrase. On y respire des odeurs fâcheuses. Pourquoi le Parisien l'aime-t-il au point de ne pouvoir vivre ailleurs ? Pourquoi l'étranger mourrait-il de tristesse s'il n'allait prendre une glace au perron de Tortoni ? Le poète analyse ce curieux état d'âme. S'adressant à une interlocutrice imaginaire ou réelle, — peut-être la comtesse de Kobergis, peut-être Christine de Trivulze Belgiojoso, — il lui explique les choses extraordinaires contenues dans ce mot magique : le Boulevard. Ou plutôt, il n'explique rien du tout. Il enfourche le Pégase de la Fantaisie. Il piaffe, il caracole. Il s'amuse.

Si je vous dis, madame, que pour un jeune homme, il peut y avoir une extrême jouissance à mettre une botte qui lui fait mal au pied, vous allez rire. Si je vous dis qu'un cheval d'allure douce et commode, passablement beau, restera entre les mains du marchand, alors qu'on se précipitera sur une méchante bête qui va ruer à chaque coin de rue, vous me traiterez de fou. Si je vous dis qu'assister régulièrement à toutes les premières représentations, manger des fraises avant qu'il y en ait, prendre une prise de tabac au rôti, savoir de quoi l'on parle et quelle est la dernière histoire d'une coulisse, parier n'importe sur quoi le plus cher possible et payer le lendemain, tutoyer son domestique et ignorer le nom de son cocher, sentir le jasmin et l'écurie, lire le journal au spectacle, jouer le distrait et l'affairé en regardant les mouches aux endroits les plus intéressants, boire énormément ou pas du tout, coudoyer les femmes d'un air ennuyé avec une rose Tivoli à sa boutonnière, avoir enfin pour maîtresse une belle dame qui montre pour trois francs au parterre ce qu'il y a de plus secret dans tout son ménage ; si je vous dis que c'est là le bonhéur suprême, que répondrez-vous ?...

Musset n'attend pas la réponse, qui ne viendrait point, sans doute. Un coup d'éperon à sa monture et il repart :

Une botte qui fait mal va presque toujours bien ; un méchant cheval peut être plus beau qu'un autre ; à une première représentation s'il n'y a pas d'esprit dans la pièce il y a du monde pour l'écouter ; rien n'est si doux qu'une primeur quelconque ; une prise de tabac fait trouver le gibier plus succulent ; rire, parier et payer, sont choses louables et permises à tous ; l'odeur de l'écurie est saine et celle du jasmin délectable ; tutoyer les gens donne de la grandeur ; l'air ennuyé ne déplaît pas aux dames, et une femme qui vaut la peine qu'on aille au parterre, quel que soit le prix de la place, est assurément digne de faire le bonheur d'un homme distingué... Nous ne nous comprenons pas, n'est-il pas vrai ?... C'est ce qui fait madame, que je n'essayerai pas de vous expliquer les charmes du boulevard de Gand, et que je suis obligé de m'en tenir à ce que je vous ai dit tout à l'heure : c'est un des lieux les plus agréables qui soient au monde.

Ce cri jaillit du cœur. Musset estime à leur valeur les frivolités parisiennes ; il ne saurait s'en passer ; il les persifle, elles sont nécessaires à sa vie ; sous sa moquerie, on devine un fond d'amour. Cet aspect de son tempérament, ce tour de son esprit, cette virtuosité qui n'est qu'une parure de l'ironie et du paradoxe boulevardiers, nous les retrouvons, joints aux abandons et aux élans de sa sensibilité, dans ses comédies, dans les couplets de Valentin Van Buck, au premier acte de *Il ne faut jurer de rien*, dans les saillies d'Octave, dans les divagations lyriques de Fantasio, dans le sourire de Mme de Léry, dans les épigrammes que Perdican jette au nez de dame Pluche...

Bénis soient les sifflets qui, le premier décembre 1831 mortifièrent cruellement l'auteur de la *Nuit vénitienne*. Humilié, irrité par cet échec, Musset résolut de renoncer au théâtre, du moins au métier théâtral, aux habiletés, aux concessions, aux formules dont sa verve prime-sautière, rebelle à toute discipline, dédaignait l'emploi. Il n'écrivit désormais ses comédies que pour lui-même et pour le spectateur assis dans un fauteuil, au coin du feu. Il ne voulut connaître qu'un impresario, M. Buloz, directeur de la *Revue*. A partir du 1er avril 1833, il fut un des fournisseurs réguliers de cette rubrique des « Comédies et Proverbes » qu'avait inaugurée, en 1831, une faible saynète de Paul Foucher, la *Nièce du gouverneur*, imitée de l'espagnol. Jusqu'en 1845, il ne cessa de l'alimenter. A *André del Sarte* succédèrent les *Caprices de Marianne*, *Fantasio*, *On ne badine pas avec l'amour*, le *Chandelier*... Le succès de ces ouvrages détermina Buloz à les multiplier. Alfred de Vigny lui donna *Quitte pour la peur*, George Sand *Aldo le rimeur*. Et lorsque Musset se ralentit, vers 1848, Octave Feuillet ramassa la plume que le grand poète laissait tomber et s'en servit très élégamment. Le *Cheveu blanc*, le *Pour et le contre*, la *Fée*, le *Village* eurent des admiratrices passionnées. Il advint à ces proverbes pareille fortune qu'à ceux de Musset. Ils n'avaient pas frappé à la porte du théâtre, et le théâtre les recueillit. Ce sera, je suppose, le sort des ouvrages récemment parus dans cette collection de « Comédies et Proverbes » que la *Revue des Deux Mondes* reconstitue, après une interruption de cinquante ans...

L'acte de Paul Bourget (la *Vérité délivre*) analyse un cas de métamorphose sentimentale. Jamais temps ne fut plus propice que celui-ci à ces bouleversements intérieurs. L'homme, brusquement soustrait aux habitudes, aux travaux, aux plaisirs de l'existence normale, astreint à vivre non pas pour lui-même, mais pour tous, subit des changements dont il n'a pas d'abord pleine conscience. Quand il se ressaisit dans les moments de détente, quand il s'interroge, il est très étonné de s'apercevoir autre qu'il était, de découvrir en lui des opinions, des enthousiasmes, des répugnances et des scrupules insoupçonnés. Un homme nouveau s'est greffé sur le vieil homme. Pierre Vaucroix appartient à la catégorie des privilégiés de la fortune. Fils d'un père richissime, possesseur dès sa naissance d'un nombre respectable de millions, vigoureux et sain, doué d'un parfait équilibre physique et moral, apte à jouir intellectuellement et sensuellement de ce qu'il y a d'agréable en ce monde, il est aussi heureux qu'on peut l'être. Une carrière décorative et sans surmenage le préserve des ennuis de la complète oisiveté. Un mariage pécuniairement avantageux lui a donné de beaux enfants. S'il s'est détaché de sa femme, la vertueuse et froide Bernardine ne lui reproche point de l'avoir trompée avec son amie Julie d'Hespelles. Et Julie fut une maîtresse délicieuse. Pierre Vaucroix a emporté à la guerre son image, le voluptueux souvenir de leurs rendez-vous, le désir de la rejoindre. « J'aimais cet amour, déclare-t-il, pour ses émotions poignantes et ravissantes, pour son ardeur, pour ses mystères, pour ses remords. » Il en parle comme d'une chose passée et déjà lointaine. C'est qu'il a enduré de rudes épreuves qui, à son insu, l'ont transformé. Sur le lit d'hôpital où il gisait, blessé et captif, de graves pensées le tourmentaient :

« Mes voisins râlaient ou gémissaient, officiers comme moi, blessés comme moi, prisonniers comme moi, ayant, comme moi, un jour, une heure tout sacrifié. Je les regardais, ces compagnons de souffrance, leurs prunelles de fièvre, leurs joues creusées, leurs lèvres séchées. Ces visages de martyrs me criaient que l'homme n'est pas fait pour lui-même mais pour quelque chose de plus grand que lui ; ils me disaient qu'on n'entre dans la vraie vie qu'autant que l'on se renonce. »

Pierre, convalescent et rapatrié, se retrouve entre la maîtresse et l'épouse. Que fera-t-il ? Recommencer à mentir, recourir aux petites ruses de l'adultère ? Cela lui semble bien misérable. D'autre part, le seul nom de Julie le trouble, l'émeut ; il sent que sa passion n'est pas morte... S'éloigner d'elle, stoïquement ? Mais il a soif de tendresse, et l'austère Bernardine ne peut lui offrir qu'une calme amitié. Il ne sait à quoi se résoudre. S'il rompt, il est malheureux. Et s'il ne rompt pas, il se méprise... Une double révélation va le tirer d'angoisse. Il cause avec Julie ; chaque mot prononcé par la petite femme le heurte, le gêne, le blesse. Il la voit comme elle est, frivole et vaine, amoureuse et très sèche, effroyablement égoïste. Or, l'égoïsme lui fait horreur depuis qu'il s'en est guéri. Il a l'intuition qu'un abîme le sépare de son ancienne maîtresse, et qu'ils ne parlent plus le même langage, et que les deux instruments ont cessé d'être d'accord... Et maintenant, voici le miracle... L'indifférente Bernardine, émue de retrouver son mari, jalouse de le conserver, anxieuse de le perdre, s'échauffe sous l'aiguillon de l'inquiétude, laisse apparaître le fond de son âme fière, pudique et sensible. Dans une scène superbe et touchante, elle confie à Pierre les humiliations qu'elle dévora jadis, ses tortures et son secret désespoir. Elle l'a toujours aimé. Et il ne s'en doutait pas... La plus douce réconciliation s'opère au cœur du foyer reconstruit. Ce dénouement a suscité des objections. Certains l'ont jugé trop facile, sinon trop moral... Et si les rôles étaient renversés ? Si la maîtresse avait eu les qualités rares que l'auteur prête bénévolement à la femme légitime... Eh bien, Pierre n'eût pas hésité. Il fût allé là où il eût senti le plus de générosité, de pitié humaine. Il y a des âmes que les douleurs, nées de la guerre, purifient et ennoblissent. Je présume que c'est cela que l'écrivain psychologue a prétendu établir, en exaltant la vérité qui délivre et qui délie...

Le proverbe de Gérard d'Houville, *Il faut toujours compter sur l'imprévu*, est une jolie et délicate histoire d'amour. Le sujet ? Très banal. Une méprise. La rencontre classique de deux êtres qui ne se cherchaient pas et qui, à première vue, sympathisent et tombent dans les bras l'un de l'autre après une demi-heure d'entretien. Les personnages ? *Lui* et *Elle*, le Monsieur et la Dame des comédies de paravent. Mais les personnages et le sujet n'ont en soi nulle importance. Le tout est dans la manière. Et la manière de Gérard d'Houville est délicieuse. Il a vingt-cinq ans. C'est un joli lieutenant vêtu d'azur. Elle en a vingt-six. Elle porte une robe toute simple d'un mauve pâle, avec une orchidée violette à la ceinture. Il ne l'attendait point à souper. Il attendait une amie qui a préféré ne pas venir, ce dont il a du chagrin. La visiteuse s'est trompée d'étage. Elle veut se retirer. Il la supplie de demeurer une minute. Elle y consent. Elle ne s'en va plus. Les voici en conversation réglée. Ils échangent des souvenirs, ils allègent leurs peines en se les confiant. Elle a fait le serment téméraire de ne plus aimer... Depuis qu'il vit parmi la violence et la mort, jamais il ne s'est senti si tendre... Le marivaudage s'attarde le long des petits sentiers de l'enjouement et de la mélancolie. Pour que le mouvement s'accélère, il faut un coup de théâtre, — *l'imprévu* ! Un Zeppelin accourt à point nommé. Les amants montent sur la terrasse, suivent des yeux le monstre dans le ciel tragique. Cette beauté surprenante, cette terreur, l'indicible majesté de ce spectacle contribuent au triomphe de l'Amour. L'Amour brave les tempêtes, s'abreuve et se nourrit de larmes, croît et s'épanouit à côté des tombes. Aucune volonté ne lui résiste. Aucune puissance ne le vainc. C'est la leçon de la comédie — à supposer qu'il soit indispensable d'en extraire une leçon

A PROPOS

DE LA « JEUNESSE DES MOUSQUETAIRES »

La collaboration de Dumas et de Maquet

25 septembre 1916.

S^I le mot *éclectique* n'existait pas, il eût fallu l'inventer pour caractériser l'impulsion que M. Paul Gavault imprime à son entreprise odéonienne. Le programme qu'il élabore chaque année et qu'il réalise avec une allègre activité embrasse un champ immense. Toutes les époques, tous les genres y figurent : la poésie et la prose, les chefs-d'œuvre classiques, le drame romantique, le drame moderne, la comédie légère, la pièce à spectacle, le vaudeville à couplets. Vous verrez qu'un de ces jours il nous donnera une revue. Et nous ne pourrons pas crier au scandale. Car il invoquera des précédents fameux ; il rappellera qu'aux environs de 1848, Camille Doucet, futur académicien et haut fonctionnaire des Beaux-Arts, fit représenter sur ces mêmes planches un petit ouvrage, dans lequel les événements du jour défilaient sous les regards narquois d'une jolie commère et d'un compère facétieux. Je crois bien que Delaunay, l'incomparable Delaunay, le plus exquis des Clitandre, l'idéal interprète de Musset, y joua son rôle...

Donc, le soir de la réouverture, le directeur de l'Odéon nous a régalés d'une reprise de la *Jeunesse des mousquetaires*. Adorait-il la distinction qu'exercent les noms célèbres, l'attrait du prestige des souvenirs? Quelle que soit... Les spectateurs, qu'une irrésistible sympathie y avait attirés, s'amusaient-ils vraiment? N'éprouvaient-ils point de déception? Le plaisir qu'ils goûtaient égalait-il celui qu'ils s'étaient promis? Avouons-le, la pièce est puérile, creuse, formée d'épisodes éparpillés et décousus. Son incohérence ne nous choque pas trop, parce que notre mémoire supplée aux lacunes de l'action, meuble les espaces vides, comble les trous, rétablit les transitions nécessaires, complète les personnages, met de la chair et du sang sur ce squelette... Un auditeur à qui le roman serait inconnu — hypothèse inadmissible — ne comprendrait pas grand'chose au drame : il n'en retirerait aucune joie ; il découvrirait peut-être quelque grâce en d'Artagnan, mais resterait consterné de l'insignifiance de ses compagnons... Athos, Aramis et Porthos, relégués au second plan, réduits à l'état de silhouettes, ne lui paraîtraient ni intéressants, ni plaisants. C'est tout au plus s'il compatirait aux infortunes de Mme Bonacieux...

Ces obscurités et ces faiblesses ne semblent pas avoir gêné les contemporains, encore mieux pénétrés que nous ne le sommes de l'odyssée des mousquetaires. Le livre récemment paru traînait sur toutes les tables. La gloire du père Dumas rayonnait ; sa production phénoménale alimentait les journaux de l'univers. Théophile Gautier ne s'occupa qu'incidemment du drame représenté en 1849 au Théâtre Historique ; visiblement, il n'y attachait que peu de prix ; il préférait parler d'une façon générale de l'auteur, définir le génie, analyser les procédés de travail du bon géant populaire.

« Les *Mousquetaires* ont une telle renommée qu'ils

sont familiers aux lettrés aussi bien qu'aux ignorants
Les délicats et les incultes prisent leur aventure prodigieuse, espèce de conte des *Mille et une nuits*, d'autant plus merveilleux qu'il ne s'y rencontre point de
talismans ou de fées. D'Artagnan, Athos, Aramis,
Porthos trônent dans le Walhalla des types éternels.
Porthos surtout, type intermédiaire d'Hercule et de
Sancho Pança... Alexandre Dumas conservera le rare
honneur d'avoir mis en circulation des héros fraternels, d'avoir renouvelé et habillé à la Louis XIII la
légende des quatre fils Aymon, dont les prouesses,
reléguées dans la Bibliothèque bleue, commençaient
à tomber en désuétude... »

Dumas père buvait, sans en être troublé, le vin
capiteux de ces louanges. Si déférents que fussent les
hommages de la critique, il les considérait comme
dus. Je suppose que ses collaborateurs anonymes les
trouvaient moins agréables. Car il n'écrivait pas seul.
Chacun de ses romans comptait au minimum deux
pères. La *Reine Margot*, la *Dame de Monsoreau*, le
Chevalier de Maison-Rouge, enfin les *Trois Mousquetaires*, *Vingt ans après*, le *Vicomte de Bragelonne*
appartenaient, pour une large part, à Auguste
Maquet, qui y avait versé les trouvailles de son imagination pittoresque. Dumas ne rougissait pas du
secours qu'il recevait de ce confrère modeste et distingué. Il lui rendait justice, il le portait aux nues.
« Maquet, racontait-il, est, *après moi*, l'homme qui
travaille le plus ; il sort peu, se montre peu. C'est un
esprit sérieux et fantaisiste chez lequel l'étude des langues antiques a ajouté à la science de l'histoire. »
Après moi est ravissant. Dumas encense son camarade de lettres, mais il le subordonne, il le maintient
à une place inférieure, il conserve les distances. D'ailleurs Maquet s'inclinait devant la force de son aîné.
« Dumas, disait-il, ne se fatiguait pas plus qu'une
éponge qu'on imbibe en la trempant dans l'eau et

qu'on exprime ensuite dans un vase pour le remplir. »
Beau compliment, mais assez perfide, faites-y bien
attention... L'éponge ne secrète pas l'eau dont elle se
gonfle ; elle la puise à une source étrangère. Qu'est-ce
à dire, si ce n'est que Dumas, incapable de toute création personnelle, se nourrissait de l'inspiration d'autrui ? Sentez-vous percer l'amertume sous l'effusion
amicale ?

Pendant une quinzaine d'années, ce ménage littéraire fut un excellent ménage, qu'agitaient des bou-
deries d'amoureux et des querelles sans lendemain.
On s'accordait, quant aux choses essentielles ; on
vivait, somme toute, en bonne intelligence ; on
échangeait des billets enjoués. Je ne sais ce qu'il est
advenu des lettres de Maquet ; j'ai sous les yeux celles
de Dumas. Elles sont charmantes de bonhomie, mais
aussi très autoritaires, rondement impérieuses. « J'ai
hâte de connaître le prochain chapitre de *Monte
Cristo*. » Des environs de Saint-Germain, où il rési-
dait, Maquet envoie sa copie. « J'approuve, répond
Dumas ; je n'apporterai au plan qu'une légère modi-
fication. Le logis de Villefort et l'autre seront contigus,
et nous percerons le mur. » A propos du *Chevalier de
Maison-Rouge*, Maquet reçoit des suggestions précises :
« Piochez. Nous développerons les détails. Il y a quelque chose de magnifique à faire du jeune conspirateur,
épris, comme Mortimer de Marie Stuart, n'ayant que
vaguement aperçu la reine. A chercher comment il
s'introduira auprès d'elle et nous-mêmes comment
nous y introduirons le lecteur. » Les *Mousquetaires*
sont l'objet de délibérations innombrables : « Voilà
le moment de la soirée chez Scarron. Athos arrive à
Paris ; il veut se rencontrer avec Aramis, sans que
personne se doute que leur entrevue est préméditée.
Ils se rejoignent dans la chambre de Scarron. Pré-
parez-moi cette scène-là, avec votre ingéniosité. » Le
lieutenant obéit. Le général en chef expédie de nouveaux ordres : « Je désire que la mort de Porthos ait

toute la grandeur possible. Il faut que nous étudions cela. » Dumas avait alors un secrétaire qui s'intéressait vivement à cette correspondance, et parfois s'y mêlait : « Souffrez, écrivait-il à Maquet, que je vous remercie de l'émotion délicieuse que vous m'avez procurée en me donnant la douce joie de lire les adieux d'Athos et de son fils. En copiant ces lignes, j'ai pleuré. » Un jour, effroyable alerte. Le *Journal des Débats* attend sa tranche de feuilleton. Or, le manuscrit de Maquet s'est égaré. Comment se tirer du mauvais pas ? Dumas stimule le dévouement de son esclave docile : « Le porteur a perdu votre rouleau. Infamie ! A l'ouvrage, bien vite. Passez la nuit, prévenez les *Débats* que le feuilleton a été détruit par accident et que je le refais en hâte. Puis, infligez un galop solide aux gens du chemin de fer... » Si Dumas ne rédigeait pas le texte intégral de ses volumes, il en surveillait de près l'exécution, il n'abdiquait pas totalement. Citons un dernier billet :

« Mon cher ami, nous avons dans notre prochain chapitre à apprendre d'Aramis, qui a promis à d'Artagnan de s'en informer, dans quel couvent languit Mme Bonacieux, ce qu'elle y fait, et de quelle protection la reine l'entoure. Je crois que pour gagner en rapidité, nos hommes devraient surgir au milieu de cette affaire de l'Hôtel de Ville, où Bonacieux est tué. Si vous vous trouvez embarrassé, venez me voir à quatre heures. Je vous avais prié ce matin de faire intervenir le bourreau. J'ai jeté la lettre au feu, préférant, à la réflexion, me charger de cette scène. Votre mot atteste que nous avions eu la même idée. C'était donc une heureuse idée. A vous et piochez... »

Auguste Maquet se lassa-t-il du joug où le ployait la tyrannie affectueuse de son maître ? S'irrita-t-il de ne recueillir qu'un peu d'argent d'une œuvre qui accroissait la fortune et la réputation d'un collaborateur trop illustre ? Ecouta-t-il la voix de l'orgueil, du dépit, de la jalousie ? En 1851, son animosité, longtemps contenne, éclata. Un divorce retentissant dénoua le mariage qui avait donné des fruits si savoureux...

A la veille et au cours de ce pénible procès, les rancœurs que la fécondité, la renommée européenne, la puissance, l'importance, la négligence de Dumas avaient semées et qui jusque-là s'étaient tues, se déchaînèrent. Tous les ratés de lettres, les romanciers obscurs, les dramaturges sifflés, les folliculaires besogneux et fielleux s'associèrent dans la même tâche de dénigrement et de calomnie. Le mot de Beaumarchais se trouva, une fois de plus, confirmé. « L'envie aux doigts crochus, au teint livide » se rua contre le colosse. Eugène de Mirecourt fit un choix parmi les anecdotes qui couraient les salles de rédaction et en forma la matière d'une de ses venimeuses brochures. Il outragea l'auteur d'*Antony* dans son père, dans sa mère, dans son premier protecteur, le duc d'Orléans ; il dénonça ses « crimes littéraires », l'accusa d'avoir plagié Schiller, Gœthe, Shakespeare, Augustin Thierry, lui reprocha enfin de publier sous son nom des ouvrages acquis à un tarif de famine, d'exploiter le talent, l'inexpérience et la pauvreté de la jeunesse : « M. Dumas vole les anciens et achète des manuscrits aux modernes. » Ces griefs étaient quelque peu contradictoires. Mais Mirecourt n'y regardait pas de si près. Il essayait de rendre odieux, en le blessant à mort, l'homme qu'il poursuivait de sa haine. Dumas ne mourut pas : il essuya d'un cœur gaillard ce violent assaut. On assure qu'il honora d'une visite, avant l'audience, le plus considérable de ses juges, le président de Belleyme, qu'il s'abstint de l'entretenir de l'affaire en litige, mais qu'il l'éblouit par les inépuisables richesses de son esprit, à tel point que, n'ayant nullement plaidé sa cause, il l'avait gagnée. On ajoute — ce n'est point invraisemblable — qu'au moment de prendre congé du magistrat, il lui dit : « Désirez-vous savoir qui, de mon collaborateur ou de moi, a le plus d'imagination et de ressources ? Faites venir

Maquet et causez trois heures avec lui... si vous pouvez... »

Les comptes judiciairement réglés, chacun se retira sous sa tente. Dumas continua d'entasser les volumes sur les drames ; la perte d'un de ses associés les plus actifs ne ralentit pas sa production effrénée. Maquet voulut prouver qu'il n'avait besoin de personne pour construire, bourrer de péripéties et mener à bonne fin un roman de cape et d'épée. Retiré en son château de Saint-Mesme, gentilhommière illustrée par le séjour qu'y fit le capitaine d'Artagnan lors de l'arrestation de Fouquet, il déploya une ardeur impatiente à composer des livres qui affirmeraient publiquement son mérite et le remettraient à son rang. Signer un livre, en recueillir le bénéfice total, matériel et artistique, quel délice pour l'écrivain tenu en tutelle et soudain émancipé ! Maquet était dévoré d'une ambition, d'un tourment : éclipser, ou tout au moins égaler le « patron », établir que les œuvres qu'il allait faire ne différaient pas de celles qu'ils avaient faites ensemble, et par là révéler ce que ces œuvres fameuses devaient à son propre effort. La démonstration ne fut qu'à demi convaincante. La *Belle Gabrielle*, la *Maison du baigneur*, le *Comte de Lavernis* sont des récits alertes, mouvementés, divertissants, pathétiques, conduits selon les règles du genre. Mais ce genre existait avant que Maquet apprît à y exceller. Tout de même Dumas avait été l'initiateur... Et puis, quoi qu'on prétende, il possédait un don qui ne pouvait avoir la même force chez ses imitateurs et ses rivaux. Ce don instinctif, c'est le sens de l'épopée, le feu d'un enthousiasme toujours en ébullition, l'élan d'une générosité chevaleresque, l'épanouissement d'une allégresse intérieure sans cesse jaillissante et renaissante.

Ce souffle épique et cordial passe à travers les aventures des Mousquetaires, les ennoblit, nous soulève. Ce qui nous touche le plus n'est pas de voir les quatre héros audacieux et braves, mais de les sentir unis. Ils sont solidaires, ils confondent leurs joies et leurs peines, subissent des épreuves qui leur semblent moins dures, parce qu'ils les supportent en commun. Ils s'appellent et s'entr'aident dans le danger, et se dévouent, et se sacrifient. Tous pour un, un pour tous. Cette œuvre est le poème de l'amitié et de la fraternité d'armes. Elle emprunte aux événements actuels une poignante éloquence. Combien, parmi nos enfants, y a-t-il de d'Artagnan, d'Athos, d'Aramis, de Porthos, heureux de combattre côte à côte, et quand il le faut, prêts à mourir !... Le public y pensait en écoutant le vieux drame. Il y avait de la tendresse dans ses applaudissements.

Octave Feuillet et George Sand

LE SPHINX — LE MARQUIS DE VILLEMER

Le pessimisme romanesque d'Octave Feuillet
L'optimisme romanesque de George Sand

9 octobre 1916

L'APPRÉHENSION que l'on a de revoir, après une longue séparation, des visages autrefois aimés, on la ressent à l'idée de relire les vieux livres ou de réentendre les vieilles pièces dont la valeur n'a pas été définitivement consacrée... Comment auront-ils supporté l'injure du temps ? Dans quel état allons-nous les retrouver et quelle sera la gravité de notre déconvenue ? Le *Sphinx* et le *Marquis de Villemer* viennent d'être soumis à cette épreuve. Sur la pièce d'Octave Feuillet nous n'avions pas beaucoup d'illusions. Elle n'obtint qu'un succès de circonstance, même en la fleur de sa nouveauté. Elle offrait au public l'attrait d'un joli décor et d'une interprétation exceptionnelle. La mort de Croizette au dernier acte, l'affreuse réalité de cette agonie qui soulevait l'indignation de Sarcey, la silhouette chevelue du pianiste polonais que Coquelin cadet avait comiquement dessinée contribuèrent à cette vogue momentanée et factice... Cependant les journaux avaient si abondamment parlé de l'ouvrage qu'il demeura fameux. La Comédie-Française le remonta quatre ans plus

tard, en 1878. La reprise échoua et n'apporta point à
l'auteur fatigué et malade les satisfactions qu'il en
espérait. Elle reçut un accueil sévère ; la critique et
le parterre jugèrent sans ménagements l'œuvre qui
se représentait à leur examen. Vous pensez bien que
les quarante années passées sur elle ne l'ont pas
rajeunie. Elle nous est apparue comme une chose
médiocre, artificielle, soufflée, dénuée d'agrément.
C'est du mauvais Feuillet. Le bon Feuillet a gardé
quelque force et quelque séduction. Je ne sais si les
femmes d'aujourd'hui apprécient le charme de *Monsieur de Camors* et de *Julia de Trécœur*. Leurs grand'-
mamans et peut-être leurs mamans en raffolaient. Un
chroniqueur dont j'ai oublié le nom définissait en ces
termes l'écrivain cher aux salons du second Empire :
« Un Crébillon fils qui va à la messe. » La définition
est plus piquante qu'exacte : elle ne contient qu'une
part de vérité. Feuillet n'est pas libertin à la manière
du conteur des *Hasards du coin du feu* : il prend
l'amour au sérieux, sinon au tragique : sa sensualité
s'enveloppe de grâces romanesques plutôt que voluptueuses ; sa sensibilité se nuance de mélancolie : il
a subi, quoi qu'il puisse prétendre, l'empreinte du
romantisme ; il se montre indulgent au péché, pitoyable aux pécheresses, à la condition que leurs défaillances aient la passion pour excuse. Ses lectrices lui
sont attachées, parce qu'elles devinent en lui un con-
fesseur miséricordieux envers leurs faiblesses, toujours
prêt à les absoudre. Sainte-Beuve — autre docteur ès
sciences amoureuses — discernait les causes profondes
de la sympathie qu'elles témoignaient au romancier.

« Les femmes qui ont succombé, dit-il, savent gré
à M. Feuillet de sa préoccupation morale et constante
à leur égard. Elles sont si bien revenues d'un si court
moment d'amour, qu'elles s'imaginent, en le lisant,
n'avoir jamais failli. Et voyant un si habile avocat
plaider pour elles, elles s'attendrissent à penser qu'elles
sont restées quasi des anges de vertu. »

Les mondaines du règne de Napoléon III prisaient aussi l'élégance de leur auteur favori, la distinction dont il les parait quand il les mettait en scène, son ton de bonne compagnie, sa décence, son respect des usages et des traditions. Elles approuvaient les conseils contenus dans le testament de M. de Camors et dédiés aux jeunes hommes que la vie n'a pas encore attristés ou corrompus : « Usez sans scrupule des femmes pour le plaisir, des hommes pour la puissance, mais ne faites rien de bas. » Observateur des complications féminines, analyste bienveillant des crises passionnelles, peintre délicat et mesuré, quoique très perspicace, Feuillet devait plaire aux modèles dont il savait tout ensemble tracer l'image véridique et flatter l'orgueil...

Les traits essentiels de ce talent si finement français, nous les apercevons dans le *Sphinx*, mais grossis et un peu vulgarisés. La pièce manque de chair ; elle est sommaire et sèche. Il semble que l'écrivain, gêné par la brutalité de son sujet, n'ose pas développer des situations trop périlleuses et se hâte vers le dénouement. De tous les personnages qui se meuvent au cours de ce drame-express, un seul existe, les autres n'étant là que comme des comparses, chargés de donner les répliques indispensables et de faire marcher l'action. L'attention, la curiosité, l'intérêt se concentrent sur Blanche de Chelles. C'est, je présume, la complexité de ce caractère qui aura tenté Mme Simone. La souple et tenace volonté de cette célèbre comédienne recherche de préférence les tâches difficiles... Qu'est-ce, au juste, que l'héroïne du *Sphinx* ? Feuillet ne se lasse pas de la décrire ; il la montre de face et de profil, la tourne et la retourne sous nos yeux. Trois portraits d'elle, d'acte en acte, sont esquissés, le premier par Lord Astles, un Anglais spleenétique et millionnaire, éperdument épris de la jeune femme, donc enclin à la peindre sans malveillance :

Mme de Chelles, dit-il, est une de ces femmes, intéressant produit de notre haute civilisation, qui naissent mûres, qui, par suite d'une éducation fâcheuse, sont blasées avant d'avoir vécu... Pour leur faire oublier non leurs principes — elles n'en ont pas — mais leur délicatesse et leur fierté, il ne suffit pas d'un amour de salon, il faut un amour hardi, singulier, quelque chose d'héroïque ou de criminel... la tentation de grands dévouements ou de grandes trahisons... une perspective enfin qui fasse entrevoir à leur imagination... que sais-je ?... l'inconnu, l'aventure, le drame, le danger, la mort...

Le second portrait, moins favorable, émane d'un ennemi de Blanche, ou plus précisément d'un homme qui s'imagine la haïr parce qu'il l'aime trop et s'efforce, en la calomniant, de la chasser de son cœur. Voici comment la voit Henri de Savigny :

La dernière des femmes, le type de ces mondaines affolées qui n'ont qu'un but : le plaisir sous la forme la plus frivole et la plus coupable. Le mot devoir pour elles n'a aucun sens. Principes, sentiment moral, convenances, opinion, tout ce qui est digne de respect, elles le méprisent.

Enfin — troisième image, — cette Blanche de Chelles, si diversement jugée, s'interroge ; elle n'ignore pas les bruits fâcheux auxquels ont donné lieu ses inconséquences ; elle essaye de réagir, elle plaide sa cause.

Les amours qui rôdent autour de moi me laissent froide comme marbre. Et sais-tu pourquoi ? C'est que j'ai l'âme trop haut placée pour me laisser prendre aux flatteries dont je suis assiégée. Je m'en divertis. Ces hommes si hautains, si méprisants pour nous, il est plaisant de voir jusqu'où on peut les faire descendre d'une parole, d'un sourire, d'un regard. La foi, l'honneur, les serments, l'amitié. On souffle. Il n'y a plus rien. C'est très amusant.

Le spectateur écoute d'une oreille distraite ces explications. Il ne se fie qu'à son impression propre et ne souhaite nullement qu'on lui dissèque des personnages

qui, agissant devant lui, se définissent d'eux-mêmes.
Or, il n'a pas de Blanche de Chelles une si avanta-
geuse opinion, ni une si détestable. Elle ne mérite,
lui semble-t-il, ni cet excès d'honneur, ni cette indi-
gnité. Que fait-elle, au surplus ? Elle danse, monte à
cheval, patine et canote : « J'ai besoin de ramer »,
s'écrie-t-elle ingénument. Est-ce un cas pendable ?
Blanche a des goûts sportifs, voilà tout. Mais il y a
quarante ans, le sport ne se pratiquait couramment
qu'en Angleterre. D'où l'étonnement scandalisé de
l'auteur que nous ne pouvons plus guère partager.
Il est vrai que Blanche porte à l'annulaire une bague
en forme de sphinx et que le chaton de cette bague
renferme une poudre meurtrière qu'elle utilisera,
selon l'occasion, ou contre autrui, ou contre elle.
L'unique originalité de Blanche réside dans la violence
de son humeur, violence mélangée de beaucoup d'en-
fantillage. Cette femme fatale aime jusqu'à en mourir.
Cependant, elle n'est qu'à moitié perverse. Elle connaît le scrupule. Au moment d'empoisonner sa rivale,
elle s'arrête, épouvantée, et se tue. Ce n'est qu'un faux
monstre, pétri par la main mal assurée d'un écrivain
que terrifiait son excès d'audace. L'intelligence, les
instincts de logique et de clarté, la vivace énergie de
Mme Simone tentent vainement d'insuffler la vie à
cette machiavélique petite poupée. L'ardente et touchante sincérité de Mlle Margel n'est pas non plus
très à l'aise sous les traits de la victime des perfidies
de Blanche, la bêlante et ennuyeuse Berthe de Savigny. MM. Louis Gauthier et Kemm font ce qu'ils
peuvent des autres rôles, tous insignifiants ou ridicules. Là où il n'y a rien, le talent perd ses droits.
Je crains que le *Sphinx* attire peu... Pour corser le
programme, le directeur de la Porte-Saint-Martin y a
joint l'*Infidèle*, ce joyau précieux, lyriquement ciselé
par Georges de Porto-Riche.

Le *Marquis de Villemer* n'a pas eu une meilleure

presse que le *Sphinx*. La plupart de nos confrères ont
traité assez durement cette illustre comédie et cassé
d'un trait de plume ironique et dédaigneux les jugements qui faisaient d'elle un chef-d'œuvre. Car elle
n'essuya pas, comme le drame de Feuillet, un échec
dissimulé sous les applaudissements. Elle fut, tout
de suite, et longtemps admirée. Elle se maintint au
répertoire du théâtre de l'Odéon qui y avait recours
dans les moments difficiles. C'était son *Arlésienne*
d'alors. Le soir de la première représentation, le
24 février 1864, elle remporta un triomphe. L'empereur, l'impératrice, appelèrent dans leur avant-scène
les principaux interprètes et les chargèrent de féliciter
l'auteur. Les étudiants, massés aux galeries, accla-
mèrent les velléités démocratiques du marquis Urbain.
Il leur semblait que ce républicanisme à l'eau de rose
devait blesser le « tyran », ce en quoi ils s'abusaient.
Le reste de l'auditoire, l'orchestre, le balcon, les loges,
indifférents à la politique, s'abandonnaient naïvement
au plaisir d'ouïr d'honnêtes sentiments traduits dans
une langue simple et saine, de contempler le spectacle d'une humanité parfaite, inaccessible aux tentations de l'égoïsme et de l'intérêt, de se baigner dans
le fleuve de tendresse qui coulait du cœur maternel
de George Sand. Le lundi suivant, les feuilletons décer-
nèrent d'unanimes louanges à l'œuvre et à l'écrivain.
La verve d'Edmond About, si irrévérente d'ordinaire,
s'adoucit. Il ajoute à peine un brin de persiflage au
bouquet de ses compliments, — afin de ne pas perdre
sa réputation d'homme d'esprit. Au fond, il a été
charmé, comme tout le monde. Et il n'en rougit pas :

C'est une pièce où l'on s'estime, on s'aime, on s'embrasse, on s'épouse, on paye les dettes les uns des autres,
on foule aux pieds l'argent comme un vil macadam. Le
plus humble personnage est un domestique aussi bien élevé
que M. de Talleyrand et remarquablement plus moral. Cette
admirable Mme Sand, la plus cordiale et la plus droite des
femmes, a créé tous ces gens-là à son image. La marquise,
c'est elle comme nous l'aimons aujourd'hui ; Mlle de Saint-

Geneix, c'est elle, jeune, pauvre, froissée et fière ; le marquis c'est encore elle, présentée sous les côtés virils et nerveux de son âme : le duc c'est toujours elle, avec son insouciance, son mépris des affaires, son culte pour les marionnettes, sa fantaisie imprévue, qui s'échappe en saillies comme le rire d'un enfant. Toutes ces figures animées du même souffle sont pourtant très diverses et très vivantes : elles n'ont rien de convenu, de traditionnel. Critiquer le *Marquis de Villemer*, c'est vouloir analyser un parfum d'héliotrope voltigeant dans l'air du soir... Le public se rue à l'Odéon avec une fureur digne d'éloge. Tous les honnêtes gens, tous les demis, tous les quarts, tous les huitièmes et jusqu'aux simples trente-quatrièmes d'honnête homme vont se mirer avec une complaisance inouïe dans ce cristal.

Cette page énumère spirituellement les causes du succès du *Marquis de Villemer* : elle explique pourquoi ce succès suivit la pièce à la Comédie-Française en 1877 et pendant trente années lui demeura fidèle. En prônant l'ouvrage de George Sand. Edmond About exalte *l'art optimiste*, c'est-à-dire l'aliment offert aux besoins d'illusions de la foule. Le spectateur, las des soucis de l'existence quotidienne, avide de distractions, parfois de consolations, s'assied dans un fauteuil ; il voit se dérouler les épisodes d'une aventure qui s'achève, selon son vœu secret, par la félicité des amants. Il remarque que les héros de cette aimable histoire ne ressemblent que de très loin aux êtres qui peuplent le monde réel, qu'ils n'ont que des vertus et que ces vertus sont récompensées. Ceci le repose et l'allège, et lui détend les nerfs, et lui révèle un univers souriant, et raffermit sa foi, souvent ébranlée, dans la justice immanente et dans la possibilité de conquérir le bonheur. La joie qu'il en éprouve est extrême, et elle lui est si douce que toujours il la recherchera. Que le *Marquis de Villemer* se démode, il naîtra de nouveaux *Marquis de Villemer* qui éveilleront une sympathie pareille, due aux mêmes raisons. Lorsqu'elle entra chez Molière, cette cordiale et tendre comédie n'avait pas perdu son prestige. La disparition récente de la châtelaine de Nohant créait autour de la représentation une atmosphère de piété. Émile Perrin l'avait préparée avec une ingénieuse sollicitude. La mise en scène de la fin du troisième acte, le poétique effet des lueurs de la lampe lentement baissée sur le sommeil d'Urbain, le silence recueilli de la grande bibliothèque où veillait le discret amour de Caroline firent sensation. Et puis les acteurs se surpassèrent. La voix éclatante, la gaieté rayonnante de Delaunay, la sobre émotion, l'ardeur contenue, la pâleur intéressante de Worms marquaient de traits saisissants l'antithèse des deux caractères du duc d'Aleria et du marquis. Madeleine Brohan était souverainement digne et maternelle, Suzanne Reichenberg malicieuse à souhait... La bonhomie de Barré prêtait au dévouement de Pierre, la perle des domestiques, des accents inoubliables. Croizette avait un peu trop de tempérament pour jouer Mlle de Saint-Geneix, mais elle fut bientôt remplacée par Emilie Broisat, de qui la distinction effacée, la grâce enveloppée et timide, la pudeur sensible réalisaient pleinement l'allure et les mouvements d'âme du personnage. Le petit « air institutrice » qu'elle avait naturellement lui seyait. C'était la reine des demoiselles de compagnie. Il faut que l'artiste sache rendre ce charme pénétrant, lentement accru, et réussisse à faire comprendre comment la jeune lectrice, peu remarquée d'abord, finit par s'imposer à l'adoration de tous. Le charme, c'est ce dont Mlle Lara, l'interprète d'aujourd'hui, se dépouille avec une incroyable obstination. Peut-être serait-elle agréable et jolie, si elle voulait. Elle ne veut pas. Elle choisit la robe et la coiffure les plus ingrates, elle affecte dans sa diction, dans son jeu, une pédanterie, une raideur qui découragent et glacent la sympathie. L'Urbain actuel ne vaut pas l'Urbain de jadis : M. Leitner joue habilement le rôle ; on n'y sent point brûler cette flamme intérieure qu'y allumait Worms. M. Duflos n'a pas la pétulance de Delaunay, mais il est fin et distingué. Sa ravissante femme — une Diane fraîche comme avril — et Mme Pierson, délicieuse à regarder sous les cheveux blancs de la marquise, méritent des éloges sans réserve.

Ne nous hâtons pas de condamner cet ouvrage qui captiva deux générations. Il peut plaire encore au grand public, ou plutôt au petit public des petites gens, dont l'idéal littéraire se satisfait avec un roman d'amour bien conté. Il porte malgré tout l'empreinte d'une chose divine : la *bonté* de George Sand. Par là ce théâtre s'élève au-dessus de la vulgarité courante, et par là il a touché de très hauts esprits. Dostoïevsky lui accordait une estime émue. L'auteur de cette formidable odyssée de l'assassin torturé et fugitif — *Crime et châtiment* — goûtait le génie apaisé et bienveillant de l'auteur de *Mauprat*. Nous avons son témoignage. « Les personnages qu'inventait George Sand, a-t-il écrit, manifestaient une pureté morale telle que le poète ne peut la concevoir si lui-même ne possède pas en son âme la conception du devoir et s'il ne place pas la beauté suprême dans la pitié, la patience et la justice. » Le *Marquis de Villemer* n'est pas une œuvre très forte. Mais ce désir de justice, cette humaine pitié, l'imprègnent tout de même et l'ennoblissent.

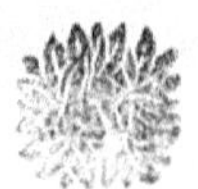

Paul Hervieu

LA COURSE DU FLAMBEAU

(Comédie-Française)

6 *novembre* 1916.

Paul Hervieu fondait de grands espoirs sur l'entrée de la *Course du flambeau* à la Comédie-Française. Il attendait cette reprise comme la consécration définitive d'une œuvre qui, admirée de l'élite, n'avait pas obtenu de la foule cet accueil empressé et fructueux qu'elle accorde à tant d'ouvrages médiocres. La pièce fut jouée quarante fois en 1901 — c'était presque un échec — et une soixantaine de fois depuis lors. Elle méritait mieux que cela. Il est à souhaiter qu'une telle injustice soit réparée. La représentation qui vient d'avoir lieu semble annoncer cette revanche. Elle s'est déroulée non seulement dans le respect, mais dans l'émotion. Visiblement le spectateur subissait la force tragique du drame et frémissait devant son inexorable cruauté. Il ne pleurait point ; il avait l'âme oppressée ; il contemplait avec mélancolie le tableau des souffrances, des misères que simplement un conflit de caractères et le développement passionné des sentiments les plus normaux peuvent déchaîner parmi la pauvre espèce humaine. L'auteur, en même temps qu'il exprimait quelques idées qui lui étaient chères, voulait inspirer cette compassion. Son ombre, errante à travers la salle, eut lieu de se réjouir. Le symbole et les beautés psychologiques contenus dans la *Course du flambeau* furent pénétrés et goûtés pleinement.

Le sujet ne s'enveloppe d'aucune obscurité. Il sert de démonstration à des vérités essentielles, exposées dès le premier acte par le raisonneur philosophe Maravon, qui n'est que le porte-parole du dramaturge... Pourquoi la mère essaye-t-elle d'assurer, au détriment de son repos, de sa santé, de son intérêt propre, le bien-être, le développement futur de l'enfant ? Voilà ce qui se passe dans la généralité des cas (toutes les mères ne sont pas mères au même degré, mais presque toutes obéissent aux impulsions de l'instinct). Il s'agit de démontrer, à l'aide d'un exemple judicieusement choisi, et s'il se peut, pathétique, l'inéluctable tyrannie de cette loi. « Elle commence, dit Maravon, par exiger de la mère la chair de sa chair, souvent sa beauté, et au besoin même sa vie, pour en constituer le nouveau-né. Au profit de la génération neuve, la nature s'évertue à dépouiller la précédente génération. Elle demande sans trêve aux ascendants, sous forme de dépenses, labeurs, anxiétés, dotations, sacrifices, tout le reste de leur énergie, pour en équiper, armer, parer ceux qui descendent vers les plaines de l'avenir. » Et le bon Maravon, invoquant l'ancienne Hellade, source de toute sagesse, rappelle l'ordonnance et la signification de la fête mémorable des lampadophories.

« Des citoyens s'espaçaient, formant une sorte de chaîne, dans Athènes. Le premier allumait un flambeau à l'autel, courait le transmettre à un second, qui le transmettait à un troisième, et ainsi, de main en main. Chaque concurrent courait, sans un regard en arrière, n'ayant pour but que de préserver la flamme qu'il allait pourtant remettre à un autre. Et alors, dessaisi, arrêté, ne voyant plus qu'au loin la fuite de l'étoilement sacré, il l'escortait par les yeux, de toute son anxiété impuissante. On a reconnu dans cette course du flambeau, l'image des générations de la vie. »

Celle à qui s'adresse ce discours se nomme Sabine Revel. Ce n'est pas une femme extraordinaire, une héroïne ; elle ne s'élève pas intellectuellement au-dessus de la moyenne ; elle s'est développée dans un milieu bourgeois ; elle a reçu l'éducation, la culture, elle est pétrie des opinions, des préjugés, nourrie des principes des « personnes comme il faut ». Mariée très jeune, et mal mariée à une sorte d'aventurier qui a dilapidé sa dot et dévoré une partie de son patrimoine (on a dû s'imposer de lourds sacrifices, afin de lui épargner un déshonneur dont toute la famille eût été souillée), Sabine, délivrée par un veuvage opportun, jouit d'une parfaite quiétude, entre sa mère, Mme Fontenais — très bonne, très digne, très ferme — et sa fille Marie-Jeanne. Elle chérit sa mère et elle adore sa fille. Rien n'indique, en apparence, que ces sentiments soient inégaux. Il suffira cependant qu'une crise éclate pour que l'équilibre se rompe et que l'inégalité apparaisse. Sabine Revel est entièrement absorbée, et bien plus qu'elle ne le soupçonne, par l'amour maternel. Ainsi, elle a fait la conquête d'un homme honorable, riche et séduisant, l'Américain Stangy ; elle l'accueille, l'encourage, elle semble sensible aux soins délicats qu'il lui prodigue et disposée à le rendre heureux, mais elle ne l'épousera que lorsque Marie-Jeanne sera pourvue. Elle le lui signifie nettement. Elle croit l'aimer, elle ne l'aime pas ; elle n'aime que sa fille... Si elle aimait Stangy, elle trouverait le moyen, quand, las d'une attente éternelle, après une année d'atermoiement et de refus déguisés, il lui annonce son départ, de le retenir ; elle ne résisterait pas à ses prières ; elle capitulerait, ou, du moins, se montrerait prête à céder, à demi vaincue. Elle demeure inflexible ; elle reste sourde au langage sensé et chaleureux de cet honnête amant ; elle écarte des raisons qui devraient la convaincre, qui la persuaderaient aisément, si son cœur était touché. « Que craignez-vous ? lui répète-t-il. Je serai le second père de Marie-Jeanne, un père tendre. Sa fortune ? Bien loin de l'amoindrir, notre mariage l'augmentera. J'ai de l'argent, beaucoup d'argent ; j'en ai pour vous, pour elle, pour tout le monde. » A ces arguments, Sabine n'oppose que des objections très faibles, un peu ridicules. Elle allègue l'impressionnabilité de l'enfant. « Je me défends contre la tentative d'installer un rival en face d'elle... Je me représente les petits bonheurs dont elle serait sevrée si je brisais l'étroite intimité qui nous lie. Et puis elle est trop jeune ; songez donc, dix-sept ans ! » Or, la « trop jeune » Marie-Jeanne vient de se fiancer, à l'insu de sa mère, avec Didier Maravon. Elle la supplie de ne pas s'opposer à leur union et à leur union immédiate... Que ferait une Sabine réellement amoureuse ? Elle se précipiterait à la gare, y rejoindrait Stangy, lui annoncerait la nouvelle inespérée, l'arracherait du wagon où déjà il a pris place. Et les deux noces se célébreraient du même coup, à la satisfaction générale. Mais non, elle se lamente, elle supplie Marie-Jeanne de renoncer à son projet ou de l'ajourner ; elle ne réussit pas à briser l'inébranlable résolution d'une fille éprise et désormais rebelle à son influence. Elle ne pense pas une minute à l'homme qu'elle vient de désespérer. Décidément, elle ne l'aime pas. Elle aime Marie-Jeanne. Et encore, sommes-nous sûrs qu'elle aime cette dernière ? N'est-ce pas elle-même qu'elle aime, en croyant aimer sa fille ? Ce qu'elle poursuit, ne serait-ce pas la joie d'une possession, d'une domination exclusives ?... Cet amour forcené, avide d'immolations, capable pour se prouver d'aller jusqu'au crime, dissimule peut-être, sous ses aspects désintéressés, un égoïsme absolu. Regardons-y de près.

Marie-Jeanne et Didier sont époux. Ils s'accordent à merveille. Mais l'ingénieur Didier fait de mauvaises affaires ; il n'évitera la faillite que grâce à un apport de 300.000 francs on n'obtiendra son concordat, si la catastrophe n'est pas évitée, que moyennant 100.000 francs jetés en pâture aux créanciers. La grand'mère, sur qui l'on compte, refuse l'une et l'autre somme. Dépouillée par son gendre, elle ne veut pas que son petit-gendre achève de la mettre sur la paille... Mme Pierson dessine avec précision et avec goût la physionomie du personnage ; elle en donne l'illusion complète ; elle n'en fait pas, comme la créatrice, d'ailleurs admirable, Mme Daynes-Grassot, une villageoise devenue dame et capitaliste et qui tient à ses écus ; elle élargit la figure et la hausse d'un cran... Mme Fontenais, aperçue sous les traits de la nouvelle interprète, a de la race, elle est de bourgeoisie, de grande bourgeoisie. Elle n'attache de prix à la richesse, qu'en considération des avantages que sa dignité et son orgueil en retirent. Elle ne saurait se passer d'un minimum de décence extérieure, de décorum. Ecoutez-la dans sa résistance aux assauts multipliés et furieux de Sabine.

« Que faut-il à mes besoins personnels ? Une robe noire et une petite chambre. A quoi est-ce que je dépense nos 20.000 francs de rentes ? A te loger convenablement, à te permettre un peu d'élégance, à t'offrir un semblant de train de maison, à te payer un mois de campagne l'été, quelques plaisirs de théâtre l'hiver, et du médecin à discrétion dès que j'ai cru voir passer sur toi un courant d'air. Le solde de nos revenus je l'emploie joyeusement en étrennes pour toi et Marie-Jeanne. » Son rempart, son bouclier, c'est le souvenir des suprêmes recommandations recueillies au lit de mort du mari qui l'a adjurée

d'être prévoyante et de conserver un grain de mil.
« Promets-moi que, quoi qu'il arrive, tu ne te lais-
seras pas enlever ce qui nous reste... J'ai promis. »

Notez que Mme Fontenais, en parlant ainsi, est
mère ; qu'elle se préoccupe de préserver sa fille autant
qu'elle-même. Mais elle est mère avec pondération, avec
réflexion, l'âge ayant amorti sa sensibilité, accru sa
prudence, développé chez elle le besoin de la stabi-
lité et du repos. Ceci, c'est toujours de l'égoïsme, c'est
un égoïsme moins effervescent, plus délicat. Mme
Fontenais croit ne pouvoir être heureuse que si sa
fille et sa petite-fille sont à l'abri de la pauvreté. En
les protégeant contre ce péril, elle l'évite aussi et
s'imagine accomplir le plus saint des devoirs. Elle
est donc égoïste, d'une certaine façon ; pourtant elle
n'est pas vile puisqu'elle ne s'inquiète point d'elle uniquement. Sabine l'approuverait, si elle avait gardé
quelque sang-froid, si elle aimait Marie-Jeanne normalement et non au point d'en perdre l'esprit. Elle
ne se maintient pas dans ces limites ; elle oublie toute
mesure ; l'amour qu'elle ressent a les caractères de la
passion effrénée et presque de l'hystérie. Pour obéir
aux injonctions impérieuses de sa fille, elle vole sa
mère, puis elle la tue. Elle ne peut se passer du contact permanent et physique de Marie-Jeanne ; à l'idée
qu'il cessera et que le petit être qu'elle a couvé s'éman-
cipera elle s'affole ; elle s'oppose absurdement au départ du jeune couple qui va chercher en Amérique la
réhabilitation et l'indépendance. Ses plaintes sont touchantes, parce qu'elles décèlent une profonde douleur,
mais elles n'ont pas le sens commun :

« J'ai servi ton ménage au delà de l'imaginable.
Je ne conspire pas contre lui. Je demande que tu y
sois heureuse, près de moi. Ton bonheur, ta vie courante, les roses revenues à ton teint, je veux en posséder ma part. Je tiens à toi, comme si depuis vingt
et un ans que je t'ai mise au monde nous n'avions
cessé de faire corps ensemble. Ma sollicitude t'a donné

pour gage les tourments dans lesquels je t'ai enfantée, les mauvais jours et les mauvaises nuits, depuis lors, quand tu fus petite et grande, où tes pleurs faisaient repasser dans mes entrailles les torturants frissons de ta naissance. Je t'ai donné pour gages les longues années d'un dévouement, capable, au besoin, d'aller — tu peux m'en croire — jusqu'aux pires hontes, jusqu'au dernier des crimes. Mes titres, auprès de toi, je ne crains pas de les mettre en balance avec ceux de ton mari. »

Le despotisme de ce désir d'une possession totale et jalouse triompherait peut-être... Mais il se heurte à la violence amoureuse de Marie-Jeanne. Celle-ci, comme les autres, est égoïste ; elle subordonne toutes choses à son amour ; elle ressent pour Didier ce que Sabine ressent pour elle, une affection du même ordre, intolérante, surexcitée, saine ici, du moins (puisque l'épouse doit suivre l'époux et vivre avec lui dans une communion étroite), toutefois impitoyable et farouche. Elle immole à l'être qu'elle aime les êtres qu'elle aime moins. Mère et grand'mère ne pèsent pas un fétu dès que l'intérêt ou le plaisir du mari idolâtré est en jeu... J'ai entendu reprocher à Mlle Bovy l'âpreté qu'elle communique à son rôle. Elle le jouerait mal en ne le jouant pas ainsi. Il faut qu'elle y soit féroce. La terrible petite femme l'est effroyablement, et à toutes les minutes, et dans chaque scène. Que n'exige-t-elle pas ? Elle inflige à Sabine l'humiliation de mendier un secours auprès du galant homme jadis repoussé, elle égratigne des plaies à peine cicatrisées, elle répand le sang et le regarde couler avec indifférence ; elle garde rancune à sa mère des sacrifices qu'elle lui a coûtés et le lui déclare durement. Hermione n'est pas plus cruelle envers Oreste quand elle lui lance au visage tous les noms odieux qu'il a pris pour lui plaire... La pièce s'achève, comme la tragédie racinienne, sur le spectacle affreux de ces blessures saignantes, de ces cœurs déchirés, de ces vies détruites...

Cette œuvre nous apporte-t-elle la démonstration rigoureuse des vérités psychologiques dont elle aborde l'examen ? Définit-elle d'une manière précise les lois de nature qui régissent les sentiments affectifs au cours des générations ? Est-il exact que le fleuve des tendresses familiales descende toujours et ne remonte jamais ? J'ai indiqué les réserves à faire sur l'aventure de Sabine, femme exceptionnelle, que l'amour maternel pousse à des gestes maladifs et monstrueux. Peu de mères agiraient comme elle ; la plupart s'arrêteraient au bord du gouffre et se ressaisiraient au moment d'y tomber. Mais il n'est pas interdit à l'écrivain — romancier ou dramaturge — de ramasser en une figure typique les traits qu'il veut peindre fortement. Présentée sous une forme trop accusée, arbitraire, l'observation reste juste. Avant Hervieu, maint philosophe et maint auteur dramatique s'étaient attachés à la mettre en évidence...

— Mon pauvre père me l'avait bien dit, s'exclame le bonhomme Poirier, tous les enfants sont des ingrats.

Le même Emile Augier, dans *Gabrielle*, dresse un indulgent réquisitoire contre les enfants

Qui n'ont qu'à vivre heureux pour n'être pas ingrats.

Mais Paul Hervieu surpasse ses prédécesseurs par l'ampleur du tableau, par l'émotion qu'il y a versée... Il l'imprègne d'une pitié infiniment triste. C'est cette détresse qui fait la grandeur du drame.

J'ai loué, parmi les acteurs, Mme Pierson, Mlle Bovy. J'associe à ces éloges M. Grand (un sincère Stangy), M. Mayer (un Maravon agréable et disert), M. Georges Le Roy (un Didier intelligent, en qui l'on ne peut blâmer qu'un excès de sécheresse). Et j'arrive à Mme Bartet, chargée de traduire, après Mme Réjane, les tourments et les remords de Sabine Revel. Succession redoutable... Mme Réjane s'était imposée avec une telle maîtrise dans ce rôle qu'on se l'imaginait difficilement sans elle. Mme Bartet ne l'a pas imitée. Elle n'imite personne. Elle réalise une Sabine moins véhémente, moins instinctive et spontanée, plus réfléchie, plus consciente de la valeur de ses actes, non moins profondément mais plus discrètement torturée, ayant la pudeur de ses angoisses, s'appliquant à les cacher, n'en souffrant que davantage... Elle n'a pas la vie exubérante de la créatrice, ses cris de bête égorgée qui vous prenaient aux entrailles ; elle a l'accent intérieur, la distinction, le charme, la poésie. Les beaux vers fraternels que M. Fernand Gregh a composés en mémoire de son ami disparu ont été dits par elle avec une sensibilité frémissante et un art délicieux...

En résumé, cet ouvrage occupe à la Comédie-Française la place qui lui revenait par droit de naissance et de mérite. On s'étonne qu'il ne l'y ait pas prise plus tôt. Il y a rencontré une interprétation très haute, très noble, digne de lui.

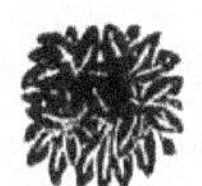

Henry Bataille

L'AMAZONE

(Théâtre de la Porte-Saint-Martin)

20 novembre 191

LA représentation de l'*Amazone* a suscité dans la presse des remarques généralement peu obligeantes. Elles ont eu leur répercussion dans le public ; elles alimentent depuis quinze jours les conversations. Pressentant les objections qui allaient lui être faites, M. Henry Bataille a pris les devants ; il n'a pas attendu que le rideau se levât ; dès la veille, il s'est défendu contre ces attaques présumées ; il a placé le débat sur le terrain des principes, revendiqué pour la littérature dramatique le droit de s'inspirer des choses de la guerre et d'en parler librement.

Entendons-nous bien. Il ne s'agit pas ici des œuvres purement patriotiques — amplifications dialoguées et lyriques de la *Marseillaise* ou du *Chant du départ* ; — ni des tableaux guerriers propres à stimuler l'enthousiasme du spectateur en lui présentant l'image des soldats victorieux. Ces sortes de productions, dont l'intention est louable et le caractère inoffensif, ne sauraient éveiller des scrupules. Nul ne songe à les proscrire. Les pièces moins superficielles, les vraies pièces, celles qui se proposent l'examen de cas de conscience difficiles qui scrutent les âmes, sondent les cœurs, cherchent à découvrir la part d'égoïsme déguisée sous l'apparence des beaux sentiments, et constatent que parfois le héros, dépouillé de son panache, n'est qu'un pauvre homme : de tels ouvrages peuvent-ils sans inconvénients être actuellement offerts à la foule ? M. Bataille n'hésite pas à répondre par l'affirmative. « Le temps est venu, dit-il, de peindre et de rendre l'extraordinaire, poignante et merveilleuse époque que nous traversons. » Cependant, M. Bataille ne tolère pas indistinctement toutes ces peintures, tous ces spectacles. « *Je réprouve les simulacres militaires qui profanent sur la scène, à mon avis, la grande tragédie*, et dont les morts, même au sein de la terre, n'ont pas cessé d'être les acteurs sublimes. » Il exige qu'une stricte bonne foi préside à l'élaboration de ces sujets formidables et que l'auteur les aborde avec une entière liberté d'esprit : « Il faut se pencher sur une autre réalité que la réalité d'hier, voilà tout. Comme toujours, nous devons mettre à la scène *les êtres les plus représentatifs de notre époque*, à mesure qu'elle se modifie. Le dramaturge n'est pas précisément un moraliste, c'est-à-dire n'a point à défigurer la vérité, fût-ce au profit des plus nobles causes. Les conflits reproduits ou imaginés par lui devront être exacts, *mais allégoriques et généraux le plus possible*. » L'auteur de l'*Amazone* insiste sur ce dernier point, qu'il considère comme essentiel : « L'auditeur pourra suivre une anecdote rigoureusement plausible et même absolument véridique ; mais qu'il y réfléchisse un peu, et il n'aura pas de peine à démêler que chaque personnage, si simple soit-il, *représente un symbole*. » Nous connaissons maintenant les théories de M. Bataille. Tâchons de r pas les oublier et voyons dans quelle mesure l'exé   ion de son œuvre s'y conforme ou s'en écarte.

L' « anecdote » qu'il raconte (pour user de son expression) se déroule en un milieu provincial et bourgeois. Le famille Bellanger a recueilli une petite cousine, Ginette, chassée des pays du Nord par l'invasion. Malgré les catastrophes qu'elle a subies — son père et sa mère massacrés, son frère blessé et captif en Allemagne — la jeune fille est très gaie, très vivante, animée d'une ardeur, brûlée d'une flamme communicatives. Les blessés de l'hôpital de la Flèche, qu'elle assiste comme infirmière, l'adorent. Aussitôt qu'ils aperçoivent sa blouse blanche et sa cornette, ils se sentent allégés, consolés, presque guéris. Ce charme opère autour d'elle. Il touche particulièrement Pierre Bellanger et fait naître en ce père de famille, paisible et considéré, une sympathie qui, bientôt, devient trop vive. Pierre est un excellent mari ; il n'a sans doute jamais trompé sa femme Cécile, il chérit sa fille Hélène. Mais il s'avise d'aimer Ginette. Il l'aime d'autant plus qu'elle l'inquiète et le trouble. La réfugiée exècre les hommes valides qui, pouvant aller au feu, se confinent à l'arrière dans de tranquilles emplois. Et comme elle est très franche, très prompte et assez mal élevée, elle ne leur cache pas son mépris ; elle leur décoche, tout le jour, des épigrammes cruelles. « Avant la guerre, s'écrie-t-elle, les vieux me déplaisaient ; à présent, je les déteste. » Ou bien elle passe de l'invective directe à l'ironie : « L'âge de la retraite a ses bons côtés. Rester assis devant un bureau, c'est encore servir la France. » Si Pierre essaye de plaider la cause des barbons quinquagénaires, elle lui cloue le bec d'un mot cinglant : « Il y a des gens inaptes à l'activité », murmure-t-il piteusement. Ginette de riposter : « C'est ce qu'on appelle des déchets. » Le malheureux Bellanger frémit sous l'insulte ; il rougit de ses quarante-huit ans, mollement occupés à classer des paperasses. Et soudain il adopte une résolution virile : il sollicite la faveur d'extraire de l'armoire son ancien uniforme de lieutenant et de rejoindre un régiment du front ; il aspire à mériter l'estime, à conquérir l'admiration de la terrible Ginette. Insensible aux lamentations, aux prières de Mme et de Mlle Bellanger, qui n'ont pas des âmes romaines et s'attachent désespérément à le retenir, il interroge une dernière fois celle de qui dépend son destin : « M'approuvez-vous ?... Et quand je reviendrai, si je reviens, me saurez-vous gré de ce que je fais en ce moment ? — Oui ! »... Il part.

Ce premier acte, solide, rapide, mouvementé, m'intéresse, mais il m'étonne aussi, car je me souviens des définitions et des déclarations de l'auteur. « Nous devons porter à la scène *les êtres les plus représentatifs* de notre époque... Chaque personnage du drame *est un symbole* »... Pierre Bellanger symbolise-t-il en vérité le patriotisme des hommes mûrs impatients de servir dangereusement ?... Avouons que ce patriotisme est formé d'éléments très médiocres. Pierre s'engage, non point pour libérer le sol de son pays, pour travailler de son mieux à la victoire, mais parce qu'il a cru qu'une petite femme se moquait de lui et le traitait d'embusqué... Si Pierre n'avait pas rencontré Ginette ou si Ginette ne l'avait pas raillé, il n'eût pas abandonné son poste de tout repos. Quoi que prétende M. Bataille, ce mobile paraît fort exceptionnel ; ce cas n'est *représentatif* que d'une circonstance particulière. Par cet exemple malencontreusement généralisé, le sentiment le plus pur, le plus noble, le renoncement du citoyen, libéré par l'âge, et néanmoins avide de prouver son dévouement, se trouve diminué et avili. En présentant cette anomalie comme un phénomène naturel, le dramaturge calomnie tous ceux qui, faisant le même geste que Pierre, ont cédé à un élan désintéressé. Et cela me désoblige. Il ne m'est pas davantage agréable de penser que lorsqu'un officier, retraité mais valide, juge à propos de reprendre ses galons et d'aller se battre, il essuie cette furieuse tempête de récriminations, ce

déluge de pleurs, l'assaut de ce désespoir conjugal et
filial. J'admets que des épouses et des filles soient
dénuées de vertus cornéliennes. Est-il opportun, alors
que le stoïcisme est une nécessité, d'étaler leurs défaillances, de nous montrer en une Cécile, en une Hélène
Bellanger des figures *représentatives* de la femme française ? Il y en a — je les ai vues — qui, aux heures
mauvaises, font preuve de fermeté et de dignité. Je
préfère supposer que ce sont les plus nombreuses.

Dès le début du second acte, nous devinons que
des événements tragiques vont s'y accomplir. La
tristesse et le deuil planent sur le logis où Cécile et
Ginette attendent le retour de l'absent. Le manque
de nouvelles — funeste présage — les prédispose à
tout craindre. La confirmation redoutée arrive. Un
délégué de la Croix-Rouge leur apporte, avec ces
paroles apitoyées qui avivent les blessures, la certitude de leur malheur. Nous assistons aux péripéties
du drame intime. L'inexorable lucidité de M. Henry
Bataille les a notées une à une ; son inflexible volonté
les propose, les impose à notre attention, nous oblige
à nous repaître de cette misère, de cette souffrance, ne
nous permet pas d'en ignorer le détail ; nous pouvons
compter les sanglots, les soupirs, les cris déchirants
de la femme, de l'enfant et de l'amie ; épier sur leurs
visages les traces de la détresse affreuse qui les étreint...
Cela nous fascine. Il nous faut, bon gré, mal gré,
tendre l'oreille, ouvrir les yeux. Le jeu atrocement
réaliste, la puissance et l'émotion de Mme Réjane,
géniale interprète de la douleur humaine, nous donnent l'illusion de la réalité. Nous voyons la veuve
chanceler, se tordre les bras, rouler à terre, gémir
comme une bête sous le couteau du boucher ; nous
lisons dans ses regards l'épouvante et la folie ; nous
devinons dans ses chairs décomposées le sourd travail
de la mort. Ce spectacle nous remue jusqu'au fond des
entrailles. Et il nous révolte.

J'analyse ici mes sensations, je me confesse. M. Bataille ne me soupçonnera pas de malveillance ; il sait le prix que j'attache à ses dons de psychologue visionnaire, d'observateur sensible et de poète. Nous nous sommes expliqués. Entre nous, aucun malentendu ne subsiste. Il me serait impossible de lui dissimuler mon impression d'aujourd'hui, impression personnelle que je lui soumets naïvement, en essayant de la définir. C'est un insurmontable malaise, semblable à ceux qui naissent des pudeurs froissées et des indélicatesses. M. Bataille réprouve, il nous l'a dit, les « simulacres » ; il ne veut pas que la « grande tragédie soit profanée sur la scène ». Que fait-il donc, lorsqu'il écrit le deuxième acte de l'*Amazone* ? Photographier les poilus dans la tranchée et les troupes au combat est à coup sûr moins offensant que de produire sur les planches d'un théâtre et de livrer à la curiosité de la foule le drame quotidien qui se joue dans la solitude, le recueillement, le silence des foyers déserts et auprès des tombes closes. Le cinéma fixe le tumulte des mêlées ; il n'oserait pas pénétrer dans la chambre d'un mourant et «tourner » une agonie. Il y a des larmes que les lueurs de la rampe ne devraient pas éclairer. Si ces tragédies vécues avaient pris fin, la mémoire en pourrait être pieusement évoquée. Mais non, elles s'aggravent, se multiplient, en même temps que la lutte se prolonge ; le sang coule à flots ; plus que jamais les femmes et les mères ont le cœur broyé. Et que des comédiennes, habiles en leur art, servent à un auditoire de dilettantes et d'étrangers ces angoisses toutes chaudes, copient ces attitudes, bégayent ces plaintes : ceci, invinciblement, nous fait horreur. Quelque respectueuse qu'on la suppose, cette imitation est une parodie, et cette parodie est un sacrilège.

J'apprécie d'ailleurs les nuances introduites par M. Bataille dans le développement de son sujet. Les poitraits de Cécile et de Ginette sont marqués de tou ches fines et justes ; la haine de la femme légitime envers la maîtresse idéale, plus forte qu'elle et mieux obéie, s'exprime pathétiquement. Cécile couvre de baisers le portefeuille du cher disparu. Et voilà que de ces reliques jaillit la révélation qui la crucifie : les lettres de *l'autre*, enthousiastes et tendres, lettres d'amante chaste et de conseillère ; puis des feuillets écrits de sa main, à lui, un testament griffonné à côté d'un trou d'obus, une heure avant l'instant suprême. Or, cet adieu, il ne l'adresse pas à Cécile, il l'envoie à Ginette, sa compagne spirituelle, son inspiratrice. Quel déchirement éprouve celle dont l'amour, fondé sur quinze années de bonheur, croyait régner sans partage ! Elle chasse la tueuse, la voleuse, l'intruse qui lui a pris tout son bien ; elle traite de lâche l'homme qui, mourant glorieusement, n'est pas mort pour elle, tandis que Ginette, extasiée, illuminée, exalte la sublime immolation du héros.

Cette crise, ces violences, ce duel de deux rivalités féminines déchaînées autour d'une Ombre constituent le point culminant du drame. Il semble que la pièce soit achevée et que ces ennemies, désormais séparées et lointaines, n'aient plus rien à se dire. L'auteur a voulu une dernière fois les rapprocher, et tirer de leur rencontre, sinon une leçon morale (il n'admet pas que le théâtre comporte un enseignement), du moins une manifestation d'éloquence et de beauté. C'est l'objet du troisième acte... M. Henry Bataille, que les difficultés aiguillonnent et que les tâches paradoxales attirent, situe dans l'après-guerre le dénouement de sa tragédie. Il trace le tableau d'une France libérée, triomphante. Il se garde bien de préciser. Son imagination, gênée — et nous le concevons — par la témérité de l'entreprise, ne réussit à créer qu'une image approximative, un peu confuse, un peu grêle, un peu morne, du monde de demain qui ne diffère pas beaucoup semble-t-il, du monde d'hier... M. le sous-préfet de la Flèche prononce des discours patriotiques, pensionne et félicite les mutilés, distribue des secours, fonde des sociétés de bienfaisance ; il est aidé dans sa besogne administrative par sa sœur et par une personne, alerte et rieuse, en qui nous reconnaissons Ginette ; et nous apprenons — avec surprise — que l'irréductible adversaire de l'embusquage, la persécutrice des embusqués se dispose à épouser ce jeune fonctionnaire dont l'ardeur belliqueuse ne s'est dépensée que dans sa circonscription. La nouvelle a fait le tour de la ville. Tout à coup, Ginette voit surgir la Revenante. Ce spectre, voilé de noir, lui tient des discours sévères...

« Vous n'avez pas le droit d'oublier, vous n'avez pas le droit de vous bâtir une maison joyeuse. Comme moi, vous êtes veuve : vous devez porter un deuil éternel. »

Et Ginette courbe le front ; elle revêt sa pauvre petite jupe d'exilée ; elle s'en ira, là-bas, soigner les orphelins, veiller sur les tombes. Son humilité nous toucherait, si nous la sentions sincère et surtout durable. Mais cette conversion improvisée est suspecte ; nous nous en méfions d'autant plus que nous ne l'approuvons pas. Le crime que l'implacable Cécile reproche à Ginette et dont elle réclame l'expiation, c'est d'avoir secoué la torpeur d'un brave homme, éveillé sa conscience et fait de lui un soldat. Or, ce crime n'en est pas un à nos yeux. L'auteur paraît accepter que Ginette ait des remords. Nous tolérons seulement qu'elle ait des regrets. Son renoncement lyrique sonne faux. Ce n'est pas de la vie, mais de la littérature. Décidément, presque tout nous irrite en cette pièce, jusqu'au talent que l'écrivain y prodigue, jusqu'aux pièges que son astuce tend à notre sensibilité.

J'ai loué, moins qu'elle ne le mérite, assurément,

Mme Réjane. Mme Simone incarne l'Amazone. Son intelligence discerne, dans leur complexité, dans leur subtilité, dans leur profondeur, les mouvements intérieurs du personnage ; son énergie les traduit intégralement, loyalement, sans exagération ni faiblesse. Pourtant elle n'est pas la femme du rôle ; elle n'en rend qu'incomplètement la grâce enveloppée, le mystère. Cela tient à sa complexion physique, à son regard aigu, à sa voix nette, incisive, martelée, à tout ce qu'il existe en elle de positif, de réfléchi, de dur, d'antiromanesque, de cérébralement passionné. Elle ne quitte point la terre ; elle ne donne pas la flottante impression de la poésie et du rêve. Et c'est une actrice incomparable, je veux dire à laquelle nulle ne ressemble. MM. Louis Gauthier, Renoir, Janvier, Mmes Georgeviel, Grumbach, Jeanne Lion ont été applaudis. Enfin M. Antoine exprime avec une nonchalance savoureuse, et un tact très fin, les perplexités sentimentales de Pierre Bellanger, patriote par amour.

I. JEAN DE LA FONTAINE

(Théâtre des Bouffes-Parisiens)

1er janvier 1917.

Ce titre « Jean de La Fontaine » nous inspirait quelque méfiance. Allait-on nous jouer une de ces pièces biographiques, farcies de mots célèbres, illustrées d'anecdotes, composées à la gloire d'un grand homme et représentées à l'occasion de l'anniversaire de sa mort ?... Il nous semblait toutefois invraisemblable que la verve prime-sautière de M. Sacha Guitry se pliât aux traditions de ce genre scolaire et puéril. Nous fûmes vite rassurés. C'est à l'audition d'un ouvrage original que l'auteur nous conviait. Il n'avait pas eu le projet de faire de l'érudition, de mettre en dialogue un chapitre de critique littéraire, de pasticher la prose des écrivains du siècle de Louis... Tout autre était son dessein. Je ne sais comment il le conçut. Ayant lu ou relu une histoire du fabuliste, il s'éprit, je suppose, de cette figure si séduisante et si singulière ; il crut découvrir entre elle et la sienne propre certaines affinités, ce qui la lui rendait encore plus intelligible. Il s'efforça (je poursuis mes hypothèses), de la pénétrer étroitement et prit plaisir à ce travail. Au lieu de la peindre par le dehors, d'en tracer une superficielle et froide image, il essaya d'en discerner les ressorts intérieurs, d'en reconstituer la psychologie. Il se substitua à son modèle, il entra, selon la locution familière, dans la peau du personnage. Il se dit apparemment : si j'avais été Jean de La Fontaine, qu'eussé-je pensé, qu'eussé-je senti ? Il nous a livré, avec sa hardiesse, sa confiance, son bonheur habituels, le résultat de cette analyse. Et senti ? Il nous a livré, avec sa hardiesse, sa confiance, lui-même, il a produit une œuvre vivante.

La silhouette qu'il trace du « bonhomme » paraît véridique. Le voilà bien, tel que le montrent ses contemporains, rêveur, indolent, distrait, spectateur amusé de la farce et du drame aux cent actes divers ; influençable, inconstant dans ses goûts, éternellement amoureux, mais non pas d'un seul objet ; artiste et dilettante, insoucieux de la pauvreté et toutefois sensuel ; vagabond, indépendant mais fidèle à l'amitié, oublieux de ses devoirs mais accessible au remords, égoïste mais à l'occasion très tendre, dénué de volonté, non de courage... Tous ces traits ont été fortement marqués par M. Sacha Guitry. Des diverses aventures qui les mettent en lumière, il a formé la trame de sa comédie.

Ainsi, au premier acte, se déroule l'épisode fameux du duel de La Fontaine et de Poignant, que tous les biographes de l'écrivain, depuis Boileau jusqu'à Jean Richepin, ont narré. Apocryphe ou non, l'historiette est délicieuse et d'un charmant effet théâtral. Lasse des désordres, irritée de l'indifférence d'un mari volage, Mme de La Fontaine n'a pas jugé à propos de repousser les hommages d'un galant officier du roy. Tant que leur liaison se dissimule, l'époux trahi, à qui rien n'échappe, la tolère. Il ne perd patience que lorsqu'un excès de familiarité de Poignant l'humilie, en lui plaçant la vérité sous les yeux. Il le convie discrètement à venir sur le pré lui rendre raison ; escrimeur novice, piqué au bras, il exige que sa

femme ne sache pas la cause de cette blessure : « J'ai
eu jusqu'ici, dit-il à Poignant (qui jure de lui obéir
et ne manquera point à la parole donnée, car il est
gentilhomme), j'ai eu trop de torts envers elle, et je
ne veux pas lui retirer la satisfaction de pouvoir me
les reprocher. » Peut-être M. Sacha Guitry exagère-t-il
les scrupules du poète dont les fables et les contes
devaient plus tard contenir de claires allusions à ses
malheurs conjugaux. Qu'il l'honore, qu'il le pare
d'élégances morales, cela ne saurait nous désobliger.
Nous ne serons jamais assez bienveillants envers La
Fontaine. Et puis, Sacha Guitry l'adore, cet homme
imparfait et divin ; il l'aime pour ses qualités, il
l'aime pour ses défauts ; il exalte son génie... et sa
facilité.

Aux deux actes suivants, Jean de La Fontaine se
révèle à nous dans l'intimité de sa « garçonnière »
poussiéreuse et pittoresque. La vogue lui est venue.
La cour et la ville le recherchent. Fouquet lui donne
de royales preuves d'amitié. Les visiteurs se pressent
au seuil de la « chambre des bustes » : Molière, Despréaux, Racine, que l'auteur ne nous a pas présentés
— et nous lui savons gré de cette sage réserve. Les vi-
siteuses affluent, de tous âges, de toutes conditions...
La Fontaine a d'innombrables curiosités... C'est
Mlle Certain, sa voisine, presque une enfant, qui, par
une brèche faite au mur mitoyen, lui apparaît comme
Marguerite au docteur Faust — jouant du clavecin,
chantant des airs de Lulli. C'est l'amicale et docte
Mme de La Sablière... C'est parfois la première venue,
une passante.. Anaïs, la servante, surveille ces manèges
d'un œil résigné, et un peu jaloux... Nous devinons
qu'un soir son maître, quelque diable, le poussant, dai-
gna s'apercevoir qu'elle était belle fille... Ainsi, ce pacha de La Fontaine jouit d'une félicité parfaite, puisqu'il n'a que des caprices sans lendemain et n'est pas
l'esclave de son harem. Voluptueux, certes, il le fut, et
de toutes les manières. Sacha Guitry ne le calomnie

point ; il puise ses renseignements aux meilleures
sources, dans les aveux mêmes, les aveux complaisants
du fabuliste :

> Volupté, volupté qui fus jadis maîtresse
>   Du plus bel esprit de la Grèce,
> Ne me dédaigne pas ; viens-t'en loger chez moi :
>   Tu n'y seras pas sans emploi.

La Fontaine possède donc le plus précieux des trésors. Il est libre. Mais voici que des liens qu'il s'imaginait avoir brisés se renouent. Sa femme s'ennuie —
l'ingrat Poignant l'a quittée — et elle prétend réin-
tégrer le domicile conjugal... Elle ne s'y présente pas
en conquérante, en amazone, mais en solliciteuse assez
humble, décidée à se contenter de ce qu'on voudra lui
offrir... Et les conditions qu'on lui inflige sont très
dures. Elle devra tout supporter, ne se plaindre jamais,
ne revendiquer aucun droit pour *elle*, mais lui accorder à *lui*, des droits sans limite. Bien mieux, elle s'engage à ne lui rien dire qui puisse l'affliger, à être
sa conseillère, son amie, à recevoir, le sourire aux
lèvres, les confidences de ses succès amoureux... C'est
de cette façon que La Fontaine — et M. Sacha Guitry
— entendent le mariage. De tels principes, hardiment
étalés, lui eussent valu jadis, quelque méchante affaire.
Maintenant que la Bastille est fermée, Sacha Guitry
peut impunément se montrer sincère. Il l'est, selon sa
coutume, avec cynisme et avec grâce. Son plaidoyer
pétille d'esprit. Il s'achève par un revirement qui est
une merveille d'invention comique.

Mme de La Fontaine cède aux volontés de son des-
pote ; elle consent, elle abdique ; elle ne sera ni exigeante, ni indiscrète, ni ombrageuse. A peine a-t-
elle promis de rester bien sage, que sa patience subit
de rudes assauts. La Fontaine prend congé d'elle pour
aller s'installer chez Mme de La Sablière. Elle soupire et se tait. Elle demeurera pendant ce temps la gar-
dienne du foyer. Mais ce foyer, il faut qu'elle s'en
éloigne momentanément, La Fontaine, qui ne pré-

voyait pas son retour, y ayant convié une certaine dame rencontrée dans le coche de Château-Thierry. La dame arrive. On la fait attendre. Mme de La Fontaine contient son dépit près d'éclater. Elle redouble de gentillesse envers l'odieux mari. Elle lui dit ce qu'elle pense de ses œuvres, et elle en pense du bien... Le voilà soudainement attaché, reconquis : « Vous avez donc lu mes livres ? — Vos livres, je les sais par cœur. — Et vous les aimez ? — Je vous admire... » La vanité de l'homme de lettres l'emporte sur l'impatience de l'homme à bonnes fortunes. Il désire continuer la conversation. La dame du coche est congédiée. Si Mme de La Fontaine sait user de ce moyen, elle tiendra l'infidèle ; l'ambition caressée lui donnera ce qu'elle n'obtiendrait plus de l'amour...

Cette scène très longue file très vite : l'agrément du dialogue fait qu'elle semble légère. L'art des interprètes y ajoute un irrésistible attrait. Mme Lysès traduit avec une fine perspicacité, une sensibilité meurtrie, une mélancolie qui sort du plus profond d'elle-même, les mouvements apparents ou secrets de son personnage... Quant au talent d'acteur de Sacha Guitry, je crois superflu de le louer. Il défie toute comparaison. Il réalise la vie totale de l'être qu'il entreprend d'incarner, sa vie physique et sa vie sentimentale, les nuances fugitives de sa passion, les imperceptibles secousses de son cœur. Le comédien a des regards, des silences, des attitudes, des gestes inoubliables ; il a des intonations révélatrices d'états d'âme profonds. Je n'affirme pas que le La Fontaine de M. Sacha Guitry ressemble au vrai La Fontaine : mais je ne me figurerai plus La Fontaine que sous les traits de M. Sacha Guitry. Il aura accompli ce tour de force de nous imposer sa vision personnelle d'un « bonhomme » très peu bonhomme, autoritaire, impérieux, prompt à la riposte, cruel vis-à-vis de Ninon de Lenclos son ennemie, et de nous persuader que c'est là le bonhomme véritable... A le considérer froidement, le La Fontaine de M. Sacha Guitry est un monstre d'égoïsme, ramenant tout à soi, incapable du plus mince sacrifice, féroce dès qu'on le gêne et dont la feinte douceur cache des appétits d'animal de proie... Eh bien, nous ne pouvons pas le détester, lui refuser notre sympathie. D'où provient cette indulgence ? Il va en personne nous l'expliquer car il se connaît et se juge et ne s'illusionne point outre mesure sur lui-même. « Tu n'es pas très jolie, dit-il à sa petite amie, Mlle Certain. Je ne suis pas beau. J'en sais qui ont plus de talent que moi. Mais tu as *le don de plaire et je l'ai également.* » Toujours M. Sacha Guitry eut ce don mystérieux, qui résulte du concours de beaucoup d'autres. On applaudissait en lui sa jeunesse, sa verve de grand enfant gâté, à qui toutes choses sont permises. Cette fois son succès se justifie par des mérites d'un ordre plus délicat. Dans sa comédie nouvelle, si riche de substance et si pure de forme, s'épanouit cette fleur française : le goût...

Mlles Yvonne Printemps, Nelly Cormon, Frévalle et Barjac entourent sur la scène des Bouffes Jean de La Fontaine. Il les a bien choisies...

II. L'ILLUSIONNISTE

La philosophie et la morale de M. Sacha Guitry.

(Théâtre des Bouffes)

10 *septembre* 1917.

UNE des qualités les plus séduisantes de M. Sacha Guitry, c'est la fantaisie. Toujours il reste lui-même. Il ne saurait guère se transformer, puisque, dans chacune de ses pièces, il se met en scène et se raconte. Mais il modifie le décor qui sert de cadre à son éternelle confession. Cela l'amuse d'étonner le spectateur, de le promener à travers des milieux nouveaux, de l'égarer sur de fausses pistes, de prendre des détours, de se moquer de lui gentiment. Il y a là comme une gageure, comme un petit manège de coquetterie, le caprice d'un virtuose assuré de plaire, l'orgueilleux défi d'un conquérant qui ne doute pas de son pouvoir. Sacha jouit en ce moment d'un tel crédit qu'il peut impunément tout se permettre. La foule l'écoute bouche bée, et avant qu'il ait parlé, rit et se pâme. Gloire charmante et assez fragile, car elle est à la merci d'une déception. Que l'auteur, grisé par d'innombrables triomphes, exagère, qu'il compte un peu trop sur la complicité du public et que l'accord parfait entre eux cesse de régner, aussitôt ses qualités seront méconnues et l'on ne verra plus que ses défauts. On lui reprochera sa fatuité, sa nonchalance, l'extrême ténuité de ses sujets, l'abus d'une analyse incapable de s'extérioriser et la monotonie d'une peinture préoccupée d'un modèle unique. Eh quoi, toujours s'inquiéter de soi et nous en entretenir !... Pourtant, nous ne sommes pas au point de saturation ; nous continuons d'aimer le jeune écrivain, de lui être complaisants ; nous sourions aux grâces prime-sautières et indolentes de son génie (indolence de surface, croyez-le bien, et qui dissimule une exceptionnelle activité, la vivacité d'un esprit constamment en éveil, tendu vers le succès, avide d'emplir le monde). Nous savons par son propre aveu, que M. Sacha Guitry est « un type dans le genre de Napoléon ». Il est aussi un type dans le genre de Molière. Il exerce la triple profession de dramaturge, de directeur de théâtre, de comédien ; et la pratique qu'il a de ces trois métiers explique quelques-unes de ses audaces. Il ose tout, parce qu'il a tout dans les mains. Il *opère lui-même*, comme le photographe fameux, et tire de la connaissance technique de son art d'extraordinaires ressources. Ainsi, cette fois, le dramaturge n'avait à nous offrir qu'une jolie, mais très mince anecdote. Le directeur de théâtre intervint : « Prenez garde. L'ouvrage, si ingénieusement développé que nous le supposions, durera une heure à peine. C'est bien court. Il faut que l'auditeur en ait pour son argent. Corsez, corsez ce spectacle. » L'acteur, surgissant à son tour, eut une idée lumineuse. Il se souvint d'avoir fait jadis, à ses moments perdus, de la prestidigitation en amateur, et proposa de se montrer sous cet aspect imprévu. Ne serait-ce point piquant ?... Accepté... Sacha-comédien fera passer la muscade. Cependant Sacha-auteur réfléchit. Une scène d'escamotage isolée, jetée à travers l'action, ceci ne se conçoit guère et ne correspond pas au but souhaité, qui est d'allonger le programme. Pourquoi ne pas donner plus d'importance à cet épisode, et ne pas ajouter aux actes de la comédie, un acte de music-hall ?... Le directeur de théâtre, consulté, lui troisième, approuve, ravi de réunir sur l'affiche tant d' « attractions ». Voilà, je présume — car je n'ai reçu aucune confidence — quelle fut la genèse de l'*Illusionniste*.

Pendant vingt bonnes minutes, des équilibristes, des acrobates défilent devant nos yeux stupéfaits. Deux cyclistes accomplissent des prodiges d'agilité ; une liseuse de pensées se livre à des exercices mystérieux ; une girl chante et danse des chansons anglaises. Arrive enfin M. Sacha Guitry, parmi des gobelets, des guéridons, des paravents minuscules, des fleurs en papier, des foulards multicolores, les accessoires classiques de Robert-Houdin. Il manie ces objets avec une dextérité agréable, conserve dans le regard l'expression ironique et détachée qui lui est habituelle et qui signifie : « Ce que je fais, ce que je dis n'a pas d'importance. Rien n'a d'importance ici-bas. » Une spectatrice placée à l'avant-scène prend un visible intérêt à ces jeux : elle prodigue à l'illusionniste Toddy Brooks les applaudissements et les œillades ; son compagnon — un monsieur

sérieux et mûr — s'associe à ces marques de sympathie. Sacha les accueille d'un air condescendant, en
homme blasé, que trop de bonnes fortunes obsèdent.
Toutefois, sa vanité de beau mâle ne laisse pas d'en
être flattée, et nous devinons que, si la dame insiste,
il ne *se refusera pas*. L'acte suivant nous transporte
dans la loge de Toddy. La loge banale de l'artiste cosmopolite et vagabond. Nous y retrouvons la petite girl
que nous écoutions tout à l'heure, miss Hopkins, à
qui Toddy fait la cour, c'est-à-dire, pour désigner les
choses par leurs vrais noms, qu'il lui propose sans
cérémonie de passer la nuit ensemble à l'hôtel... Elle
consent. Comment, pauvre cigale, refuserait-elle la
protection d'un illustre camarade qui daigne l'élever
jusqu'à lui et alléger les soucis matériels de sa précaire existence ? Miss Hopkins (Mlle Yvonne Printemps)
appartiendra à Toddy Brooks (et à M. Sacha Guitry),
mais non pas aussi vite qu'ils se l'imaginent tous deux.
En effet, la dame de l'avant-scène vient demander à l'illusionniste d'organiser une séance chez elle, rue de
Berri. « — Volontiers... Quel jour ? — Ce soir même, à
minuit, dans quelques instants. — Entendu, je suis
à vous. » L'avantageux Toddy a pénétré les secrètes
intentions de la visiteuse. Il donne des instructions précises à son valet : « Vous installerez miss Hopkins dans
une chambre, auprès de la mienne, et vous lui ser-
virez à souper. Qu'elle ne s'inquiète point. Si je ne
rentre pas, vous viendrez demain matin, rue de Berri,
chercher mes ordres. » Et l'aventure se noue ainsi
qu'il l'avait prévu. Quand, un moment plus tard il
se présente au domicile de la demi-mondaine Jacque-
line, elle l'attend, seule (une attaque de nerfs et une
querelle opportunes ont éloigné son amant). Elle hésite
encore, irritée de l'excès d'assurance du séducteur. La
sentant indécise, il change subitement de langage. Il
se fait voluptueux et câlin. Il lui murmure à l'oreille
des aveux tendres et des mots ensoleillés. Il lui dit
l'ivresse de la vie errante, des lointains voyages, des

pays inconnus, des fleurs d'art et de joie cueillies
au passage, le plaisir des sensations éphémères, la douceur des souvenirs. Tentée et ravie, elle tombe dans
ses bras...

Le lendemain, au lever, très différente est l'attitude
de l'illusionniste. Sa curiosité satisfaite, il a hâte de
desserrer des liens inutiles et gênants. Les paroles qu'il
prononçait dans la chaleur du désir n'étaient pas sincères. Il abolit ces mensonges, dès qu'il n'en a plus
besoin ; il démolit, pierre à pierre, les beaux châteaux
qu'il avait construits. Aux rêves féeriques de la veille,
succède la morne réalité. Les magnifiques voyages, ce
sont de poussiéreuses tournées ; les palais italiens, des
hôtels où l'on mange en courant entre l'arrivée et le
départ d'un bateau ; la contemplation de la nature,
c'est la nécessité des représentations à date fixe ; la
flânerie, c'est le train express ; la liberté : l'esclavage.
L'amoureuse écoute avec mélancolie ces discours
cruels ; elle renonce à ce qui ne peut pas être ; elle
se résigne, au fond, sans regret. Pas plus que lui elle
ne croyait à la durée d'une liaison basée sur l'échange
de deux caprices. Ils se sont joué une comédie, dont
ils n'ont été ni l'un ni l'autre tout à fait dupes. Elle
retourne à son vieil ami ; il va rejoindre sa chanteuse
anglaise. La fugitive étreinte ne laissera point de trace
en ces cœurs...

Voilà l'amour, l'espèce d'amour que M. Sacha Guitry
ne se lasse pas de peindre et qui probablement a ses
préférences : l'amour égoïste, épanoui dans le bien-
être, réfractaire à tout sacrifice, à toute contrainte,
l'amour s'ébrouant et ronronnant comme un gros chat
sensuel au coin du feu. Vous remarquerez que chacun
des personnages de M. Sacha songe exclusivement à ses
commodités, à ses intérêts, à l'assouvissement impérieux de ses appétits, aux agréments qui en résultent
et qu'il n'obéit guère qu'aux impulsions généralement

bestiales de l'instinct. « Goûtez donc du plaisir avec les gens de votre monde, dit l'illusionniste à miss Hopkins ; d'abord parce que vous vous comprendrez mieux ; et puis parce que vous êtes libres aux mêmes heures. » Ce sont des conseils pratiques. La girl se donne à Toddy Brooks pour avoir un protecteur et se libérer d'un effort dont elle est excédée. Toddy prend miss Hopkins pour avoir, en cours de route, une mignonne petite femme qui ne lui coûtera pas cher, puisqu'il fera doubler ses appointements par l'impresario. Il la trompera, selon les rencontres ; elle lui rendra la pareille, plus discrètement. Ils seront heureux, si leur recherche du bonheur se limite à ces sortes de jouissances. Il ne semble pas que l'idéal de l'auteur, en amour, aille beaucoup au delà. C'est du moins ce qui ressort de son œuvre. Une profonde tristesse naît de cette œuvre spirituelle et amère, dénuée d'espoir, imprégnée du mépris des hommes et de la conviction que la vie morale est une hypothèse sans fondement. Le pessimisme poussé à ce degré serait affreux, s'il apparaissait tout nu. Il n'apparaît pas. Des ornements délicats en pallient, en dissimulent l'horreur. Ces fleurs cachent les ruines. Cette odeur de mort jointe à ce pétillement de gaieté et à cette soif de plaisir constitue l'essence de la philosophie de l' « illusionniste » Sacha Guitry et la saveur si particulière de son théâtre.

Inutile de vanter le talent de comédien qu'il déploie dans des rôles créés à son image. Il n'a qu'à se montrer. La figure s'anime, nuancée, définitive et parfaite. Mlle Yvonne Printemps, dressée à cette école, est en train de devenir une actrice remarquable. Mlle Madeleine Carlier esquisse joliment le profil de la dame énamourée. M. Baron a de la rondeur. Mlle Fusier dessine avec un sens aigu du comique la silhouette d'une petite bonne naïve et gaffeuse. Cette fine, intelligente et trop modeste artiste se plie à tous les emplois. Elle mérite les plus grands éloges.

III. DEBURAU

(Théâtre du Vaudeville)

25 *février* 1918.

CE n'est sans doute pas un chef-d'œuvre, ainsi que l'affirmaient pendant l'entr'acte les amis effervescents de l'auteur ; mais c'est une œuvre pittoresque, ingénieuse et touchante. Les contemporains ne sont guère en état de porter des jugements absolus ; leur opinion n'engage point l'avenir. La pièce contient-elle des beautés durables ? Ils ne sauraient le certifier. Ils peuvent dire du moins qu'elle leur a plu et discerner les causes de ce plaisir. La renommée de M. Sacha Guitry, l'impression toute vive de ses récents succès, la double séduction de son talent d'écrivain et de son talent d'acteur créaient autour du nouvel ouvrage une atmosphère de bienveillance. Devant que les chandelles fussent allumées, le public de la répétition générale l'admirait déjà. Sur le moment il n'a pas été déçu. Tout l'amusait : le décor, le costume, l'évocation d'une époque et d'une figure légendaires, le déguisement de son grand favori, comédien moderne, sous le masque enfariné de Pierrot. Enfin les spectateurs retrouvaient, dans plusieurs épisodes de la comédie, des grâces et un tour d'esprit qui leur étaient familiers. Comment n'auraient-ils pas été ravis ? Quand ils furent en état de réfléchir, les défauts de l'œuvre leur apparurent. Trop tard. Le charme avait opéré. Sacha comptait un triomphe de plus...

Des étudiants, des lorettes, les commères et les boutiquiers du faubourg se pressent aux guichets des Funambules. Le trombone étique et le cornet à pistons

obèse exécutent une polka allègre et criarde. Le pitre,
vêtu du pantalon à carreaux écossais et coiffé du trom-
blon traditionnel, s'égosille, par la voix falote et fêlée
de Galipaux, à faire le boniment ; il convie la foule
à acclamer Gaspard Deburau, génie prodigieux, merveille unique. Le rideau tombe et se relève. Voici l'intérieur du petit théâtre. Les assistants vus de dos. Au
fond, la scène où l'illustre artiste achève de mimer le
Marchand d'habits. Des tonnerres d'applaudissements
le saluent. Il est à l'apogée de sa gloire, qu'un feuilleton de Jules Janin vient de consacrer. Il reçoit,
comme une danseuse, des bouquets, des billets doux
et dédaigne ces hommages. Car Pierrot garde serré sur
son cœur le portrait de l'épouse que, jusqu'ici, il n'a
pas voulu tromper. Par la vertu de ce talisman, il
passe, blanc et pur, à travers les tentations. Pourtant,
il ne peut s'empêcher de remarquer qu'une des adora-
trices qui l'assiègent chaque soir a les plus jolis yeux
du monde. Il risque un compliment, il accepte un
rendez-vous...

Elle s'appelle Marie Duplessis ; elle porte au corsage
des camélias qui lui vaudront l'immortalité ; elle n'a
pas encore rencontré son historiographe. Éprise de
Deburau, elle le rend heureux, mais considère qu'une
semaine de volupté, c'est assez pour un caprice. Elle
ne pénètre pas le trouble profond qu'éveille sa coquetterie chez un être ingénu et plein d'illusions. Elle
écoute avec indifférence, puis bientôt avec ennui, le
bavardage du pauvre Pierrot. Combien elle a tort !
Ces mots charmants et un peu féroces, nous les connaissons. M. Sacha Guitry ne se lasse pas de les redire.
Ils expriment la joie d'aimer et surtout de se laisser
aimer, le délice de vagabonder en marge des plats sentiers de la vie, de rêver, de flâner, d'obéir à ses instincts, de cueillir la fleur qui s'offre, de ne s'imposer
aucun autre devoir que d'assurer son propre bonheur,
fût-ce aux dépens du bonheur d'autrui. Deburau, eu

plutôt le poète (l'ouvrage prend ici un sens symbolique) n'est pas naturellement cruel ; il voudrait ne
pas l'être ; il se repent de l'avoir été, dès qu'un fatal
enchaînement de circonstances, contre lequel il se sent
incapable de réagir, l'amène à créer de la souffrance.
Impulsif et sensuel, il tâche d'oublier le mal qu'il a
fait. Si, par aventure, il en est puni, il pleure. Pendant huit jours, il a fui sa femme, et s'étonne naïvement de ne pas la retrouver au logis ; il revient chez
sa maîtresse et surprend celle-ci en conversation
galante avec un jeune homme très distingué, M. Ar-
mand Duval. M. Sacha Guitry analyse en psychologue
et peint d'une main légère la stupeur et la douleur
de Pierrot...

Quinze ou vingt années séparent cet acte de l'acte
suivant. Ce n'est plus le temps des amours. Deburau,
fatigué, malade, languit dans la solitude et la demi-
pauvreté. Il remonte quelquefois sur le tréteau des
Funambules où Paul Legrand, son meilleur élève, le
supplée... Il n'a que des sujets d'amertume. Apprenant
que son fils Charles, frêle adolescent, brûlé du feu
sacré, poussé vers les planches par une impérieuse
vocation et par le prestige de l'exemple paternel, veut
jouer la pantomime, il essaye de le détourner de ce
projet... Il énumère les obstacles opposés au débutant :
malveillance des directeurs de spectacle, âpreté de la
concurrence, difficulté d'obtenir des rôles. Ce ne sont
pas là les raisons profondes de cette hostilité singulière. Il en existe de moins désintéressées, que Deburau
se dissimule à lui-même et qui le déterminent presque
à son insu : peut-être la satisfaction orgueilleuse
d'avoir, seul de sa race, régné sur Paris ; peut-être la
crainte inavouée de découvrir auprès de soi, parmi les
siens, un rival possible, l'humiliation de s'exposer à
des comparaisons désobligeantes ; peut-être l'effroi des
malentendus que la taquinerie et l'envie tenteront de
soulever entre le père et le fils. Les propos qu'ils échan-

gent traduisent ces sentiments nuancés. L'auditoire y a cherché des intentions, des allusions que l'auteur, je suppose, n'y avait pas mises. La scène peut se passer de l'attrait de telles insinuations. Elle est malicieusement dialoguée et empreinte de cette mélancolie qui accompagne toujours l'étude sincère des petites faiblesses du cœur humain. « — Alors on va courir la France... Sais-tu la ville fortunée où tu débuteras ? dit ironiquement Deburau. — Pas en province, ici même, aux Funambules. — Et sous quel nom ? — Mais le nôtre, celui que je tiens de toi. — Je ne te l'ai pas donné pour que tu le déshonores ! » Le comédien regrette sa dureté. Il s'attache vainement à en atténuer l'injustice. Sa mauvaise humeur perce malgré lui. Il éprouve l'écœurement et le pessimisme des artistes sur le retour, qui ne se résignent pas à vieillir. Il reste meurtri de sa première déception sentimentale, de l'abandon de cette Marie Duplessis qu'il n'a jamais tant adorée que depuis qu'il a cessé de la voir. . La rejoindra-t-il un jour ? Le sachant misérable, elle lui fait l'aumône d'une visite ; sa pitié se heurte à l'ombrageuse fierté du misanthrope ; un adieu définitif clôt leur morne entretien. Le médecin amené par Marie réconforte cet homme maussade dont il ignore le nom ; il lui conseille, pour remettre en équilibre ses nerfs épuisés et dissiper son inquiétude, d'assister à une représentation de l'incomparable mime Deburau.

> Je suis sûr que vous sourirez,
> Rien qu'en voyant paraître avec son blanc sarrau,
> Ce grand garçon naïf et simple...

Apaiser les âmes en peine ! Chasser les papillons noirs ! C'est à quoi excelle l'illustre acteur. Il accomplit des miracles ! Stimulé par ces louanges, Deburau s'épanouit, renaît à l'espoir, secoue la torpeur qui l'immobilisait au coin du feu et se décide à livrer un dernier combat.

Le drame se dénoue dans le décor où il a commencé.
La salle des Funambules, garnie de spectateurs, frémit
non plus d'enthousiasme, cette fois, mais d'indignation et de colère. Elle conspue l'artiste surmené que
trahit une vigueur inférieure à son courage. Deburau
se sent vaincu, il renonce ; il se retourne vers Charles,
ce successeur un moment exécré ; il l'instruit, l'arme
de ses méthodes, lui révèle ses procédés les plus savants
— pas tous d'abord — c'est si pénible une abdication
totale ! Mais peu à peu il s'immolera et goûtera une
douceur mélancolique à contempler, soleil éteint,
l'astre qui se lève. La vieillesse lassée doit faire place
à l'ambitieuse jeunesse. Ce renoncement lui apporte
des jouissances délicates. N'est-il pas agréable de
revivre dans sa chair et de voir fructifier ses leçons ?
Telle est la signification des scènes finales de la pièce,
scènes inadmissibles si on les considère en soi. Cet
homme intelligent, subtil et râblé, le Deburau qu'incarne Sacha Guitry, n'a pas été sifflé par la foule dont
il fut l'idole. Ce n'est pas possible, ce n'est pas vrai...
L'auteur le sait bien. Son dessein n'était pas de conter
quelque anecdote, exacte ou apocryphe, sur un comédien célèbre. A l'occasion d'un cas particulier, il envi-
sageait le cas de tous les artistes, placés dans des situations analogues. Il n'a voulu exprimer que des idées
générales. Il imprime à sa démonstration une forme
saisissante ; ses qualités de dramaturge, remarquablement doué, enfant chéri des dieux, y trouvent leur
emploi. L'épisode de Deburau, grimant le petit
Charles, lui barbouillant les joues, lui enseignant le
langage des gestes et l'imprégnant des connaissances
nécessaires à la prompte conquête du succès, cette
scène, jouée en perfection, constitue un joli tableau de
chevalet, que nous retrouverons aux Salons prochains.
M. Sacha Guitry se complaît à discourir. Très franc,
il ne dissimule point sa pensée, et ne laisse à peu près
rien ignorer aux spectateurs de ce qui l'intéresse ou
le passionne. On l'aperçoit à travers ses personnages

et l'on n'en est pas fâché, puisqu'il a beaucoup d'esprit. Le thème développé dans *Deburau* devait l'inspirer ; il correspond à ses préoccupations intimes : c'est l'apologie du théâtre, l'exaltation d'un art qu'il exerce avec maîtrise et d'un métier dont aucune servitude ne l'offense. Il aime l'odeur des coulisses, les jeux de lumière de la rampe, la mise en scène où l'imagination se déploie, le public qu'il s'agit d'attirer et de retenir ; il aime les risques de ces entreprises subordonnées à l'habileté et au hasard... L'acteur surgit au centre de ce microcosme, l'Acteur-Roi que Sacha proclame respectable, sacré, utile à l'Etat, indispensable à la santé physique et morale des citoyens. « — Vous dites du bien des acteurs, demande Deburau au médecin de la « Dame aux camélias » ?

> J'en pense davantage
> Celui qui fait sourire est un grand bienfaiteur
> Il peut ce que jamais n'a pu faire un docteur
> Il a sur nous un avantage
> Il peut sans le vouloir, sans être intelligent
> Il peut rendre le goût de la vie à des gens.

Distinguons toutefois... Il y a l'acteur qui ne livre à la foule que le travail de sa mémoire et les aspects de son corps. Il y a l'acteur qui se donne tout entier. Ceux-ci, M. Sacha Guitry ordonne qu'on les **vénère**.

> Parce que vieux, souffrants ou non, coûte que coûte,
> Leur devoir est d'avoir chaque jour du génie.

Voilà quelques-unes des choses contenues dans *Deburau*, drame décousu, dénué d'exactitude et plein de vérité, historiquement faux, psychologiquement lucide, philosophiquement paradoxal. Il est écrit en vers, à moins que ce ne soit en prose, mettons en prose assonancée et chantante. M. Sacha Guitry, Mlle Yvonne Printemps et, chargés des petits rôles, Mlle Jeanne Fusier, MM. Galipaux, Candé, Baron, Mme Maurel méritent des compliments sans réserve.

Henri Lavedan

UN DRAME D'AVANT-GUERRE : « SERVIR »

Le colonel Eulin et M. Lucien Guitry

29 janvier 1917

Une vive curiosité, j'ajoute une grande sympathie, s'attachaient à la reprise de *Servir*. L'œuvre est de celles qui nous avaient profondément impressionnés et dont nous gardions le vivant souvenir. Jouée en 1913, elle exprimait des sentiments, remuait des idées qui prennent aujourd'hui, quand notre réflexion s'y reporte, une poignante signification. Nous ne savions pas alors ce qu'un avenir tout proche nous ménageait. L'auteur s'en doutait-il lui-même ? Il semble qu'un don prophétique, particulier aux poètes, l'en avertit, et qu'il entrevit, un an à l'avance, le réveil des héroïsmes, la nécessité des sacrifices, toutes les sublimités, toutes les horreurs enfantées par la guerre. Nos états d'âme actuels étaient annoncés, décrits dans l'ouvrage avec une surprenante lucidité. Le public avait tressailli sous ces avertissements. A cette pièce troublante, il avait fait un brûlant accueil que je notai au sortir de la représentation. Si je reproduis ces lignes déjà anciennes — les années passent vite ! — ce n'est pas pour obéir au vaniteux plaisir de me citer, mais parce qu'il me paraît intéressant de montrer qu'elle fut, en temps de paix, l'attitude de la foule devant certaines paroles et certains actes.

« L'énorme vague, disions-nous, s'enfle, roule, franchit la rampe, déferle sur l'orchestre, envahit les loges, oppresse et dilate les cœurs, stimule les orgueils et les fiertés engourdies. Un tonnerre d'applaudissements résonne dans la salle soulevée. Cette émotion est semblable, j'imagine, à celle que déchaînèrent le récit du *Cid* et la Chanson des Epées, de la *Fille de Roland*. »

Elle était due au caractère, au langage, à l'allure du principal personnage créé par Henri Lavedan et créé une seconde fois par Lucien Guitry. Le colonel Eulin, frère spirituel du colonel Chabert, de Balzac, se rattache à la lignée des guerriers fanatiques du premier Empire. C'est à ceux-ci que nous l'assimilions en 1913 ; nous nous apercevons, en 1917, qu'il appartient au présent autant qu'au passé. Il est de toutes les époques ; simplement, il est Français. Il réunit les traits les plus magnanimes de sa race : le courage, le culte de l'honneur chevaleresque, la noble folie du dévouement et de l'immolation aux intérêts supérieurs de la patrie. Ecoutez-le. Les mots qu'il prononce n'ont plus pour nous un sens rétrospectif ; ils nous remuent jusqu'aux entrailles, car ce sont ceux que nous entendons journellement. Le colonel Eulin, je veux dire l'homme doué des vertus du colonel Eulin, pullule dans l'armée, à tous les rangs. Il ne se laisse plus ignorer. Le mérite est de l'avoir pressenti, alors qu'il n'existait qu'en puissance et rongeait obscurément son frein. « Le soldat vit d'une manière exceptionnelle, déclare-t-il. L'accident est sa chance, la catastrophe sa gloire. Tout danger qui le menace est un privilège. Aussi pour se hausser, s'élever au niveau de ces marques d'honneur, notre cœur doit-il se hausser, se grader. » La mort d'un des siens ne lui fait pas l'effet d'un malheur s'il a la certitude qu'elle a été belle. « Il n'y a pas de belles morts quand il s'agit d'un de nos enfants », gémit Mme Eulin, moins sublime, moins barbare. « Il en est de splendides et qui rachètent les laides », reprend-il. S'il tient rigueur à Pierre (le dernier né de ses fils), c'est apparemment qu'il ne se retrouve pas en ce jeune officier peu zélé, trop raisonneur. Pierre ne porte l'uniforme qu'à son corps défendant ; il a certainement l'intention de le quitter. Ses opinions antimilitaristes s'étalent dans des discours que les applaudissements d'une partie de l'auditoire soulignaient naguère et qui maintenant se déroulent au milieu d'un silence désapprobateur. Il y a tout de même quelque chose de changé. Entre le père et le fils, les spectateurs de 1917 n'hésitent pas. Déjà, à l'origine, ils penchaient en majorité pour le colonel Eulin. Aujourd'hui, l'unanimité s'est faite. Les théories pacifistes, endormeuses de l'énergie nationale, ont failli attirer sur ce pays de tels désastres, qu'un accord général des volontés les repousse violemment.

La scène qui met aux prises le colonel patriote et le lieutenant rebelle emprunte aux événements un surcroît d'éloquence et de force. Vous vous rappelez l'objet de cette discussion véhémente, où les phrases se heurtent comme des lames d'acier. Pierre, s'entretenant avec ses camarades du régiment de l'éventualité d'une guerre, a osé soutenir qu'il n'obéirait à l'ordre de mobilisation que si sa conscience reconnaissait la légitimité du conflit. Le colonel juge monstrueuse l'insubordination d'un officier ; il la juge criminelle, lorsqu'il s'agit de voler à la frontière et de repousser l'ennemi. « Partirais-tu ? » demande-t-il. Le mauvais soldat demeure impassible. Ce mutisme est un aveu. Une colère ramassée, concentrée, atroce, s'empare d'Eulin. (...Oh ! Lucien Guitry, à ce moment !) Il marche vers son fils. Leurs fronts se menacent. La haine luit dans leurs yeux. « — Es-tu malade ? Es-tu fou ? — Ni l'un ni l'autre. — Alors un malfaiteur, indigne de l'épaulette. Allons, ôte-moi ça... En civil ! En civil ! — Vous voulez me dégrader. — Tu t'es dégradé toi-même ». Pierre allègue que ses galons sont à lui, qu'il les a gagnés. Une réplique le foudroie : « On te les a donnés d'avance et prêtés, pour que tu les gagnes après. Ce n'est ni dans les livres, ni dans les journaux, ni à la

Haye que cela s'acquiert, c'est dans le sang. » Eulin arrache du mur un vénérable chiffon de soie, relique rapportée des champs de bataille. « — Sur ce drapeau, je fais un serment. Si jamais tu manques à l'appel... — On me fusillera ? — Non, tu te tueras... Ou bien c'est moi qui te tuerai. D'ici là, va-t'en, tu n'as plus de père. »

Ce duel nous avait paru tragique. Les jours que nous vivons lui prêtent une farouche grandeur. Les leçons de la guerre remettent à son plan la figure épique du vieux chef ; elles justifient les violences d'une passion chauvine qui semblait à quelques-uns excessive ; elles prêtent un air de réalité à des hypothèses considérées comme inadmissibles tout d'abord. Ces deux années ne nous ont-elles pas appris que l'invraisemblable peut être vrai et qu'il n'est rien d'impossible ? Si Lavedan avait attribué à son personnage, au lieu de l'invention de la « poudre verte », la création des bombes à gaz méphitique et à microbes, ne se fût-on pas insurgé contre ces chimères, ne les eût-on pas raillées ? La conversion finale de Pierre Eulin, dont l'erreur se dissipe, dont l'ardeur patriotique s'enflamme au premier coup de canon, suscita également des objections ironiques. Mais n'avons-nous pas vu de ces métamorphoses ? Le pacifisme désabusé n'a-t-il pas donné à la France des combattants admirables, des héros et des martyrs ?

Voilà quelques-unes des sensations suggérées par la nouvelle audition de l'œuvre haute et sincère d'Henri Lavedan. C'est un portrait plutôt qu'une pièce de théâtre. Le formidable Eulin emplit le décor, accapare l'attention et l'obsède. Il ne pousse auprès de ce chêne que des arbustes. A côté du colosse, et par comparaison, les autres figures du drame se réduisent à l'état de silhouettes. L'art de Guitry l'élargit encore, lui communique une ampleur, une carrure, une dignité, une autorité incomparables. Soutenu par l'interprète, le personnage synthétise et symbolise l'armée française

intégrale, le soldat de toujours, le soldat de Valmy,
d'Austerlitz et de Verdun. La physionomie intelligente,
affinée et maladive de M. Max Barbier sied à Pierre
Eulin. La sensible Jeanne Zorelli traduit pathétiquement les angoisses de la mère. M. Joffre est un général
rude et franc.

Est-ce par coquetterie que Lucien Guitry a voulu
le même soir incarner le glorieux colonel et l'humble
marchand des quatre-saisons ? Il n'avait pas besoin de
prouver, une fois de plus, l'extraordinaire souplesse
de son talent. Nous avons retrouvé en sa personne le
vrai Crainquebille, un Crainquebille ingénu, pitoyable
et amer. La pièce adroitement coupée et attendris-
sante, suit avec assez de fidélité le fil du récit. Elle
ne s'en sépare qu'à la fin. Avouerai-je que je n'aime
qu'à demi le dénouement optimiste que l'auteur, cédant aux suggestions de quelque « homme de
théâtre », y a introduit ? L'infortuné Crainquebille,
recueilli par un pâle gamin, camelot compatissant,
cesse de désespérer et reprend goût à la vie. Cela est
plus consolant et moins pathétique. Malgré tout, l'ouvrage, sous ses deux formes, reste immortel. C'est un
conte auquel l'âme de Tolstoï et l'esprit de Voltaire
ont collaboré. Il résume le caractère, le tempérament,
les aversions, les prédilections d'Anatole France. Nous
y discernons l'amour des vieux quartiers de Paris ; la
badauderie du flâneur qui bouquine, et s'amuse en
philosophe des petits drames de la rue ; la curiosité
du langage et des mœurs populaires ; enfin la haine
des iniquités sociales, l'horreur du pharisaïsme, un
généreux désir de justice, un ardent empressement à
démolir ce qui subsiste du monde tel que le préjugé
et le mensonge l'ont façonné, et cette irrévérence, et
ce doux nihilisme, et cette ironie nuancée que res-
pirent les propos de M. Bergeret... Tout Anatole
France est dans *Crainquebille*.

Émile Augier

A PROPOS DES « LIONNES PAUVRES »

(Comédie-Française)

9 *avril* 1917.

En écoutant les *Lionnes pauvres*, nous avons peine à concevoir les rigueurs qui se déchaînèrent contre cet ouvrage, les discussions et les polémiques qu'il alluma dans les salons et dans les journaux du second Empire. Vanité de la gloire littéraire ! L'œuvre fameuse d'Émile Augier nous est apparue comme une pièce naïve, timide, déclamatoire, prétentieuse. Elle a néanmoins quelque importance, ne fût-ce que par sa réputation, par le bruit fait autour d'elle. A ce titre, elle méritait l'honneur d'une reprise. Et puis, elle exprime des idées familières à l'auteur, elle plaide une cause qui, entre toutes, lui était chère ; elle poursuit la croisade entreprise en faveur de l'institution familiale, « base fondamentale de la société ». Augier n'a cessé de se battre devant cette forteresse dont il s'instituait le défenseur et le protecteur. Déjà, dans sa première pièce, la *Ciguë*, qu'il écrivit à vingt-deux ans, il peignait, d'une plume frémissante et un peu bourgeoise, l'ivresse des inclinations honnêtes, légitimes, régulières, les calmes délices du foyer.

Une famille à moi ! Quel plaisir ! Et comment
Ai-je pu, jusqu'ici, vivre différemment ?

Les alexandrins de *Gabrielle*, non moins raisonnables, mais plus sincèrement attendris, traduisent ce même sentiment, décrivent avec une chaude éloquence les joies qu'apportent à l'homme marié l'affection d'une compagne, leur dévouement commun à l'enfant, les soins dont ils enveloppent le petit être né de leurs chastes amours. Sa conviction le rend persuasif. Ce couplet, si souvent cité, ne dépare point les anthologies. Le vers qui le termine est une trouvaille de vérité et de grâce émue :

...J'en sais une pourtant plus saine et mieux choisie.
Dont plus solidement un cœur d'homme est rempli :
C'est le contentement du devoir accompli ;
C'est le travail aride et la nuit studieuse,
Tandis que la maison s'endort silencieuse,
Et que pour rafraîchir son labeur échauffant,
On a tout près de soi le sommeil d'un enfant...
Nous n'existons vraiment que par ces petits êtres.
Qui dans tout notre cœur s'établissent en maîtres.
Qui prennent notre vie et ne s'en doutent pas,
Et n'ont qu'à vivre heureux pour n'être point ingrats.

Une œuvre antérieure, l'*Aventurière*, jouée quelques mois plus tôt, en 1848, ne se contentait pas d'exalter les charmes et les bienfaits de la vie normale ; elle prenait l'offensive ; elle portait la guerre chez l'ennemi ; elle faisait de la famille une sorte de temple inaccessible et lointain, dont les portes ne s'ouvraient qu'à l'appel de l'innocence et de la vertu. Ces lourdes portes de bronze restent obstinément closes aux assauts de la courtisane, être impur. Voilà l'adversaire qu'il faut combattre sans répit et terrasser. Qu'elle se repente, s'humilie, manifeste le remords le plus fervent, l'inexorable Augier ne lui en sait aucun gré. Il la proscrit, lui refuse l'entrée du saint lieu, la permission de s'y agenouiller, de s'y prosterner et d'y accomplir ses dévotions.

C'est trop peu du dédain, exerçons la vengeance
Contre cette impudique et venimeuse engeance.

L'écrivain moraliste monte la garde auprès des mères, des épouses et des sœurs, vestales chargées d'entretenir la flamme sacrée.

                                        ...Osez-vous
Parler de cette sainte autrement qu'à genoux,
Vous courtisane, vous menteuse, vous infâme ?
Vous une femme ? Un lâche est-il un homme ? Non.
Eh bien, je vous le dis, on doit le même outrage
Aux femmes sans pudeur qu'aux hommes sans courage.

L'*Aventurière* s'opposait, comme une protestation véhémente à de certaines théories alors à la mode ou plutôt qui commençaient à se démoder, aux doctrines révolutionnaires du romantisme expirant, à l'apologie des frénésies et des crimes passionnels. L'*Aventurière* ripostait à *Marion Delorme* ; le *Mariage d'Olympe* et les *Lionnes pauvres* réfutaient les plaidoyers d'*Antony* et de la *Dame aux Camélias*... Recherchant le moyen d'affermir les bonnes mœurs, d'écarter d'elles tout germe de corruption, Emile Augier devait nécessairement s'occuper de l'adultère. C'est l' « autre danger », un péril au moins aussi grave que le précédent, le péril *intérieur*. La courtisane tire du dehors à boulets rouges sur la famille ; l'épouse infidèle la mine, la pourrit, la désagrège et elle l'avilit quand sa chute n'est pas désintéressée. Les *Lionnes pauvres* développaient ce thème devenu banal et qui semblait, en 1858, sinon très neuf, du moins très hardi. La censure s'alarma ; elle concluait à l'interdiction du drame trop audacieux ; elle fléchit sous la pression d'un ordre impérial ; mais elle exigea des coupures et des remaniements ; elle eût voulu que l'héroïne coupable fût, entre le quatrième et le cinquième acte, atteinte de la petite vérole, châtiment miraculeux de ses erreurs.

De telles persécutions grandirent l'ouvrage dans l'esprit de son auteur et dans l'opinion du public. Une pièce insignifiante n'eût pas soulevé, avant même de paraître aux chandelles, tant d'orages. Augier croit remplir une mission, exercer un sacerdoce, si l'on en juge d'après le doctoral avertissement joint à la brochure. « Il y a dans la structure des sociétés, déclare-t-il, une charpente aussi importante à l'économie générale que la charpente osseuse à celle de l'individu : ce sont les mœurs. C'est par là que les nations se maintiennent, plus encore que par leurs codes et leurs constitutions. Mais les mœurs échappent à l'action gouvernementale ; il n'est décret ni ordonnance qui puissent les réformer. De quelle façon agir sur elles ? » Le désinfectant le plus énergique ne serait-ce pas le théâtre ? Le père des *Lionnes pauvres* en est convaincu. Et la presse se range volontiers à cet avis. Un article de Xavier Aubryet, fleuri de **métaphores chirurgicales**, rend hommage aux mérites de la pièce et au courage de l'écrivain. « M. Emile Augier est le Dupuytren du vice ; il possède la netteté du mouvement, la justesse du coup d'œil, il manie ses outils en virtuose : sa prose acérée et rougie à blanc, comme l'acier du bistouri, cautérise les plaies, fait siffler et fumer la chair corrompue. » Ce travail d'assainissement, qui nous paraît louable, en tous cas inoffensif, suscitait mille objections : il effarouchait l'autorité, il risquait de troubler des spectateurs habitués à savourer les sucreries du répertoire de Scribe. ..gier ne dissimule pas les craintes, dissipées par le succès, mais qu'il avait eues, très vives. « Nous redoutions que le public ne tolérât difficilement la transition de l'adultère simple à l'adultère payé. Une donnée aussi scabreuse ne pouvait passer que par l'émotion, et l'émotion ne pouvait être obtenue que par la situation du mari. » L'ingénieux dramaturge essaye donc de mettre tous les atouts dans son jeu. Il estompe la physionomie de Séraphine — le monstre — il laisse deviner sa perversité, mais s'abstient d'en tracer une image trop précise et trop crue. Il use de prudentes atténuations. Il évite de dire le nombre de ses amants et n'indique qu'avec précaution ce qu'elle leur a coûté. Séraphine est une petite femme frivole et sans cervelle, qui joue au luxe comme une fillette joue à la poupée. Elle se précipite dans des embarras qu'elle éviterait, pour peu qu'elle fût intelligente... Les créatures de son espèce sont d'ordinaire plus expérimentées et plus adroites.

L'auteur désire que la sympathie qui se détourne de l'épouse menteuse et perfide aille à l'époux confiant. Nous serions pitoyables aux malheurs du père Pommeau, si sa compagne déployait, pour le duper, plus d'astuce. Mais l'aveuglement du bonhomme confine à la stupidité et lui imprime l'allure bornée et grotesque d'un Géronte. Le personnage n'est touchant que lorsqu'il avoue l'immensité de sa tendresse conjugale et paternelle, avide de sacrifice, toujours prête à l'indulgence. « Séraphine ne me doit rien, murmure-t-il d'un ton pénétré. C'est moi qui lui dois tout. Je n'étais plus jeune, elle consentit à m'épouser et je recommençai à vivre... Le devoir d'un mari n'est-il pas de rendre à sa femme la vertu facile par le bonheur ? Je tâche que la mienne se croie heureuse. Je n'ai pas d'illusion ; elle ne peut avoir pour moi que de l'amitié et de la reconnaissance. Je veux, du moins, qu'elle en ait beaucoup. » Ici Pommeau est sincère ; les mots qu'il prononce jaillissent de son cœur. Quand il découvre l'abîme où il a roulé sans le savoir, il trouve encore des accents vrais et qui nous remuent. Au dénouement, il cesse d'être naturel ; il pontifie, il prononce des arrêts définitifs ; une affreuse littérature orne ses phrases ; au-dessus de la redingote du maître clerc s'allonge le faux-col de M. Joseph Prudhomme. « Ignobles dévergondées que celles-là ! Prostituées de l'orgueil, les plus infâmes de toutes ! Pour elles, c'est à la misère que commence l'opprobre... », etc. Ces imprécations furent probablement acclamées il y a soixante ans. Je suppose aussi que les spectateurs des loges prodiguèrent leurs applaudissements et leurs sourires à Frédéric Bordognon.

Bordognon — qui rime avec lorgnon — promène effectivement dans la vie son monocle vissé sous le

sourcil droit, sa badine à pomme d'or, son pantalon
écossais, son habit bleu barbeau, ses gants gris perle
et son papotage boulevardier. Il ne peut articuler dix
paroles sans y mettre de l'esprit. Il analyse, il observe,
il dissèque, il condamne, il absout ; il fonde et démolit
en un clin d'œil les renommées ; il pérore, il disserte ;
il habille et déshabille les gens ; il vous fabrique ins-
tantanément de La Rochefoucauld, du La Bruyère ou
du Gaudissart ; il juge de très haut ses contemporains,
car il a la meilleure opinion de soi. Il estime que sa
fonction est d'éblouir ceux qui l'écoutent. On se représente l'acteur Félix — interprète attitré des raisonneurs
du perron de Tortoni — jetant d'une voix cinglante
ces traits au parterre :

« Monsieur Pommeau ? Quel abatteur de besogne !
Il eût fait la terre en six jours, qu'il ne se fût pas, je
gage, reposé le septième. — Monsieur Pommeau, principal clerc, le gouvernail de cette arche de Noé qu'on
appelle une étude. — Autrefois, on dansait encore chez
le notaire... ce qui explique qu'on y levait moins souvent le pied. — Enclins à débuter comme les autres
finissent, les banquiers parvenus (les nouveaux riches)
s'étalent, ils s'enflent ; ils imitent la grenouille... quitte
à la manger plus tard. — Je suis un curieux, je vis
en explorateur, regardant, prenant ma part de tout
sans me mêler à rien. J'ai fait le tour de l'univers
comme Scarmentado, mais je ne finirai pas comme
lui... Scarmentado, un voyageur forcené qui rentra
imprudemment chez lui et fut... marié. — Le mariage
est devenu une spéculation ruineuse, depuis que les
matrones des douze arrondissements rivalisent de luxe
et de gaspillage avec les demoiselles du... treizième. »

Et Bordognon, pendant trois heures d'horloge,
exerce sa faconde intarissable. Il ne s'arrête jamais.
Dès qu'il surgit, l'arc est bandé et les flèches volent.
Tantôt il parle en son nom, tantôt et plus souvent au

nom de l'auteur. Il expose le sujet de la pièce, il en extrait la philosophie, il en déduit la moralité :

« Ce que c'est qu'une lionne ? Une femme à la mode, un de ces dandies femelles qu'on rencontre invariablement où il est de bon ton de se produire, aux courses, au bois de Boulogne, au théâtre, partout enfin où les sots tâchent de persuader qu'ils ont trop d'argent aux envieux qui n'en ont pas assez. Ajoute un brin d'excentricité. Tu as la lionne. Supprime la fortune. Tu as la *lionne pauvre*. Il n'y a qu'une différence entre elles : le caissier. Pour la première, c'est le mari. Pour les autres... Bref, les deux variétés fleurissent à tous les étages de la société, et duchesse ou bourgeoise, de 10 à 100.000 livres de rente, la lionne pauvre commence où les revenus du mari cessent d'être en rapport avec l'étalage de la femme... Tant que la lionne est honnête, le mari paye dix centimes les petits pains d'un sou ; du jour où elle ne l'est plus, il paye un sou les petits pains de dix centimes. Elle a débuté par voler la communauté, elle l'achève en l'enrichissant... »

Pas mal cette tirade à la Figaro, abondante en effets... Elle affiche d'ailleurs une suffisance rare. Frédéric Bordognon, fils d'un marchand d'huile, à l'enseigne des « Trois olives », jouit orgueilleusement des écus paternels. Il a l'aplomb de sa richesse. On n'est pas plus arrogant et plus dédaigneux. « J'ai rudoyé des femmes dont les laquais n'auraient pas salué mon père. Chez elles (ce sont ses victimes, le fat ne les compte plus), désintéressement, amour, autant de préjugés évanouis, neige fondue sous les piétinements d'une prodigalité besoigneuse, un dégel dans un égout. » Ces mots visent à être cruels. Ils le seraient, venant d'un philosophe désabusé... Mais Frédéric Bordognon !... De quel droit cet oisif, cet égoïste, ce rentier qui n'a pas eu besoin de gagner ses rentes et ses a cueillies dans son berceau, de quel droit ce parasite s'érige-t-il en justicier ? Vous remarquerez que les conférenciers-monologuistes d'Augier, de Dumas, de Théodore Barrière, les Desgenais, les Olivier de Jalin sont presque tous des dilettantes millionnaires, qui, s'étant donné l'unique peine de naître, se permettent de médire d'une société à laquelle ils n'ont apporté que leur fainéantise dorée. Voilà qui est fort impertinent.

Mieux que cela. Ces professeurs de vertu, ces directeurs de conscience, ces redresseurs de torts, si durs aux pécheurs, accomplissent souvent des actions indélicates. Tel Bordognon. Il morigène son camarade Léon Lecarnier ; il lui reproche de tromper sa femme, d'abandonner son foyer, de se ruiner pour une coquine et de l'aider à trahir Pommeau, le meilleur des hommes. Cependant, il encourage les désordres de cette même Séraphine, essaye de la souffler à son ami ; il lui offre les dix mille francs dont sa modiste exige le payement immédiat ; il acquittera ses dettes, — non pas par générosité, — il pense bien qu'elle l'en remerciera et de la bonne manière. Il veut en avoir pour son argent. Or, cet argent, Séraphine le repousse. Il devrait lui tenir compte d'un refus si honorable, — du reste, assez incompréhensible. — Au contraire, il redouble envers elle de méchanceté, il la déchire, il l'accable ; il la fuit quand elle s'est libérée, ne se souciant pas désormais de se montrer avec « une petite dame compromettante ». Il l'aurait prise, lorsqu'elle était en puissance de mari... Jolie morale !... Et comme couronnement, il abrite sous son toit le vieil époux qu'il eût gaillardement déshonoré, si Séraphine avait consenti, moyennant finances, à devenir sa maîtresse !...

Ces incohérences, ces inélégances, ces fautes de goût, nul, au début, ne s'en avisa ou ne s'en offensa. Le « mufle » Bordognon fut proclamé délicieux, scrupuleux, impeccable, digne de servir d'exemple à la jeunesse. Les années ont dénoué le masque qui dérobait aux spectateurs son visage réel. La pièce est morte. Les faux chefs-d'œuvre tombent en poussière, dès qu'arrachés du musée des souvenirs, où ils se conservent dans l'obscurité et le silence, ils surgissent au grand jour.

La Comédie a bien fait les choses. Elle a meublé, nippé l'ancien ouvrage comme il était nécessaire pour lui restituer son aspect original. Les crinolines de Mlle Cerny et de Mlle Faber, les chapeaux de Mlle Leconte évoquent les grâces du palais des Tuileries. Et Mlle Leconte vaut assurément Mlle Fargueil. Et Mlle Cerny a plus d'expérience et d'art que n'en avait en 1858 la toute jeunette Dinah Félix... M. de Féraudy est émouvant. Mais n'exagère-t-il pas la décrépitude de l'infortuné Pommeau ? Ne donne-t-il pas trop d'excuses aux infidélités de Séraphine ? M. Henri Mayer compose sévèrement le rôle ingrat de Léon Lecarnier. Mlle Marie Kolb ressuscite les marchandes à la toilette de Gavarni. M. Georges Berr est aussi spirituel qu'Aurélien Scholl.

LA VOLONTÉ DE L'HOMME

(Théâtre du Gymnase)

Le péssimisme de M. Tristan Bernard

23 avril 1917.

M. Tristan Bernard est assurément un des psycho-
logues les plus perspicaces que nous ayons. Ce
don inné se révéla dès ses premiers ouvrages. Je viens
de relire les *Mémoires d'un jeune homme rangé* et le
Mari pacifique, deux volumes où l'auteur s'est déjà mis
tout entier, où apparaissent les traits constitutifs de
son tempérament, de son talent littéraire et de sa philosophie. Son œuvre ultérieure existe en germe dans
l'histoire de ce bourgeois observée à la loupe et
racontée minutieusement. Partout, sous sa plume, nous
retrouvons une même image, photographiée de face
ou de profil. Le décor et les circonstances varient ; le
personnage ne change guère. Qu'il se nomme Triple-
patte, qu'il se meuve à travers les péripéties du *Petit
Café* ou du *Danseur inconnu*, il ressemble comme un
frère à Daniel Henry, « le jeune homme rangé ». Ce
type appartient à l'humanité moyenne ; aucun mérite,
aucun vice exceptionnels **ne** le signalent à l'attention ;

il n'a d'original que son excès d'insignifiance ; il est neutre.

Cependant Tristan Bernard s'attache à analyser cette âme et cet esprit médiocres. La besogne lui plaît. Il y excelle. Toutes les misères secrètes de Daniel Henry, sa veulerie, ses lâchetés conscientes ou inavouées, ses illusions vaniteuses suivies de passagers effondrements, il les énumère avec une implacable lucidité. Pas une nuance, pas un détour, pas un mensonge n'échappent à cet œil de myope armé d'un verre grossissant. Et l'effet comique jaillit de l'accumulation des menus détails, ainsi que du flegme de l'observateur. On ne peut dire que Daniel Henry soit inintelligent ; il a fait d'assez solides études, subi des examens, conquis des diplômes. Il a des titres à graver sur sa carte de visite : *avocat, docteur en droit.* Il respecte les usages, s'habille chez le bon faiseur, jouit, grâce au labeur paternel, d'une honnête aisance ; il est fils déférent, mari patient et correct, citoyen bien pensant et ami de l'ordre. Que lui manque-t-il ? Ce qui constitue l'homme véritable : la vision nette de l'acte à accomplir, l'énergie, la décision. Au moment d'agir, il tergiverse. Et cette perplexité le torture. Tristan Bernard ne se lasse pas d'énumérer les petits tourments de son héros : « Daniel, dans ses affaires et dans son existence privée, pour traiter avec les clients ou pour diriger son ménage, voudrait avoir des principes et leur obéir aveuglément, paresseusement. Il voudrait s'épargner le choix des partis, qui est une lutte avec soi-même, aussi fatigante qu'une lutte avec autrui. » Daniel Henry a l'horreur des difficultés ; il ne les affronte pas, il n'essaye pas de les vaincre ; il les élude et les côtoie. L'effort lui inspire une telle aversion qu'il s'y dérobe méthodiquement : « Il ne connaissait que la confiance illimitée ou la défiance absolue. Il s'abandonnait ou s'enfuyait, mais n'osait jamais regarder les gens droit au visage et se défendre. » Il

se juge d'ailleurs sans complaisance et voit ses imper-
fections. Il en souffre ; il se résigne à souffrir ; puis
la souffrance s'allège, usée par les habitudes, les tyrannies, les perpétuelles diversions de la vie courante.

Donc, M. Tristan Bernard vient de tracer un nouveau portrait du héros qui lui est cher. Cette fois,
il l'appelle M. Soubre et nous le présente sous l'aspect
d'un quadragénaire marié, riche et désœuvré. M. Soubre s'ennuie, peut-être parce qu'il ne travaille point et
ne s'assigne pas de buts précis, ou parce qu'il s'en
assigne plusieurs, entre lesquels il balance. A peine le
rideau est-il levé, que nous n'ignorons plus rien de
son caractère. Un coup de téléphone suffit pour nous
éclairer. M. Soubre se renseigne auprès d'un ami et
lui demande conseil. Il ne sait trop ce qu'il fera
aujourd'hui dimanche, s'il ira aux courses ou s'il restera chez lui, s'il visitera une exposition de peinture
ou s'il descendra à pied l'avenue du Bois, s'il usera
de l'auto, ou s'il la prêtera à sa femme et à sa fille...
Les hésitations de M. Soubre fourniraient aux trois
actes de la comédie une matière un peu mince... Des
complications vont surgir qui développeront le personnage et amuseront notre curiosité. La fillette de
M. et Mme Soubre joue avec une petite camarade que
l'institutrice, Mlle Clara, lui amène chaque après-midi...
M. Soubre a aperçu Mlle Clara ; il ne l'a pas remarquée. Et voici qu'une voix facétieuse ou perfide — la
voix de son cousin Chavarus — lui glisse à l'oreille
des propos insidieux : « Ravissante, l'institutrice ! Je
ne te l'apprends pas, mon gaillard. Elle ne quitte pas
la maison. Tu lui fais la cour. C'était inévitable. Seulement, méfie-toi. On commence à jaser ! » M. Soubre
proteste en souriant contre une si absurde calomnie.
Mais elle le préoccupe et le distrait ; il veut aller à la
source de ces rumeurs. Il interroge Mlle Clara, et
constate en effet qu'elle a le plus joli teint du monde,
des joues fraîches, un nez adorable, des yeux char-

meurs et spirituels — les yeux de Mlle Jane Renouardt.
Il lui parle gentiment, paternellement ; il s'échauffe, il
s'émeut ; il saisit une main qu'on ne lui refuse pas ;
il propose une amitié que l'on accepte avec gratitude ;
il effleure d'un baiser furtif des paupières chastement
baissées et d'un baiser moins discret des lèvres qui
renoncent à se défendre... Bref, l'occasion, l'herbe
tendre et, je pense, quelque diable aussi le poussant,
M. Soubre foule aux pieds ses devoirs, renonce à sa
quiétude, s'élance à corps perdu dans les voluptés et
les risques de l'adultère... Alors, l'indécis se décide ?...
Oui, mais vous noterez que s'il cède à la tentation d'un
désir subit et impétueux, le fond de sa nature n'est
nullement altéré par cet accident. Sa faible volonté
ne semble s'affermir que parce qu'une volonté étrangère s'insinue en elle et la domine. Le docile M. Soubre
exécute les ordres, se plie aux caprices de Mlle Clara,
qui, sentant son pouvoir, éprouve aussitôt le besoin
d'en abuser. Cette petite personne, délicieuse au premier acte, est, au second, exécrable, jalouse, exigeante
et constamment irritée. Elle terrorise l'amant débonnaire et trop soumis. S'imposer nuit et jour à ses
préoccupations, n'est-ce pas le meilleur moyen de le
retenir ? Elle lui inflige les pires corvées, le stupéfie
par l'imprévu de ses fantaisies et ses fantasques sautes
d'humeur... Il s'imagine qu'il passera l'été, pas très
loin de sa maîtresse, en Savoie. Toutes les dispositions
sont prises, les plans machiavéliquement combinés. Il
a loué une villa luxueuse où sa femme et son beau-
père s'installeront, le laissant libre de flirter tout à son
aise. Soudain, Clara l'informe d'un projet nouveau.
Ce n'est plus à Aix-les-Bains, c'est à Biarritz qu'elle
accompagnera son élève, et que son bien-aimé devra
la suivre. Inutile de protester. Elle n'admet pas d'excuses. Et le bien-aimé s'incline, enchanté de prouver
son dévouement. Il accumule, comme à plaisir, les
imprudences, les complications. Il résilie à prix d'or
sa location d'Aix-les-Bains, se procure un château

sompfueux au pays basque, réussit à convaincre la peu
clairvoyante Mme Soubre de la supériorité de la brise
marine sur les vents montagnards...

O miracle de l'amour !... Aussitôt que cet homme
nonchalant est possédé du désir de plaire, il s'improvise
le plus actif, le plus ingénieux des hommes... Déjà, il
jouit de son triomphe, des mots gracieux, des regards
câlins qui le payeront de ses peines, quand une dépêche
laconique et brutale le précipite du ciel sur la terre :
« Nous n'allons pas à Biarritz. Nous allons à Dinard. »
L'infortuné M. Soubre, cruellement déçu, frappé dans
ses forces vives, atteint en plein rêve, amer et découragé, se met au lit. Durant sa maladie Dieu lui suscite
un sauveur. Le cousin Chavarus, impatient de ramener
à la vertu son parent égaré, supplie Mlle Clara d'entre-
prendre un long voyage. Puis, tout bien examiné, il lui
propose de partir avec elle. Ce sera plus sûr, car en sa
qualité de vieux garçon sceptique, il affecte de douter
de la sincérité féminine ; il appréhende pour le cœur
mal guéri de l'amant un retour offensif de cette maî
tresse toujours dangereuse. M. Soubre redeviendra simplement époux et père. Il considère avec mélancolie la
paix conjugale qui lui est restituée, le groupe idyllique
de sa femme et de sa fille, auprès desquelles il achèvera
de mûrir ; il envisage sans joie cette existence rasséré-
née que nul orage ne menace désormais, à moins
qu'une deuxième aventure... Non, M. Soubre ne sor-
tira plus de son caractère indolent et timide. Sa carrière amoureuse est terminée. Il s'accommodera d'un
bonheur sans convulsions, d'une félicité bourgeoise.
« Je tâcherai de m'y faire », soupire-t-il. Il s'y fera très
vite et bientôt le souvenir de ses émotions sentimentales
lui apparaîtra comme une chose lointaine, fabuleuse et
presque inintelligible.

Tels sont les événements qui s'accomplissent au cours
de la comédie de M. Tristan Bernard. Ils se déroulent
lentement. L'auteur ne se presse pas de les narrer. Il

prend son temps, il prend des temps ; il n'oublie rien, et même il se répète afin d'être mieux compris. C'est par là qu'il intéresse, par la subtilité de l'analyse psychologique et l'extrême précision du détail. En somme, dans cette pièce, aussi bien que dans ses livres, il ne peint guère qu'un personnage, le personnage central, qu'il a des raisons particulières de connaître exactement ; les autres figures ne se montrent qu'à l'état de silhouettes et nous demeurent fermées. A côté de chacune d'elles se multiplient les points d'interrogation. Pourquoi Mlle Clara qui d'abord, nous semblait fine et rusée, est-elle ensuite si violente? Pourquoi bouscule-t-elle ce brave homme, qu'avec un peu de douceur elle pourrait définitivement s'attacher ? Pourquoi la petite institutrice, s'accommode-t-elle d'une condition subordonnée, quand elle n'aurait qu'un geste à faire pour s'assurer une large indépendance ? Comment ne s'en avise-t-elle pas et comment, à supposer qu'elle n'y ait pas songé, son protecteur néglige-t-il de lui offrir des ressources qui les libéraient tous deux ?... Autant de mystères... La compagne légitime de M. Soubre n'est pas moins énigmatique que sa maîtresse. Elle surgit et s'efface ainsi qu'une ombre légère. Ignore-t-elle les désordres, pourtant assez visibles, de son mari ? Y est-elle indifférente ? S'en console-t-elle, médite-t-elle de s'en venger, ou attend-elle patiemment qu'ils aient pris fin ? La crise éclate et s'achève sans qu'elle y fasse allusion, sans qu'elle ait l'air d'avoir soupçonné l'intrigue romanesque nouée autour d'elle. Peut-être y a-t-il des cas pareils. Tout arrive. Mais nous voudrions que cette passivité déconcertante nous fût expliquée.

Singulier milieu que celui-ci... M. Tristan Bernard étudie de préférence la sottise, la vilenie humaines, ou plutôt — écartons les grands mots, — il s'amuse des jeux de l'égoïsme humain, des combinaisons infiniment variées auxquelles cet égoïsme a recours. Spectacle divertissant et morose. N'avoir les regards fixés que sur les parties basses de l'individu, quelle tristesse ! M. Tristan Bernard n'aperçoit-il vraiment dans les mouvements passionnels de l'homme et de la femme que l'influence des instincts animaux, liés à la satisfaction des appétits et à la conservation de l'espèce ?... On le croirait... Il étale sur les planches une lamentable humanité, une collection d'êtres vulgaires, malfaisants ou incolores, dénués de toute noblesse, incapables d'un élan généreux, prisonniers des calculs les plus mesquins... M. Soubre ? Une chiffe molle.. Mme Soubre ? Hypothétique, absente... Le grand-papa Thionville ? Un barbon gâteux, baveux, avare et potinier, sénilement absorbé par des opérations de sous-brocantage... Le cousin Chavarus ? Un imbécile... Mlle Clara ? Une étourdie agressive et bornée qui se prostitue sans aucun plaisir et sans beaucoup de profit. Sur ce fond en grisaille la seule figure épisodique du docteur Monireau se détache avec vigueur. Dans une scène moliéresque et justement applaudie, ce médicastre oppose les scrupules de sa dignité professionnelle aux exigences affolées de M. Soubre, mais il ne tarde pas à capituler, estimant qu'il faut, avant tout, contenter la clientèle. Le revirement est marqué de traits naturels et plaisants. Voilà de la bonne comédie.

M. Tristan Bernard ne prend pas au sérieux la médecine, non plus que l'amour des vieux messieurs pour les petites femmes, non plus que l'amitié des petites femmes envers les vieux messieurs, non plus que la plupart des sentiments qui ne sont, aux yeux de cet ironiste, que les mirages de notre crédulité. Son pessimisme enveloppe le monde d'un mépris tranquille qu'il considère, probablement, comme la suprême expression de la sagesse. Et l'on goûte la verve, la pénétration, l'art dépensés par l'écrivain satiriste dans ce méticuleux travail d'épluchage. On ne saurait le blâmer d'accuser le relief des ridicules et des travers. C'est son rôle. Et l'on approuve, et l'on rit. Mais peu à peu le rire se glace ; un indéfinissable malaise l'éteint. Ces gaietés desséchantes oppressent le spectateur.

Parmi tant de laideurs, il cherche ardemment une trace de beauté, quelque chose qui l'élève et le rassure, une chaleur d'âme, un rayon, une lueur, un espoir. Je veux bien que ce composé de petites vanités, de petits besoins, de petits désirs, de petites abjections hypocritement dissimulées, ce soit l'homme réel... Est-ce tout l'homme ?... M. Tristan Bernard abandonne aux poètes la mission d'exalter la grandeur morale. Nous ne le blâmons pas de manœuvrer sur un plus humble terrain. Il ne nous blâmera point d'être moins sensibles que nous ne l'eussions été naguère aux charmes de sa prosaïque et terrestre comédie. Il y a trop d'héroïsme dans l'univers, trop de sacrifices, trop de peuples soulevés par la foi, trop de martyrs désintéressés. La morne vision d'une humanité sans idéal nous irrite et nous écœure. Ce n'est qu'un moment. Ça passera... Une heure viendra où nous retrouverons des grâces à M. Tristan Bernard. Quelque opinion que le public ait de sa pièce, il ne lui refusera pas le bénéfice d'être remarquablement jouée. Mlle Renouardt, Mlle Marcilly, M. Guyon, M. André Lefaur, M. Joffre, rivalisent de sincérité et d'esprit avec leur chef de file, le merveilleux Signoret.

I. SHYLOCK

(Théâtre Antoine. — Mise en scène de M. Gémier)

7 *mai* 1917.

Shakespeare triomphe en ce moment à Paris. Une sympathie voisine de l'enthousiasme a accueilli la première représentation du *Marchand de Venise*. Les représentations suivantes ont eu lieu à bureau fermé, ce qui constitue, pour un auteur vieux de trois siècles, un succès exceptionnel. La pièce n'offrait pas l'attrait de l'inconnu. Elle a été jouée maintes fois, à la Comédie-Française, à l'Odéon, sous l'égide d'Alfred de Vigny et d'Edmond Haraucourt, interprétée par de célèbres artistes, par Taillade, par Leloir, encadrée dans des décors pittoresques. Le public n'avait aucun motif de préférer la tentative d'hier aux précédentes. S'il a ressenti une émotion plus vive, c'est que de l'étonnement se mêlait à son plaisir. Il voyait des choses non encore vues. Une mise en scène nouvelle transformait le drame, en accusait le relief, en avivait les couleurs, en accroissait la vie, en précisait le sens. Usant d'un procédé familier à l'impresario allemand Reinhardt (nous nous rappelons cette féerie orientale de *Sumurum*, qu'il nous apporta une année avant la guerre et dont la pesante étrangeté ne réussit pas à nous séduire), M. Gémier

en a fait une application heureuse. Il supprime la
rampe, prolonge le proscénium, le relie au plancher
des fauteuils d'orchestre par un vaste escalier qui sert
de passage. Les personnages gravissent, descendent
ces degrés, ou bien ils s'y arrêtent, s'y assoient,
comme sur les trottoirs d'un carrefour ou sur les
bancs d'un jardin. Tout en continuant à deviser, ils
regagnent le fond de la salle. C'est aussi de là qu'ils
arrivent. Ils surgissent des couloirs, sortent des
avant-scènes du rez-de-chaussée, comme ils sortiraient
de leurs maisons. Ils frôlent les spectateurs et ils les
ignorent. De telle sorte que ceux-ci ont la sensation
singulière et divertissante de participer à l'action, de
s'ajouter, figurants immobiles et muets, aux flots
mouvants de la rue.

Durant l'épisode du tribunal, des effets curieux découlent de cet artifice. Les partisans de Shylock défilent le long des baignoires par le côté gauche, ses
adversaires par le côté droit. Juifs et chrétiens échangent des quolibets, des lazzis, des invectives ; leurs
bruyants démêlés créent par avance l'atmosphère de
l'ardente bataille qui, tout à l'heure, se déchaînera
dans le prétoire. C'est là une ingénieuse préparation...
De même l'épisode de l'enlèvement de Jessica. Il s'expédie rapidement chez Shakespeare. La fille de Shylock, travestie en page, quitte furtivement son logis,
rejoint Lorenzo, emportant sous le manteau un sac
gonflé de l'or et des bijoux de l'avare... Au Théâtre
Antoine, le rapt prend des proportions épiques. Cet
incident devient une grosse affaire. Les masques
affluent au seuil de l'usurier ; ils apportent une
échelle, la dressent contre le balcon, et Jessica se
sert de ce moyen d'évasion très voyant. Elle saisit
les ducats, les pierres précieuses et les lance à la vo-
lée à travers la foule, pullulante et hurlante, ravie de
l'aubaine... Shylock revient et contemple son désastre.
Ce retour est encore une invention du metteur en
scène français. Il n'existe dans l'original qu'à l'état

de récit. Quelqu'un raconte l'accablement, la colère du juif, dépossédé de ce qu'il a de plus précieux : son enfant et ses richesses. « Ma fille ! O mes ducats ! O ma fille ! Enfuie avec un chrétien... Justice ! Justice ! » Ces plaintes, ces cris de rage poussés devant nous, la vue de ce visage convulsé, de ces bras suppliants, de ces larmes impuissantes, et des outrages dont le malheureux père est abreuvé par la populace, tout cela nous fait comprendre la rancune qui s'amasse au cœur de Shylock, explique et justifie la violence de sa haine. Nous ne serons pas surpris de la trouver implacable. C'est ainsi qu'une mise en scène intelligente éclaire l'œuvre, la complète, en dégage la pleine signification.

L'adaptateur, M. Népoty, se plie aux exigences et seconde docilement les intentions du tragédien. Il retranche, il abrège, il transpose ; son extrême désinvolture provoquera l'indignation des purs shakespeariens. Je ne pousse pas si loin le scrupule. Je pardonne au traducteur les licences qui ne trahissent pas l'idée du poète et ne dénaturent point l'ouvrage. Il y a cependant des suppressions fâcheuses et des adjonctions qu'on ne saurait approuver. Je regrette la disparition au deuxième acte de la scène qui montre, en son propre foyer, Shylock, soupçonneux et agressif, reprochant aux valets la maigre pitance qu'il leur mesure, confiant avec crainte à Jessica les clefs dont elle fera tout à l'heure un si déplorable usage. Ce rapide coup d'œil jeté sur l'existence intime du brocanteur vénitien, banquier, recéleur et marchand de bric à brac, n'eût pas été inutile. D'autre part, quand M. Népoty le ramène, au dénouement, humilié, misérable, porteur du testament qui lègue ses biens au ravisseur de sa fille, ici vraiment on ne peut s'empêcher de trouver qu'il exagère, qu'il outrepasse les témérités permises, et qu'en se substituant à Shakespeare, il lui manque de respect.

Pourtant — et c'est l'essentiel — le portrait de Shylock reste aussi vivant, aussi vigoureux dans l'œuvre adaptée que dans l'œuvre originale. Gémier incarne totalement cette figure, il la pénètre en tous ses replis, il lui imprime un relief inoubliable. Nous ne les séparerons plus dans nos souvenirs. Shylock est d'ailleurs très compréhensible, il évolue sans obscurité à travers les événements, influencé par eux, en même temps que par ses hérédités et ses instincts. Le juif déteste Antonio, sa future victime... Pourquoi ? Il énumère ses raisons, qui sont plausibles. « Je le hais, parce qu'il est chrétien, mais surtout parce que, dans sa basse simplicité, il prête gratuitement de l'argent et fait baisser le taux de l'intérêt à Venise... Il abhorre notre nation sacrée, et là où les marchands se réunissent, il déblatère contre moi, mes marchés et le profit que je gagne honnêtement, profit qu'il taxe d'usure. Que ma tribu soit maudite si je ne me venge pas. » Ainsi, griefs personnels : les médisances d'Antonio à son endroit, l'accusation perfide qui le désigne comme usurier à la colère des fils de famille, ses clients habituels. Grief d'ordre général : Antonio, par sa prodigalité et son désintéressement, trouble les relations coutumières des emprunteurs et des prêteurs sur gages, il éveille des inquiétudes auxquelles on ne songeait pas, il nuit au commerce. Grief d'ordre atavique : Antonio est chrétien. Or, Shylock exècre toute la chrétienté. Avec quelle véhémence il repousse le projet de ce souper auquel Bassanio, sans plaisir, et par pure politique, le convie ! « Pour sentir le porc ! Pour manger une bête où votre prophète, le Nazaréen, a logé le diable ! Je veux bien vous acheter, vous vendre, vous parler, me promener avec vous et ainsi de suite. Mais manger, boire et prier en votre compagnie, jamais ! » Tant qu'il ne se croit pas le plus fort, il ronge son frein, il file doux. Dès qu'il a barre sur le chrétien, dès que l'imprudent Antonio le sollicite, alors, chez

le juif, métamorphose soudaine : les rancunes refou-
lées débordent ; la poche à fiel crève ; sous le miel
des phrases encore à peu près courtoises, se dissimule
la menace du poison. Sournoisement, Shylock commence à aiguiser la pointe de son poignard.

« Seigneur Antonio, combien de fois, sur le Rialto,
m'avez-vous réprimandé à propos de mon argent et
de mon usure ! Je l'ai toujours supporté avec patience, en haussant les épaules, car la patience est
la marque de notre tribu. Vous m'appeliez mécréant,
chien, coupe-gorge, et vous crachiez sur mon caban
juif, tout cela parce que j'usais librement de ce qui
m'appartenait. Aujourd'hui, vous avez besoin de
mon aide. Je devrais vous répondre : « *Un chien a-t-il
de l'argent ? Est-il possible qu'un chien prête
3.000 ducats?* Ou faut-il m'incliner jusqu'à terre et,
sur le ton d'un esclave, avec d'humbles murmures,
vous dire : Cher monsieur, vous avez craché sur
moi mèrcredi dernier, vous m'avez donné des coups
de pied. En échange de ces politesses, je vais vous
procurer de l'argent. »

Cet argent, il ne le refuse pas. Il subordonne son
prêt à des conditions barbares qu'il feint de ne pas
prendre au sérieux. Antonio n'est pas dupe de cette
fausse cordialité, de cet enjouement suspect. Un immense mépris perce en ses paroles. « Si tu veux
m'obliger, je ne te demande pas d'agir en ami. »
Shylock, désireux de conclure l'horrible marché, redouble de bonhomie doucereuse. « O père Abraham,
je reconnais bien là les chrétiens. La dureté de leurs
procédés leur apprend à suspecter les pensées d'autrui. Dites, je vous prie, si mon débiteur ne payait
pas à l'échéance, ce que je gagnerais à un pareil dé-
dit. Une livre de chair prise à un homme a-t-elle la
valeur d'une livre de mouton ou de bœuf ? » M. Népoty et M. Gémier multiplient les facéties de Shylock;

ils y insistent peut-être un peu trop, puisque nous devinons que, malgré tout, Antonio y voit clair.

Et voici le deuxième aspect du monstre. Il a obtenu la signature du contrat qui lui livre le chrétien. Il n'a plus besoin de ruser, désormais, de dissimuler sa haine. Il la laisse éclater. Et il l'exprime, non plus en son nom, mais au nom de sa race opprimée, dont il se proclame le vengeur. Lorsqu'il prononce son fameux plaidoyer (« Antonio ne possède-t-il pas des yeux comme un juif, des doigts comme un juif, n'éprouve-t-il pas des affections, des passions comme un juif ? » etc...), il se hausse au-dessus de son cas particulier, il devient l'avocat de la tribu, il engage les hostilités, il déclare une guerre nationale, il agit en chef. Et c'est bien d'un chef belliqueux et redoutable que Gémier a campé la silhouette. Il ne nous montre plus ce Shylock tremblant, croulant, chassieux, à demi-infirme, cette loque humaine dont la plupart de ses prédécesseurs ont dessiné le profil comique et tragique ; il présente au doge, le jour du procès, un regard assuré, un corps viril entraîné pour le combat, une main qui taillera sans trembler dans la chair vive. Il pérore avec aplomb, avec insolence, fort de son droit, encouragé par le murmure approbateur de ses coreligionnaires — son armée — pressés autour de lui et prêts, s'il était nécessaire, à le soutenir, dans la mesure où les magistrats et les gendarmes le leur permettront. Shylock est chauffé à blanc : tout conspire à le rendre féroce, non seulement l'image des injures autrefois subies, mais les blessures récentes, la trahison de Jessica, maîtresse d'un mécréant et disposée à se convertir, les nouvelles qu'il a reçues des folles dépenses de cette méchante fille, gaspilleuse de l'or péniblement amassé. Elle a dépensé quatre-vingts ducats en une nuit. Elle a troqué contre un vilain singe la plus magnifique des turquoises. O fureur ! L'innocent Antonio paiera tout cela. En réclamant le droit de le torturer, l'usurier

sanguinaire plaide excellemment, en procédurier re-
tors ; il place les membres du conseil dans l'alternative d'autoriser le plus hideux des crimes ou de vio-
ler le code fondamental de la république. Déjà, il
s'approche du martyr, l'œil ardemment fixé sur sa
proie, quand l'intervention de Portia, jurisconsulte
d'opérette, lui arrache des mains la lame homicide.
Tout de suite il sait qu'il est perdu, qu'il a contre lui
les juges, la foule et qu'il inspire un universel dégoût et que, si la stricte application de la loi n'assure pas son triomphe, la ville se réjouira de le voir
avili et piétiné. Il n'essaye pas de lutter contre l'impossible ; il s'avoue vaincu ; il retombe sous le joug ;
il redevient serf. Ce brusque écroulement apparaît
sur la face livide et suante de Gémier. Les paupières
s'abaissent, les orbites se creusent, le rire d'orgueil
s'achève en un râle de détresse, le front se penche,
le regard s'éteint. A quelques minutes d'intervalle,
le grand comédien parcourt la gamme immense des
sentiments humains, depuis la cruauté assouvie, jusqu'à la soumission résignée, jusqu'au morne désespoir.

Nous ne pouvons nous défendre d'un peu de pitié
envers le juif abattu, dépouillé, puni de son immonde
projet. Auparavant, c'est pour le noble chrétien que
nous frémissions, quand sa poitrine découverte s'offrait aux griffes d'un bourreau inexorable. Entre ces
ennemis, la divine impartialité de Shakespeare ne
décide point. Shylock est infâme. Mais ne l'a-t-on pas
été avec ses pareils ? N'ont-ils pas souffert la persécution, essuyé la brutalité et l'injustice ? La dureté
d'âme, la sauvagerie de l'atroce usurier ne sont que
des représailles. Le poète regarde ces êtres se déchirer ; leurs conflits lui apparaissent comme des épisodes de la perpétuelle et meurtrière bataille dont la
nature impassible est le théâtre. Il s'en détourne avec
tristesse et se réfugie dans le palais enchanté où Por-

tia, bercée par des chants d'oiseaux, attend le prince
Charmant. Contre les amertumes de la vie, il n'est,
pour l'amoureux et le sage, qu'un secours : le rêve.
Dans le drame shakespearien comme dans le drame
terrestre, le rire succède aux larmes, la vérité à l'illusion. L'infinie variété de ce spectacle divertit et
console. Tous les problèmes liés à la destinée de
l'homme s'y trouvent posés devant sa sensibilité et
sa conscience. Voilà quelques-unes des pensées qui nous
obsèdent chaque fois que nous écoutons parler Shakespeare. Et voilà ce que nous ont fait entendre, à
la fin de la soirée, des vers éloquents et généreux
de M. Saint-Georges de Bouhélier, dits avec flamme
par M. de Max. Le public a salué d'ovations innombrables l'art et l'effort personnels de M. Gémier, le
talent de ses camarades, de la belle Andrée Mégard,
de la gracieuse et sensible Fusier, du brave Arquil-
lière, du plaisant Maurel, un Goppo clownesque, très
savoureux et très britannique.

Le succès de cette tentative atteste le goût crois-
sant des Français pour l'œuvre shakespearienne. En
rendant hommage à l'initiative de la société récemment instituée, il ne faut pas méconnaître la part
de gratitude due à Camille de Sainte-Croix, un pré-
curseur modeste et passionné, d'autant plus méri-
tant que son labeur, si digne d'être encourage, suscita des dévouements trop discrets. Dénué de ressources matérielles, notre regretté confrère succomba sous
une tâche accablante et glorieuse. Ce n'est pas d'aujourd'hui que Shakespeare compte chez nous de fer-
vents admirateurs. Voltaire le loua beaucoup quand
il le découvrit, aux environs de 1735 : il l'aima moins
quarante ans plus tard lorsqu'il en devint un peu
jaloux ; il en voulait à Letourneur de n'avoir pas,
en tête de sa traduction, cité son nom, auprès des
noms de Racine et de Corneille ; le dépit qu'il éprouvait contre le copiste dégénéra en aversion contre le

modèle. « Avez-vous lu les tragédies de cet auteur
qu'on prendrait pour des pièces de la foire faites il
y a deux cens ans ? Il n'y a pas assez de camouflets,
de bonnets d'âne, de piloris, pour un tel faquin. Ce
qu'il y a d'affreux, c'est que c'est moi qui, le premier, montrai au parterre quelques perles que j'avais
trouvées dans son énorme fumier. » Ces diatribes in-
téressées n'arrêtèrent pas l'essor de la popularité de
Shakespeare. Elle se développa à travers la phraséologie édulcorée de Ducis. L'idolâtrie lyrique de Victor Hugo lui prêta des ailes. Maintenant, la religion
est fondée. Elle a eu ses apôtres ; elle a ses minis-
tres. Et les fidèles accourent...

4 juin 1917.

Je reproduis la lettre que mes réflexions sur le *Marchand de Venise* ont suggérée au directeur du
Théâtre Antoine :

Dans votre dernier feuilleton, parmi les fleurs dont vous
me couvrez, j'ai trouvé cette épine : « Usant d'un procédé
familier à l'impresario allemand Reinhardt (nous nous rap-
« pelons cette féerie orientale de *Sumurum* qu'il nous
« apporta une année avant la guerre et dont la pesante
« étrangeté ne réussit pas à nous séduire), M. Gémier en
« a fait une application heureuse. »

Comme je ne veux pas que cette opinion s'accrédite, mon
cher ami, je tiens à déclarer que la mise en scène du *Marchand de Venise* ne doit rien aux Allemands. C'est précisément pour lutter contre Reinhardt et l'art scénique d'outre-
Rhin que je me suis risqué, en pleine guerre, malgré les
difficultés du moment, à faire un premier effort pour répondre aux grands spectacles de propagande que Reinhardt
et Richard Strauss promènent avec succès et utilité chez les
neutres.

Quant au « pont » de *Sumurum* — tremplin élastique
passant au-dessus des fauteuils d'orchestre et continuant à
séparer l'interprète de l'auditoire autant que le fait la rampe
— qu'a de comparable ce « pont » avec l'entrée de mes
camarades par les portes de la salle et coudoyant l'assis-

tance ? En isolant l'acteur, le tremplin de *Sumurum* supprimait tout contact des artistes avec le public, tandis que l'émotion tirée de la mise en scène de *Shylock* est créée par la communion du comédien avec l'auditoire.

Le principe de cette technique est celui-ci : jeter l'action dans le public, transformer le spectateur en acteur, l'émouvoir en le faisant entrer dans le drame.

C'était un procédé naturel dans les spectacles primitifs, alors que la représentation avait lieu sur la place, dans un temple, parmi la foule. C'est ce que donne encore aujourd'hui le geste du clown qui lance le ballon dans la salle. C'est le plus gros effet de joie obtenu dans le cirque, parce qu'en recevant et en renvoyant le ballon, l'assistant entre dans le jeu. Tel est le principe adopté pour l'interprétation des œuvres de Shakespeare. Quant aux moyens, ils nous indiffèrent : aujourd'hui, nous supprimons la rampe, nous unissons la scène à la salle par un escalier, mais demain, peut-être, emploierons-nous un autre procédé : nous avons déjà d'autres projets.

Je tiens à dire que si j'ai vu à Bruxelles, en 1913, la troupe de Reinhardt interpréter le *Marchand de Venise*, ainsi que les *Brigands* et *Hamlet*, je n'ai vu aucun acteur, aucune foule dans la salle, je n'ai vu aucun jeu de scène découlant d'une psychologie comme celle qui, au théâtre Antoine, doit symboliser l'antagonisme entre Antonio et Shylock, entre le chœur chrétien et le chœur juif. Enfin, pour calmer les esprits chagrins qui ne veulent pas qu'un Français soit prophète dans son pays, ni qu'il puisse innover selon sa propre inspiration, inventer sans imiter l'Allemand — cet imitateur — je tiens à leur disposition les documents du *Festival vaudois* de Jaque-Dalcroze, que j'ai monté à Lausanne en 1903 — il y a quatorze ans, avant les essais de Reinhardt — avec plus de 2.000 participants, au pied d'une colline — amphithéâtre contenant 18.000 spectateurs. Devant la scène passait un chemin de ronde qui partait du proscénium pour pénétrer dans la salle. A un moment pathétique, l'action des 2.300 exécutants placés sur la scène et débordant jusque dans la salle par le chemin de ronde fit lever les 18.000 spectateurs. Faire revivre à notre peuple les grandes émotions des amphithéâtres d'Athènes et de Rome : tel est notre but prochain. Permettez-moi d'ajouter que les Allemands peuvent posséder des théâtres perfectionnés, multiplier les moyens mécaniques, — le progrès d'une littérature dramatique n'est pas là. Notre principe, à nous, est de considérer comme secondaires les décors, les accessoires, la machinerie, pour laisser au texte seul toute l'importance ; nous voulons revenir à la simplicité des

moyens antiques : laisser seuls en présence le **Verbe** et la
Foule.

Je sais que de tels efforts peuvent compter sur votre sympathie et sur celle du *Temps ;* aussi je vous prie, etc. .

F. GÉMIER.

II. ANTOINE ET CLÉOPATRE

11 mars 1918.

M. GÉMIER a le génie, et tout naturellement la passion de la mise en scène. Lorsqu'il relit une pièce
de Shakespeare, je suppose qu'il l'aperçoit aussitôt dans
ses décors, et qu'il imagine quantité d'artifices ingénieux pour réaliser, d'une façon saisissante, les intentions de l'auteur. Ainsi, il inonda de lumière le
Marchand de Venise. Le tumulte carnavalesque de
l'enlèvement de Jessica, la répression des juifs par
la police du doge, les groupements et les murmures
de la foule envahissant le prétoire sont autant de tableaux expressifs qui aident à la compréhension de
l'ouvrage et resteront fixés dans nos souvenirs. Ce
travail, il l'a refait autour du poème symbolique de
M. François Porché.

Aujourd'hui, le drame d'*Antoine et Cléopâtre* en
bénéficie. Il offrait à l'activité inventive de l'artiste
un champ immense, le plaisir d'évoquer deux civilisations. deux mondes, Rome et l'Egypte, la discipline du camp de César, les molles splendeurs de la
cour d'Alexandrie... L'adaptateur, M. Népoty, resser-
rant les fils enchevêtrés de l'action, ne l'a pas néanmoins trop simplifiée. Elle subsiste, mouvante et di-
verse. avec son peuple de comparses, d'esclaves, de
messagers, de marchands de fruits, de pêcheurs, de
prostituées, de marins et de soldats. Chef obéi de
cette armée, le général Gémier a obtenu de sa doci-

lité des merveilles : précision des mouvements, vérité des physionomies et des attitudes, savant désordre des évolutions scéniques. L'orgie chez Cléopâtre
est un chef-d'œuvre de composition et de couleur...
Au faîte d'un large escalier qui descend du cintre,
Antoine et la reine, assis sur un lit de repos, con-
templent les réjouissances qu'ils ont ordonnées. Le
long des degrés, dans un grouillement bruyant et
joyeux, la foule rit, s'ébroue, se saoule de vin, de
caresses, de chansons. De belles filles passent allu-
mant les désirs. La danse lascive des Libyennes, la
lutte des athlètes aux corps puissants, la svelte agilité des jongleurs, l'excitation sensuelle, la frénésie
voluptueuse de ce spectacle soulèvent une tempête
d'énorme et brutale gaieté. Soudain, les torches
s'éteignent : les lueurs incertaines et blafardes de
l'aube éclairent le sommeil des couples enlacés, épuisés, lourds d'ivresse. C'est une fresque admirable. Le
pinceau de Rochegrosse n'a rien produit de plus
éblouissant et de plus fougueux. Des ovations sans fin
ont récompensé ce gigantesque effort. M. Gémier,
rappelé, acclamé, ému aux larmes, ne sachant comment remercier les spectateurs, leur envoyait des baisers reconnaissants. Marc-Antoine ne remporta jamais pareil triomphe.

Nous nous demandions toutefois si cette magnifique estampe, gravée en marge du texte shakespearien, ne l'écrasait pas un peu. « Nous avons encore
une nuit de vacances, dit l'amant de Cléopâtre, à la
veille du combat décisif. Appelez mes nobles capi-
taines ; emplissez leurs coupes. Je veux que cette
nuit leurs cicatrices suintent le jus de la vigne. »
A peine ces mots sont-ils prononcés... le metteur en
scène ne cherche pas un autre prétexte. Il lève sa
baguette de magicien. Et comme dans les féeries du
Châtelet : « Que la fête commence ! »... Ceci n'est
pas un reproche, mais un avertissement. En aucun
cas, l'accessoire ne doit dominer l'essentiel. Un inter-

mède chorégraphique n'est admissible dans une œuvre littéraire que s'il l'enrichit, s'il n'y ajoute pas seulement un divertissement agréable, mais une sorte d'ornement étroitement lié au sujet... Que des baladins dansent la courante devant le chapeau à plume de M. Jourdain, c'est une manière spirituelle de souligner son snobisme, d'indiquer que la vanité du Bourgeois gentilhomme recherche les distractions du bel air. Le faste, déployé au troisième acte du drame de Shakespeare, si raffiné, si délicat qu'il puisse être, n'élucide ni ne modifie ce que nous savons de la psychologie d'Antoine et de Cléopâtre. Le dramaturge n'a nul besoin de recourir à de tels procédés. Les mots qu'il emploie suffisent ; ils fouillent profondément l'âme et le caractère des héros et tracent de ces amants de vivantes images. Dès la première scène, le profil d'Antoine surgit, marqué de traits originaux... Philon, un compagnon d'armes, un témoin, la définit : « Son cœur qui dans les combats brisait la boucle de sa cuirasse a perdu toute sa trempe et devient un éventail pour rafraîchir l'impudicité d'une gypsy. » Ce cœur transformé en éventail, la métaphore est bizarre, mais elle caractérise fortement la veulerie du guerrier déchu, jouet d'une courtisane couronnée. Antoine ne s'appartient plus. L'amour le possède, l'amour charnel, destructeur de toute volonté virile, et qui abolit jusqu'à la mémoire du passé.

Ce passé glorieux Antoine l'oublie ; mieux encore, il le déteste : « Que Rome se dissolve dans le Tibre... Que l'arc immense de l'Empire s'écroule. C'est ici mon univers. Ne gaspillons pas le temps en propos ennuyeux. Pas une minute de nos existences ne doit s'écouler en dehors de nos délices... » Il s'y arrache cependant. Des devoirs impérieux l'entraînent loin de l'Egypte : l'obligation de contracter un mariage politique avec Octavie ; et plus tard, la nécessité de repousser l'assaut des Romains. Que de peine il a à se résoudre au départ ! Une invincible langueur le retient auprès de la petite idole. « Notre séparation se prolonge, si bien qu'en demeurant tu pars avec moi, tandis qu'en partant, c'est avec toi que je demeure. » Cléopâtre est-elle sensible à tant de tendresse ?... Elle aime Antoine comme elle a aimé ses illustres prédécesseurs. Elle collectionne les grands hommes et s'enorgueillit de leur conquête : « Quand César régnait en ces lieux, j'étais un morceau de roi. Pompée ne pouvait détacher ses regards de mon visage. » Capricieuse, elle ordonne et ne souffre pas qu'on lui résiste. Détestable conseillère, elle pousse son amant aux catastrophes. Il l'accable de reproches et d'injures, non parce qu'elle l'a perdu, mais parce qu'il la croit capable de le trahir et qu'il est jaloux... Elle pleure, et tout de suite il sèche ses larmes et lui demande pardon. Épris d'une coquette qui se laisse aimer, le plus rude des soudards a d'enfantines faiblesses. Marc-Antoine est un Boubouroche épique. M. Gémier s'attache et réussit supérieurement à traduire les aspects familiers du personnage, sa bonté, sa vulgarité, sa cordialité, ses accès de colère, ses énergies intermittentes, ses accablements et son naïf désespoir.

Il faut louer les grâces de Mlle Andrée Mégard, son charme perfide et sa beauté qui surpasse probablement en ampleur celle de la reine d'Egypte. La pièce est, dans l'ensemble, bien rendue. Le zèle de M. Gémier se communique aux comédiens de sa troupe. Le musicien Henri Rabaud, le peintre visionnaire et coloriste Zarraga lui apportent la collaboration de leur talent vigoureux.

Voici donc un point d'histoire éclairci. Gémier affirme n'avoir rien emprunté à Reinhardt. Je conviens qu'entre l'étroit tremplin de *Sumurum* (qui rapprochait tout de même les acteurs du public et permettait à la curiosité du spectateur de les observer de plus près) et le vaste escalier de *Shylock* (qui prolonge la scène jusque dans la salle et communique à la foule, en l'y mêlant, le frisson direct du drame), il n'existe que de superficielles analogies. Gémier sait exprimer la vie intérieure, éparse et collective des multitudes. C'est un créateur d'atmosphères. Il a le génie de cet art. Nous connaissons ses projets ingénieux et superbes. Si j'avais l'honneur d'être surintendant des beaux-arts, je nommerais ce magicien grand stratège des fêtes nationales et le chargerais d'organiser sur le Champ-de-Mars, le long des avenues, dans le décor d'un Paris magnifique et solennel, les apothéoses de la Victoire...

PAUL GÉRALDY

LES NOCES D'ARGENT

Un essai de comédie réaliste

(Comédie-Française)

21 *mai* 1917.

JE m'occupe après mes confrères de la nouvelle
pièce de M. Paul Géraldy. Ce retard me permet
du moins, de confronter les jugements portés sur
elle. Ils sont divers et contradictoires, les uns très
favorables, d'autres empreints d'une extrème sévé-
rité. Je ne saurais les résumer tous, je n'en citerai
que deux particulièrement nets. M. Henry Bidou loue
en termes chaleureux les *Noces d'argent*. « L'auteur a
peint la vie. Il a peint au vrai, comme c'est la raison
de l'art. Il a fait paraître les plus belles et les plus
précieuses qualités. Le public difficile, capricieux et
sensible des répétitions eût été, naguère, ravi de ces
traits naïfs et de ces mots qui éveillent un long écho.
A peu près tout ce qui compte en a été content. Mais
une moitié de la salle était remplie d'un public un
peu neuf, un peu malveillant, un peu obtus. Chacun
a le droit de penser à sa guise et de ne pas goûter
un ouvrage. Mais il serait fâcheux pour l'avenir des
lettres qu'une réplique, prise à la nature, fut emboî-

tée par cette sorte de gens qui ne prend plaisir qu'aux pièces de basse convention. » Le critique des *Débats* est plus gracieux envers l'auteur qu'envers l'auditoire. Le critique de la *Revue des Deux Mondes* rétablit l'équilibre ; il exprime des sentiments opposés ; il ne conteste pas les mérites littéraires de l'ouvrage ; il en désapprouve l'esprit ; il le condamne pour des raisons de patriotisme et de convenance ; il le déclare inopportun ; il blâme la Comédie-Française de nous l'avoir offert : « L'œuvre appartient, écrit M. Doumic, à un genre dont il est à souhaiter que la guerre nous ait à jamais débarrassés. Ayant été écrite avant la guerre, il est inévitable qu'elle reflète l'état d'âme qui régnait avant la guerre ; mais justement la guerre a rendu intolérable ce qu'on supportait alors. Elle a été reçue avant la guerre, c'est entendu. Mais la guerre a mis un abîme entre hier et aujourd'hui. » M. René Doumic appréhende le fâcheux rayonnement du théâtre rosse, comme du roman pessimiste et cruel, qui apportait jadis aux étrangers une image calomniatrice de nos mœurs et semblait afficher notre décadence. Que la diffusion de ces tableaux réalistes et poussés au noir nous soit dommageable, il croit superflu de l'établir. Il ne se borne pas à dénoncer un péril que les apologistes de M. Géraldy eux-mêmes pourraient reconnaître et redouter ; il conteste la sûreté de cette analyse ; il nie la valeur documentaire de cette observation, la vérité de cet art. Nous voici donc en présence d'affirmations bien tranchées : M. Géraldy est-il, n'est-il pas un psychologue clairvoyant et un **bon peintre?**

Examinons sa thèse et regardons vivre ses personnages. Il ne s'agit pas, à proprement parler, d'une thèse, mais d'une impartiale étude. L'auteur pose en principe que les enfants sont ingrats ; que dès qu'ils sentent pousser leurs ailes, ils s'envolent du nid familial et se détournent de la mère et du père.

qui, eux, leur demeurent attachés... La tendresse, la
vraie tendresse, capable de sacrifice, descend plutôt
qu'elle ne monte : c'est un phénomène que la plupart des moralistes, de La Rochefoucauld à Paul Hervieu, tiennent pour acquis. Aux preuves antérieure-
ment fournies, l'écrivain des *Noces d'Argent* ajoute
l'exemple d'un cas nouveau. Il introduit le spectateur
au centre d'un foyer bourgeois. M. et Mme Hamelin
sont d'excellentes gens, jouissant d'une parfaite réputation. Ils sont riches. Le mari a probablement
beaucoup travaillé et continue de travailler un
peu à ce qu'il semble. (Nous en sommes réduit sur
ce point aux conjectures ; M. Géraldy, ainsi que
Molière, s'abstient de mentionner l'occupation habituelle de ses « bonshommes » ; nous ne savons pas
quel métier a pu faire M. Hamelin, de même que
nous ignorons celui d'Arnolphe, d'Orgon, de Sgana-
relle, d'Ariste, de Chrysale ou de Cléante. Il n'eût
pas été inutile, dans la circonstance, d'en être instruit, le pli professionnel exerçant quelque influence
sur le développement des caractères.) Ainsi, M. Hamelin est le meilleur des maris et des pères, Mme Hamelin une épouse et une mère accomplie. Ils adorent
leurs deux enfants, Max et Suzanne, le père avec une
secrète prédilection pour la fille et la mère pour le
fils, — inégalité assez fréquente, due aux impulsions
d'une obscure loi naturelle. Au lever du rideau, on
achève de marier Suzanne. C'est l'instant du lunch,
après l'église. Dans la chambre de la jeune fille qui
sert de vestiaire et de refuge aux familiers du logis,
dans cette chambre encombrée de cadeaux, de cor-
beilles, de meubles épars et où pénètrent, quand la
porte s'entr'ouvre, des bouffées de musique et des
odeurs d'orangeade, nous voyons défiler les principales figures de la comédie : les parents et le jeune
couple affairés, bousculés ; Max excédé de son rôle
de garçon d'honneur ; Jeanne, sa demoiselle d'honneur, à qui il fait, par politesse plutôt que par con

viction, un doigt de cour ; une aimable femme divorcée, Éveline, amie intime, que la famille appelle Marraine. L'agitation de cette journée et les vapeurs du champagne énervent Max, lui arrachent des plaintes boudeuses, lui inspirant de vagues et voluptueux désirs. Marraine, rieuse et apitoyée, console ce grand gamin de dix-huit ans. Cet échange de câlineries et de tendresses évoque tout de suite la vision troublante de la Comtesse et de Chérubin. L'heure du départ approche. Suzanne revêt le costume tailleur et boucle le sac de voyage. Mme Hamelin retient ses larmes. M. Hamelin feint l'impassibilité et recommande à sa fille les Titiens de Florence. Le mari passe en cyclone : « Nous allons manquer le train. » La jeune femme, pressée, ahurie, oublie de donner à son père le baiser d'adieu. Max est allé mettre Marraine en voiture et ne reparaît pas. Les parents restent désemparés, en face l'un de l'autre, dans la solitude de l'appartement silencieux. Ces impressions, ces détails — détails matériels, impressions sentimentales — sont notés avec une précision et une délicatesse rares, avec plus d'émotion que d'esprit. M. Paul Géraldy, lucide annotateur des réalités, conserve une invincible mélancolie. C'est en cela, **sans doute,** qu'il est poète.

Ce joli premier acte ne pouvait pas ne pas plaire. Les suivants ont reçu un accueil plus réservé. Dénués d'action (au sens technique du terme), c'est-à-dire à peu près vides d'épisodes romanesques et de coups de théâtre, ils exposent l'évolution psychologique des parents et des enfants, les velléités d'émancipation de la jeunesse, les regrets de l'âge mûr contraint d'abdiquer, voué à la retraite et à l'abandon. Le public considère sans plaisir le spectacle de ses tristesses coutumières, lorsqu'elles lui sont montrées telles quelles : il veut que la gaieté les allège, — et c'est le vaudeville ; ou qu'une invention pathétique les atten-

drisse et les mouille — et c'est le drame. La réalité
toute nue le glace ; à plus forte raison quand l'auteur y ajoute une dose excessive d'amertume... Ne
serait-ce pas l'erreur fondamentale où est tombé
M. Géraldy ? N'a-t-il pas exagéré la cruauté de certaines épreuves très normales, et sauf exception, patiemment endurées, transformé en catastrophes les petites
misères de la vie courante ? Que M. et Mme Hamelin
se séparent avec regret de leur fille ; que pendant
qu'elle explore la Suisse au bras de son mari, ils
pensent à elle un peu plus qu'elle ne pense à eux ;
qu'ils déplorent le laconisme des cartes postales qu'elle
leur envoie ; qu'ils attendent fiévreusement son retour, et quand elle reparaît enfin, qu'ils souffrent de
ne pas reconnaître en cette jeune femme indépendante la petite fille d'autrefois ; que tous ces mécomp-
tes les agacent, les irritent et même leur causent une
peine véritable, nous trouvons cela humain. Mais que
le père s'en affecte au point de tomber malade, qu'il
en éprouve un chagrin qui contribue à le conduire
au tombeau : ceci nous semble assez extraordinaire.
Nous ne concevons guère mieux que Mme Hamelin
ressente un si cruel tourment des premières sottises
de son grand fils et s'alarme et s'offense des ruades
de ce poulain échappé. Les parents supportent d'ordinaire avec plus de philosophie des déceptions qui
sont le lot presque inévitable de la vieillesse.

Le parterre (dont la critique aurait tort de mépriser tout à fait l'opinion) ne s'est pas rallié aux conclusions de M. Paul Géraldy. Il a jugé le tableau
forcé et immodérément assombri ; il a trouvé les personnages du fils et de la fille odieux, coupables d'une
exceptionnelle ingratitude, affligés d'une invraisemblable muflerie. Ils sont mufles surtout, en effet ; ils
sont maladroits, brutaux, ignorants de ces ménagements nécessaires qu'enseigne l'éducation, ce qui ne
laisse pas de nous surprendre, étant donné leur rang
social. Le respect des usages, les bonnes manières

s'allient volontiers, chez les gens du monde, à la sécheresse du cœur. Ces adoucissements de pure forme dissimulent l'égoïsme et le rendent tolérable. Ici, rien de pareil. Max oppose une prodigieuse rudesse aux adorations et aux complaisances de la plus faible des mères, alors qu'avec un peu de diplomatie il obtiendrait d'elle tout ce qu'il peut souhaiter. Suzanne se sait idolâtrée de son père. Et son instinct — sa coquetterie — ne l'incline pas à flatter cette passion paternelle qui, à supposer même qu'elle y demeure insensible, lui sera douce, chaude et profitable ? Comme c'est peu féminin ! Elle oublie d'embrasser le brave homme en le quittant ; quand elle le revoit elle l'embrasse du bout des lèvres, d'une façon indifférente et distraite... Et elle lui fait comprendre, par des procédés indélicats, qu'il n'y aura plus entre eux, désormais, d'intimité. Elle ne tient pas en place ; son retour ressemble à un départ ; elle emporte son rond de serviette ; elle a des mots malheureux ; elle chuchote des secrets à l'oreille de son mari. Mon Dieu, qu'elle est donc mal élevée ! Si encore elle aimait ce mari, au point de n'exister que pour lui. Mais aucun symptôme n'annonce qu'il y ait en Suzanne autre chose que de la froideur, une froideur non enveloppée. Cette absence de toute hypocrisie communique au frère et à la sœur un je ne sais quoi d'artificiel, et à la pièce l'âpreté d'accent, la sécheresse voulue et un peu cynique qui constituaient l'atmosphère de l'ancien Théâtre-Libre. M. Géraldy use de ces procédés dont l'emploi dégénéra rapidement en « poncif ». Je me hâte d'ajouter qu'il en use avec une relative discrétion. C'est la couleur générale de sa comédie qui semble manquer de vérité. Chaque trait, pris à part, est finement dessiné. Il y a, disséminés dans ces quatre actes, des scènes pénétrantes, des bouts de dialogue délicieux, des mots exquis, de subtiles nuances de sentiments exprimées par une réplique, par une phrase inachevée, quelquefois par un silence. Le premier contact du gendre et des beaux-parents, après le voyage de noces, donne une poignante impression de réalité. De brèves paroles sont prononcées de part et d'autre. Et tout y est : la morne déférence du jeune mari qui s'acquitte de cette visite comme d'un devoir ennuyeux ; la réserve ombrageuse du vieux ménage envers cet allié vaguement hostile, cet intrus. les efforts de la mère pour reconquérir la confiance du fils hargneux et rebelle décèlent une détresse dont on ne peut s'empêcher d'être ému.

Devenue veuve, Mme Hamelin dit des choses profondes, jaillies de sa sensibilité meurtrie : « Depuis que j'ai un gendre, il me semble que je suis la belle-mère de ma fille. » Le jour du vingt-cinquième anniversaire de son mariage, voulant se fuir elle-même et célébrer en famille ces tristes *Noces d'argent*, elle s'invite chez sa fille ; elle tombe au milieu d'une petite fête organisée entre jeunes gens et devine que sa présence n'y était pas souhaitée et les gênera. Elle s'éclipse aussitôt. Elle ne récrimine pas contre ses enfants ; elle gémit de se sentir inutile à leur bonheur : « Suzanne vient m'embrasser régulièrement. Une courte apparition. On a à faire, n'est-ce pas ? On ne peut pas s'éterniser. Et l'on ne commence jamais une longue histoire, de peur qu'elle ne vous retienne trop longtemps. Parfois, on se fait remplacer. Oui, c'est Henri qui vient. Suzanne a dû lui dire : *C'est ton tour aujourd'hui. Moi, j'y suis allée hier.* Il vient me voir pour lui faire plaisir... » En somme, elle est résignée. Mais que de rancœur dans cette résignation !

Ainsi s'achève l'œuvre de M. Paul Géraldy, œuvre incomplète, car elle n'exprime qu'un aspect de la vie ; œuvre attachante, car elle révèle des dons supérieurs et contient de beaux espoirs. C'est un paysage sans soleil, peint d'une main savante, caressante et souple.

Les interprètes se sont surpassés... La grâce intelligente, le charme enveloppant et singulier de

Mlle Valpreux ; la dignité, la tendresse, l'ingénuité maternelle de Mlle Dux ; la bonhomie paisible et la sagesse de M. Bernard ; la spirituelle et indulgente bonté de Mlle Cerny ; le sourire de Mlle Huguette Duflos — ce printemps — eussent sauvé l'ouvrage, s'il avait eu besoin d'être sauvé.

L'ÉLÉVATION

Les droits de l'amour et M. Henry Bernstein

(Comédie-Française)

18 *juin* 1917.

L œuvre de M. Henry Bernstein a été très chaleureusement accueillie, non seulement par l'auditoire amical des répétitions, mais par ce qu'on est convenu d'appeler le grand public, public sincère, désintéressé et généralement dénué de parti pris. J'ai voulu m'assurer de ses impressions. La cinquième représentation à laquelle je me suis rendu pour achever de m'instruire, ne différait pas de la première. Même émotion, mêmes rappels, mêmes applaudissements déchaînés en tempête à la chute du rideau. D'ailleurs la salle était pleine à craquer. La préoccupation du retour, les embarras d'une soirée sans métro n'avaient pas rebuté les spectateurs. Ils étaient accourus et s'en allaient contents. Leur satisfaction, partout proclamée, porte ses fruits. La foule se presse à la Comédie-Française. *L'Elévation* obtient un succès incontesté.

Quelles en peuvent être les causes profondes ? Ce drame est-il mieux fait, mieux écrit, plus pathétique que d'autres qui n'ont pas eu pareille fortune ? Met-

il en scène une figure particulièrement touchante ?
Trace-t-il un tableau poignant de la guerre ? Contient-
il des situations neuves, des combinaisons d'événé-
ments propres à frapper l'imagination, à piquer la
curiosité, à la tenir éveillée ? Suggère-t-il de ces graves pensées qui se prolongent après le spectacle et
déposent dans l'esprit une durable empreinte ? Parle-
t-il à la sensibilité ou à la raison ?... Enfin, quoi ?...
M. Bernstein possède des dons exceptionnels, l'adresse,
la force, — dont il abusait jadis — une connaissance
exacte des ressources et des limites de l'art du théâtre ; il a le mouvement, la clarté, le sens de l'action. A ces qualités techniques qui, tout de suite,
caractérisèrent son talent, s'ajoute un feu intérieur
d'une violence extrême. M. Bernstein aime l'amour.
Il excelle à peindre la passion amoureuse, dans ses
excès, dans ses fureurs, dans ses crimes, sinon dans
ses regrets et dans ses remords. L'amour — tel qu'il
le conçoit — ne regrette rien et ne se repent jamais,
puisqu'il s'attribue tous les privilèges et ne consent
à subir aucune gêne. Nul ne doit résister à l'Amour,
souverain maître des hommes. Inutile d'essayer de se
dérober à sa nécessaire tyrannie. Il fut et sera tout-
puissant. Il ne peut pas ne pas l'être. Voilà ce que
Henry Bernstein ne se lasse pas d'affirmer, depuis
qu'il écrit des pièces ; voilà ce qu'il a fait acclamer
dans ses anciens ouvrages comme dans celui d'hier.
Et voilà, je suppose, le secret de la fascination qu'il
exerce. L'humanité se laisse bercer par la vieille chanson. L'amour continue de fleurir parmi les désastres
et les ruines. Mais vraiment, à ce voisinage, s'enno-
blit-il, s'épure-t-il, s' « élève-t-il ? » — Oui, répond
M. Bernstein. Afin d'établir cette vérité, il nous raconte une histoire. Que l'histoire soit persuasive et
sa démonstration victorieuse, c'est ce qu'il convient
d'examiner.

La jeune Edith, fille d'un savant illustre, a épousé

un ami de son père, le docteur Cordelier, de vingt-
trois ans plus âgé qu'elle et pour qui elle n'éprouvait
que de l'affection et de l'estime, alors que lui-même
était vivement épris. Elle lui est demeurée fidèle jusqu'au jour où elle a rencontré Louis de Genois, un
ancien officier de cavalerie devenu simplement un vi-
veur oisif, brillant et léger. Il considère comme un
passe-temps cette liaison qui intéresse sa vanité et distrait sa fantaisie. Elle aime. Et le 1ᵉʳ août 1914, l'idée
qu'elle perdra peut-être son amant l'épouvante et l'affole. Elle le supplie d'user de ses relations pour trouver un emploi de tout repos. Mais il est brave, il a
réendossé son uniforme, il ne déteste pas la guerre ;
ça l'amuse de se battre. Impatient de partir, il n'accorde même pas à sa maîtresse un dernier rendez-
vous, il la quitte désespérée, bouleversée à tel point
que le mari, la voyant effondrée et gémissante, lui
demande les raisons de cet accablement trop visible.
Edith n'essaye pas de dissimuler. Elle n'en aurait pas
le courage. Au surplus, elle ne rougit pas de sa faute.
Elle en est fière. Par là, elle se montre parfaitement
égoïste, incapable de s'imposer la moindre contrainte
et d'épargner, par un scrupule de délicatesse, le plus
cruel des outrages à l'honnête homme dont elle porte
le nom. Cordelier apprend son malheur : depuis combien de mois Edith l'a trompée et qui elle eut pour
complice. Il lui déclare que leur union est virtuel-
lement rompue. Mais en ce moment, les questions
personnelles s'effacent devant d'impérieux devoirs. Il
faut servir. Le professeur va diriger un service médi-
cal, elle revêtira la blouse d'infirmière ; ils mèneront
l'existence commune, en attendant qu'un divorce ulté-
rieur les délivre.

Ce premier acte ne soulève pas d'objections ; il est
rapide, expressif, animé, réel ; il évoque l'inoubliable
atmosphère de fièvre, d'activité et d'effarement où
nous vécûmes alors. Peut-être y avait-il tout de même

un peu plus d'enthousiasme aux heures de la mobilisation. M. Henry Bernstein, dans son désir d'impartialité, nous présente un enfant, Jacques Courtin,
avide de voler à la frontière et d'y rejoindre son
frère aîné, l'un et l'autre embrasés de cette ardeur
qui précipita nos Saint-Cyriens d'un cœur joyeux vers
la mort. Mais il exècre les hécatombes humaines, elles
le révoltent. Son sentiment s'exprime par la voix de
la plupart des personnages, par la terreur d'Edith,
par la morne et froide énergie de Cordelier, par les
funèbres discours de son confrère le docteur Courtin,
résigné à la perte inévitable de ses deux fils. Tout
cela, l'ensemble de ces mots et de ces choses, déter
mine une impression de tristesse et d'horreur, qui ne
fut pas exactement — j'y insiste — celle du début,
mais se rapproche plutôt de ce que nous éprouvons
aujourd'hui, après nos trois années d'épreuves et nos
innombrables deuils...

Plusieurs mois se sont écoulés. Les époux séparés,
mais encore unis aux yeux du monde, s'absorbent
dans l'exécution ponctuelle du travail quotidien ; la
douleur qui est en eux s'engourdit ; un incident la
réveille. Edith reçoit un télégramme de Louis de
Genois. Grièvement atteint, transporté à l'hôpital de
Rennes, il lui demande en grâce de venir le voir.
Comment refuserait-elle d'exaucer le vœu d'un blessé ?
A l'idée qu'il agonise peut-être, elle frémit, elle défaille, elle bout d'impatience ; elle a hâte de partir.
Et comme son mari s'oppose à une visite qu'il trouve
offensante et lui enjoint fermement d'éviter ce scandale, elle l'accable des invectives les plus niaises, les
plus basses, allant jusqu'à nier son dévouement, jusqu'à le traiter de poltron et d'embusqué. Tandis qu'elle
court retenir son billet pour le train du soir, le
malheureux Cordelier expose à sa vieille mère et nous
apprend ce qu'il a découvert dans le passé de Louis
de Genois. Ce dernier n'a jamais aimé Edith ; il ne

l'a pas respectée... Des lettres cédées à prix d'or par
une petite actrice, sa confidente, prouvent qu'il s'est
joué de la jeune femme. Les armes sont là sous enveloppe, toutes prêtes. Cordelier s'en servira ; il désa-
busera la maîtresse bafouée et trahie ; il écrasera sous
le mépris cette stupide adoration dont il est jaloux.
Quand Edith, calmée, honteuse de l'ignominie des
propos qu'elle a tenus, vient lui dire adieu et implorer son pardon, il est résolu à lui faire entendre la
vérité. Déjà il étend les mains vers les documents
révélateurs. Il va parler. Elle ne lui permet pas d'ouvrir la bouche. Elle le prévient. Elle devine, semble-
t-il, son projet et pare les coups qu'il se préparait à
lui porter. Elle défend avec véhémence celui qu'elle
aime : « Vous le calomniez dans votre esprit. Tout le
monde le méconnaît ; il se méconnaît lui-même. Il
se dévoue, il a l'âme d'un héros. » Ce qu'il a fait
pendant la guerre, elle l'énumère pieusement : comment il a voulu devenir de cavalier fantassin, descendre dans la tranchée ; comment il s'y est couvert de
gloire. L'exaltation d'Edith, son admiration, sa ferveur, la confiance sans borne qu'elle témoigne à cet
homme qui pourtant s'est moqué d'elle, l'espoir in-
fini, radieux, qu'elle place en lui, stupéfient, cons-
ternent et éblouissent le mari justicier. Il se tait. Une
sorte de pudeur l'empêche de salir cette illusion ; il
reste muet devant l'explosion de cette foi... Il endure
la brûlure de l'atroce jalousie et ne prononce pas les
mots par lesquels il pourrait se soulager. Il ne se venge
pas en humiliant la femme qui le fuit. Seul en présence de sa mère, il s'écroule mais aussitôt il se redresse dans un élan de généreuse bonté. « Edith
l'aime trop. Je me suis senti désarmé à côté de ce
grand et unique amour ; la passion me disait : tu
peux tuer une âme... Eh bien non. Je ne tuerai pas. »

De multiples ovations saluent ces déclarations che-
valeresques. On se récrie sur la sublimité de ce re-

noncement. Loin de moi la pensée de diminuer le mérite du docteur Cordelier. Il se maîtrise, il se dompte ; il repousse les tentations de la haine ; sachons-lui gré de cet effort. Quant au sacrifice qu'il accomplit, a-t-il autant de valeur que le supposent l'auteur et le public ? Regardons-y de près. Si Cordelier avait à sa disposition, comme il se plaît à le dire, un moyen d'anéantir l'amour merveilleux de la jeune femme et si, pouvant le détruire, il s'en abstenait, il remporterait en effet une importante victoire morale. Est-ce le cas ? Au point de frénésie amoureuse où Edith est parvenue, nulle révélation, nulle évidence ne pourra la guérir, ni même la troubler. L'incendie qui la dévore s'avivera de tout ce qu'on y précipitera pour l'éteindre. Les flammes n'en seront que plus brillantes et plus voraces. Insulter leur dieu est la meilleure façon d'exaspérer la dévotion des mystiques. Or, la jeune femme a une idole : *l'amant*, souverainement héroïque et parfait. De cela, l'intelligent Cordelier se rend compte. Il juge indestructible la passion d'Edith. Et je veux bien qu'en gardant le silence il veuille avec noblesse ne pas profaner un « grand amour »... Mais probablement aussi, écoute-t-il une voix découragée qui murmure au plus profond de lui-même : « Tu ne réussiras pas... A quoi bon ? »... Dans son immolation, il y a une part de découragement, il y a une part de vertu. Je ne reproche pas à ce sacrifice de n'être pas sans mélange. Complexe, il n'en est peut-être que plus humain.

L'œuvre se dénoue au chevet de Louis de Genois. Il va mourir, il le sait. Il se confesse à la sanglotante Edith et lui adresse de sereines et touchantes recommandations. Il s'accuse de ne pas l'avoir d'abord assez aimée. Il l'a aimée plus tard, lorsqu'il était loin, dans la détresse et l'isolement des veilles de combat.

Une nuit... une nuit en Lorraine, dans notre cagna, j'avais écouté longtemps mes deux camarades qui échan-

geaient des souvenirs... oh ! de petites choses très bana-
les... Mais chacune de leurs phrases commençait par : « Ma
femme ». Et leurs yeux étaient si beaux !... Je me taisais...
A la fin je suis sorti. Il faisait une nuit pleine de brouil-
lard... J'ai dépassé les fils de fer... Rien ne bougeait ce
soir-là. Et dans ce silence, dans cette solitude étrange, je
t'ai vue ! Tu étais dans ton lit, assise, courbée ; tu m'écri-
vais sur tes genoux... Parfois tu levais ton anxieux visage,
plein de ma pensée... Je te voyais si bien, ma pauvre petite
chose fidèle et palpitante ! Et tout à coup, j'ai entendu ma
voix qui disait tout haut : « Ma femme... » C'était la première fois !... Ma femme, ma femme !... Ah ! quel appel
jailli de mon instinct vers cette intimité divine, vers tout
ce que je n'ai pas connu ! Je suis resté jusqu'au matin,
dans cette lugubre plaine, peuplée de vivants invisibles et
de morts — avec toi. Oui, toute la nuit, avec toi, ma
femme... Toute cette nuit... la nuit de nos noces.

Ces effusions si tendres, et qui traduisent des sentiments si vrais, redoublent la douleur d'Edith. De
mâles exhortations leur succèdent. Elle promet de résister aux conseils du désespoir ; elle jure de vivre
et d'accepter la vie, honnêtement, pleinement, et de
retourner à son foyer, et de réparer les maux qu'elle
a faits, et de rebâtir, si on le lui permet, la maison
écroulée... Louis de Genois hausse sa dernière pensée
vers la patrie pour laquelle il meurt, puis il s'enferme dans un suprême recueillement. La pièce est
finie.

Quelques personnes y ont découvert les symptômes
d'un état d'âme nouveau chez l'auteur : elles insinuent
que le Bernstein de 1917 n'est pas le Bernstein de
1913 qui n'était plus déjà le Bernstein de la *Rafale*,
du *Voleur* et de la *Griffe*. Je ne suis pas aussi persuadé de sa conversion. Il m'apparaît adouci, moins
brutal dans ses développements, moins âpre dans ses
conclusions, soucieux d'une psychologie mieux nuancée, apologiste moins absolu de la force, moins
« surhomme » et plus sensible. Mais sa conception
fondamentale de la vie a peu changé. Réaliste **fut**

toujours Bernstein. Il l'est encore et le demeurera, ainsi que son tempérament l'y incline. La règle à laquelle il se rallie consiste à suivre les impulsions de la nature et non pas à leur résister ou à les vaincre. Edith aime Louis de Genois. Elle ne songe pas un instant que des engagements volontairement contractés la lient à son mari, qu'en les rompant elle commet une action répréhensible. L'unique faute dont elle se reconnaisse coupable, ce n'est pas d'avoir trompé le bon M. Cordelier, c'est de lui avoir menti. Dès qu'elle avoue, elle se croit libérée, autorisée à n'écouter que ses sens ou son cœur, affranchie de toute autre obligation. Bref, elle prétend « vivre sa vie », jouir du « droit au bonheur » et poursuivre ce bonheur aussi longtemps qu'elle ne l'aura pas fixé, et au besoin de l'abandonner en échange d'un bonheur plus complet, plus séduisant ou plus neuf. Que Louis de Genois survive, que ses fâcheuses habitudes le ressaisissent, qu'Edith, moins emballée et plus clairvoyante, se détache de lui, rien ne l'empêchera de prendre un second amant. Elle ira d'aventure en aventure, n'ayant pour se guider que la boussole du caprice ou de l'instinct.

Et voici posé l'éternel problème qui sert de fondement aux tragédies... M. Bernstein ne le résout pas à la façon de Corneille ; il n'oppose pas à la passion le frein du devoir, puisqu'à son avis les deux choses se confondent. L'approbation sans réserve donnée à son héroïne atteste qu'il répudie aujourd'hui comme autrefois les principes de la morale traditionnelle et revendique pour les créatures une entière liberté. Qu'y a-t-il donc, selon lui, de modifié depuis la guerre ? Elle n'a pas opéré de définitives métamorphoses ; elle a suscité chez certains — chez les meilleurs — des exaltations momentanées... Cordelier est plus pitoyable, plus miséricordieux qu'il ne l'eût été, sans doute. Genois s'est offert en holocauste. La fragile Edith s'est ennoblie par l'aveu. Leurs sentiments, pétris de bien

et de mal, subsistent, mais élargis, magnifiés, trans
portés sur un plan supérieur. C'est, je présume, ce
que l'auteur a voulu démontrer et ce qui justifie, dans
cette limite — pas plus — le titre de son œuvre :
l'Élévation.

Elle doit aux interprètes une part de son triomphe.
Que fût-il arrivé si le public n'avait pas été convaincu
de l'affolement de la femme, de l'angoisse du mari ?
Mme Piérat crée cette certitude. Elle s'identifie tellement avec son rôle qu'on oublie totalement la comédienne, qu'on n'aperçoit que le personnage. Elle a
des silences, des regards noyés, des sursauts, des re-
chutes, des plaintes, des larmes qui nous renseignent,
nous émeuvent... C'est la vie... L'honnêteté, la bonhomie, la chaleur généreuse et cordiale de M. de Féraudy se font acclamer à la fin du second acte.
M. Grand marque de traits justes et sobres la physionomie de Louis de Genois. Tous et toutes, la maternelle Pierson, la charmante Maille, la spirituelle
Bovy, Mlle Devoyod, Mlle Faber, M. Denis d'Inès par
ticipent à une exécution digne de la Comédie-Française.

RÉFLEXIONS SUR LES CONCOURS

**Les maîtres, les élèves. — Le choix des morceaux.
Molière et ses interprètes.**

16 juillet 1917.

JE ne vous cacherai pas qu'un concours au Conservatoire m'a semblé un des plus singuliers spectacles auxquels on puisse assister. Le concours de tragédie est particulièrement propre à vous affoler. Pendant deux heures et plus, vous voyez défiler, parmi les cris et les gesticulations effrénées, les scènes les plus terribles et les plus atroces de l'histoire et de la légende ; vous entendez rugir les plus féroces passions : amour, haine, jalousie, ambition, vengeance — et cela sans préparation, sans suite, sans choix, chaque scène éclatant subitement, inopinément ; en sorte qu'on croit voir et entendre des pensionnaires de Charenton, qui tout à coup parleraient en vers et quelquefois en beaux vers. Cette jeune fille, en robe de tulle ou de lainage blanc, et qui n'a point l'air méchant du tout, se prépare à faire étrangler l'homme qu'elle aime. Ce garçon en habit noir, l'air encore enfantin, malgré les yeux qu'il roule, eh bien, il lui arrive des choses épouvantables : il a tué son père et il est devenu le mari de sa mère..., etc.

Je relis ces lignes, tracées en 1886 par la plume féline et malicieuse de Jules Lemaître. Elles traduisent nos impressions actuelles. Elles ne seront pas moins véridiques dans trente ans, si, comme il est à supposer, l'école du Conservatoire, immortelle institution, continue de former des acteurs et des actrices, et si le public n'a pas cessé de s'intéresser à l'art dont elle enseigne les règles et aux jeunes gens qu'elle couronne. Le critique des *Débats* trouvait « singulier » ce spectacle et plus étrange encore l'impatiente curiosité qu'il excite. Mais il se déroule dans une atmosphère d'émulation, de combat, et cela suffit pour qu'il opère à la façon d'un aimant, pour que l'auditeur le plus calme s'y échauffe, en suive les péripéties avec sollicitude et presque avec fièvre. Les séances de la Chambre, celles du moins où l'on présume qu'une bataille sera livrée, n'ont-elles pas d'amateurs ? La vie, lorsqu'elle se manifeste énergiquement, rayonne et attire. Or, en ce microcosme de la rue de Madrid, la vie est intense...

Quant à l'incohérence du programme, à la diversité des scènes jouées, à l'imprévu de ce kaléidoscope formé d'échantillons provenant de toutes les littératures, c'est un désordre dont le spectateur ne se plaint nullement. Il s'en amuse. Il y goûte le même plaisir qu'à feuilleter un recueil de pages choisies dans l'œuvre des bons auteurs. Ces auditions, ce sont des fragments d'anthologie. Elles suggèrent des comparaisons, des rapprochements, réveillent nos souvenirs, ressuscitent des pièces à demi mortes. Elles dissipent aussi mainte illusion. Si les beaux ouvrages triomphent de l'épreuve, certains ouvrages trop célèbres en sortent diminués. Beaucoup d'entre eux durent leur succès aux circonstances, à l'engouement des contemporains, à des façons momentanées de penser et de sentir, au prestige d'un interprète pour qui le rôle avait été écrit... Le temps remet les choses au point. La mode a disparu et la vérité subsiste. Le génie créateur conserve sa force ; le talent, de quelque éclat qu'il ait brillé naguère, se défend mal. Et ce n'est pas sans mélancolie que l'on regarde s'écrouler de vieilles gloires. Nous avons encore dans l'oreille le bruit des ovations qui accueillirent telle comédie illustre. Quoi ! N'était-ce que cela ? Est-ce possible ? Le dialogue nous semble terne, prétentieux ou boursouflé, le style médiocre, l'idée paradoxale ou fuyante. Nous nous en voulons d'avoir admiré ce faux chef-d'œuvre ; et maintenant nous sommes enclins à le décrier, à lui refuser toute valeur. Nous exagérons en sens contraire. Il est très difficile de garder l'équilibre et de juger selon la stricte équité... Ce que nous écoutons avec le plus de plaisir, ce sont nos classiques, source éternellement fraîche où l'on ne se lasse pas de s'abreuver : Molière, Racine, Marivaux, Beaumarchais. C'est l'universel Shakespeare. C'eût été Corneille. Mais le poète d'*Horace* et du *Cid* avait été cette année — année de guerre — exclu du concours.

Parmi les modernes, Alfred de Musset jouit d'une faveur croissante. De son vivant, il ne comptait point ou comptait à peine comme auteur dramatique. Les critiques de 1845, même les plus clairvoyants, même Théophile Gautier, seraient stupéfaits de la place qu'il occupe et qui grandit chaque jour, alors que les Scribe, les Théodore Barrière, les Frédéric Soulié, les Casimir Delavigne, les Mazère, les Empis, les Male fille, les Waflard et Fulgence, les Doucet, les Bonjour languissent dans une indifférence annonciatrice de l'oubli total. Les romans du père Dumas nous séduisent encore par la vaste imagination et l'ingéniosité qui s'y déploient ; ses pièces accusent une extrême puérilité ; et je ne saurais dire quel est notre ennui, quand des candidats malavisés nous servent des tranches de *Mlle de Belle-Isle*, des *Demoiselles de Saint-Cyr*, d'*Henri III et sa cour*, ou d'*Un Mariage sous*

Louis XV. La prose scénique de Victor Hugo est périmée. Aussi ne nous récite-t-on que les vers de *Ruy
Blas*, plus rarement ceux des *Burgraves* et d'*Hernani*.
Les dramaturges du second Empire et du début de la
troisième République offrent toujours d'abondantes
ressources aux concurrents. Dumas fils, verbeux, piaf-
fant, irritant, doctoral, et non moins romantique que
son père ; le robuste Emile Augier ; le pâle Feuillet ;
le sage Ponsard ; le trépidant Pailleron ; l'ironique et
souriant Meilhac ; l'âpre Henry Becque leur fournissent des morceaux fameux, éprouvés par l'usage, et
que la reconnaissance d'innombrables lauréats revêt
en quelque sorte d'un caractère traditionnel et sacré.
Il y a la scène du troisième acte de la *Princesse Georges*, la scène du troisième acte des *Corbeaux*, les scènes du *Cœur et la dot* et de l'*Etincelle* pour jeunes personnes délurées et rieuses, la scène du *Mariage de Victorine* pour ingénues ; les deux scènes insupportables
de la *Souris* et de *Margot* pour filles d'esprit. Il y
a la scène-fétiche, cette scène du *Fils naturel* où il
est convenu que la candidate ne peut pas ne pas réussir, et qu'elle craint de présenter au concours, de
peur d'indisposer le jury. A côté de la scène détachée de l'œuvre et jouée normalement, sans addition
ni correction, nous voyons apparaître, surtout depuis
quelques années, l'*aggloméré*, bizarre assemblage de
dialogues, placés bout à bout, exprimant à la file des
états d'âme, qui ne séparent plus les transitions nécessaires et qui deviennent à peu près inintelligibles ;
si bien que l'interprète essoufflé, courant la poste,
est obligé de traduire dans le même instant la langueur, l'ivresse heureuse, l'inquiétude, le désespoir,
l'agonie et la mort de Marguerite Gautier, ou l'énergie criminelle de Macbeth et son effroi devant l'Ombre de Banquo. Comment, astreint à de pareilles
gymnastiques, le jeune élève resterait-il naturel et
mesuré ? Il se fatigue, il fatigue ses juges, il les as-
somme, il se nuit. Il ne comprend pas que c'est là

un très mauvais calcul, que la qualité vaut mieux que la quantité, et qu'au lieu d'éblouir ceux qui l'écoutent, il décourage, par son insistance indiscrète, leur sympathie. De cette vérité vous n'arrivez pas à le convaincre. Une cruelle petite Rosine nous a ânonné pendant vingt-trois minutes la prose du *Barbier*, dont elle essayait lourdement de faire scintiller la vivacité spirituelle. Après dix phrases, nous étions fixés. Comment son maître ne lui a-t-il pas montré l'abîme où elle se précipitait et n'a-t-il pas pallié l'échec inévitable en modérant cet excès de zèle ?

De graves responsabilités morales incombent au professeur. Il doit, semble-t-il, ne pas se borner à enseigner la technique du métier, la façon de poser la voix et d'articuler nettement, mais donner des conseils d'une plus haute portée, expliquer l'œuvre au néophyte insuffisamment instruit, lui en préciser la signification que souvent il ignore et le sauver de fâcheux contresens. Ces avis n'eussent pas été inutiles à Mlle Suzanne Aubry, la reine du concours, titulaire des premiers prix de tragédie et de comédie. Elle avait été une Phèdre intelligente et sensible, que le jury eut tout à fait raison de remarquer. Le lendemain, elle nous apporta une extraordinaire Sabine (de *la Course du Flambeau*). Il s'agissait de rendre l'émotion du troisième acte, l'accent pathétique de ce récit où l'héroïne de Paul Hervieu verse son trouble, son épouvante, son égarement, le frisson de l'atroce secousse qu'elle a subie et du danger qu'elle court. La douloureuse confession ne nous touchera et ne paraîtra sincère que si elle jaillit, sous l'irrésistible poussée d'une force intérieure. Sabine parle malgré elle, pour se délivrer et implorer du secours. Ce flux de paroles, qui coule comme un torrent de ses lèvres, la soulage. Mlle Suzanne Aubry distille l'eau du torrent goutte à goutte. Elle recherche l'effet. Elle détaille. Elle ajoute aux mots une mimique savante. Elle veut que nous sachions

exactement de quelle manière le vol nocturne s'est
effectué ; ses yeux s'égarent, ses dents claquent de
terreur, ses mains tremblent ; elle reconstitue les
conditions matérielles du crime. Ce n'est pas ce
que nous demandons et ce que souhaite l'auteur.
Il prétend nous intéresser aux tourments psychologiques du personnage, plutôt qu'à l'exécution du geste
qui les a causés. Nous décrire minutieusement le geste,
c'est aller contre son dessein, déranger l'équilibre de
sa construction, fausser son œuvre. Ces erreurs sont
de peu de conséquence un jour d'examen ; elles en auraient de graves si elles viciaient l'interprétation générale de la pièce. Il existe un moyen de n'y pas tomber.
L'artiste les évitera aisément, à condition de se pénétrer du sens humain de son rôle et de n'en pas considérer uniquement l'esprit théâtral. Je suis persuadé
que Mlle Suzanne Aubry, en qui des dons charmants
s'allient au désir de la perfection, usera désormais des
bonnes méthodes.

Mlles Gisèle Picard et Yolande Laffon ont remporté,
en tragédie et en comédie, le premier prix. Mlle Picard est un type achevé de beauté orientale ; elle eût
servi de modèle à Delacroix ; on croit l'avoir aperçue,
étendue sur la pourpre des coussins, fumant le narghi-
leh, dans la paix lumineuse et parfumée du harem.
Mais elle n'a pas la nonchalance des juives d'Alger ;
elle vibre, elle frémit, elle rugit ; ses yeux de gazelle,
immenses et profonds, lancent la foudre ; elle est voluptueuse et farouche. Elle sera Esther, Dalila, Théo-
dora, Cléopâtre ; je doute qu'elle puisse exprimer la
demi-teinte des sentiments délicats et nuancés. Il lui
faudra des rôles de courtisane et d'impératrice. Au
contraire, Mlle Laffon, moins vigoureuse, possède les
qualités de la femme de chez nous, la fine sensibilité,
l'émotion enveloppée, la tendresse. Elle a marqué de
traits pénétrants le sacrifice de la Dame aux Camélias ;
elle a pleuré de vraies larmes.

Une Agnès s'est révélée, l'Agnès idéale, spontanée, instinctive, qui n'a pas l'air de dire au parterre : « Admirez comme je suis naïve », et qui l'est réellement, et qui ne module pas, comme on chante une romance, avec des soupirs et des points d'orgue, le divin couplet :

> Et là-dedans remue
> Certain je ne sais quoi, dont je suis tout émue

mais qui prononce ces mots d'un air étonné, ravi, sans solennité et sans tristesse. Elle se nomme Mlle Lagrange ; elle n'a pas vingt ans ; elle méritait le premier prix qu'obtinrent à son âge Reichemberg, Muller et Lifraud. Les jurés ont préféré l'ajourner à l'année prochaine, pour son bien. Ils ont également récompensé d'un second prix la rondeur et la maturité précoces de Mlle Roseraie, — une Mme Guichard au verbe cordial et dru ; l'effort de Mlle Sodiane, une fière Claudie, et de Mlle Picard, une princesse Georges un peu tumultueuse. Leur bienveillance a décerné des accessits à l'ardente Mlle d'Arezzo, qui pourra devenir une nouvelle Vera Sergine ; à Mlles Limoges, Nadine Phédia, Carlo, Joordan ; à Mlles Dietry, Niclos, Marciac, Sarah Rafale, Chardey et Delannoy.

Les hommes, en petit nombre, se sont distingués. M. Alcover est déjà un acteur plein d'expérience ; son torse d'hercule, son rude et mâle visage, sa voix puissante le vouent à l'emploi de Paul Mounet. Il manque de noblesse ; il est un peu vulgaire. Mais la dignité s'acquiert avec l'habitude de jouer les grandes œuvres. Je ne confine point ce lauréat dans les bas-fonds du mélo ; je le suppose capable de porter l'épée de Charlemagne, le casque de Thésée et la toge de Burrhus. Il nous a montré un Macbeth impressionnant, un Giboyer amer, cynique et sentimental, enflammé d'indignation, de colère et d'amour. C'était, ma foi, excellent... M. Lagrenée — les jeunes premiers sont rares — fut un Chatterton désespéré et fatal, comme il convient M. Escande, un Perdican plus aimable que passionné. M. Coutant un agréable Valère, M. Kiril un gentil Pierrot. Enfin, nous eûmes des comiques. M. Pisani joua joliment le bonhomme Violette de *Mercadet*, et M. Chahine aurait été un parfait Pancrace, s'il avait imprimé plus de lyrisme à ce rôle merveilleux.

Car Molière est un grand lyrique. Ceci, je suis sûr que Truffier l'indique aux élèves ; on ne le leur répète pas assez. Le pédant Pancrace absorbé dans sa chimère, Mascarille enivré de l'importance de son marquisat improvisé, Scapin chef des pendards, roi des fourbes, Purgon, apôtre de la saignée et du lavement, atteignent, quand leur verve se déchaîne, aux sommets de l'éloquence. Ils ont le rythme, la couleur, l'épithète savoureuse, le mot sonore. Ils ont la période oratoire. Ils ont des ailes. Et en parlant, ils agissent. Le geste commente et achève le discours. Les manches ondoyantes de Purgon sèment autour du malheureux Argan, effondré sur son fauteuil, les germes des affreuses maladies dont il se croit dévoré. Mascarille danse la courante et donne à respirer aux Précieuses les senteurs de sa perruque. Scapin, drapé dans sa cape, a la majesté de Louis XIV. Dorine apaise le dépit des amoureux ; ses mains maternelles les réconcilient. La poésie moliéresque est faite de tout cela. De tout cela les interprètes de Molière doivent se souvenir et s'inspirer.

LES REVUES ET LA GUERRE

13 août 1917.

LES théâtres sommeillent, et sauf les reprises du *Chemineau*, avec la belle interprétation lyrique de Marguerite Moreno et Jean Daragon, à la Porte-Saint-Martin, et de l'*Ami Teddy*, l'humoristique et cordiale pièce d'André Rivoire et Lucien Mesnard, allègrement jouée par les artistes de l'Odéon, je n'ai rien à signaler. Si la comédie chôme, en revanche la revue se développe et prospère. Ce genre est de toutes les saisons et je dirai de tous les temps, du temps de paix et du temps de guerre. Toujours il excita l'engouement des Parisiens. Il n'a pas perdu cette faveur. C'est lui qui, le premier, refleurit au début de 1915, après l'accablement d'un morne hiver et l'éclipse momentanée de la vie théâtrale. Maintenant il règne, comme en 1913, comme en 1912, comme à l'époque de la *Veuve joyeuse* et du tango. En ce mois d'août 1917, il y a des revues représentées à l'ombre et au soleil, dans les cabarets, dans les salles de spectacle, dans les jardins, aux Champs-Elysées, sur le boulevard des Italiens, sur la Butte... Ont-elles, du moins, changé de caractère ? Et puisqu'elles sont le reflet de l'opinion courante, s'aperçoit-on, à les écouter, ou à observer ceux qui les écoutent, que les spectateurs aient, de quelque manière, dépouillé leur âme ancienne et acquis, sous l'influence des événements, une sensibilité nouvelle ?

Voici des remarques notées, sans ordre, au hasard de la rencontre.

VAUDEVILLE. — Revue conçue selon la bonne vieille formule traditionnelle. Le compère commente les scènes qui passent ; il y ajoute son mot ; parfois ce mot est un mot d'esprit ; parfois ce n'est qu'un calembour. Peu importe, si la rondeur et la jovialité l'assaisonnent. A de certaines minutes, le compère devient grave, lorsqu'il s'impose la mission de louer les vertus patriotiques ou de flageller les mauvaises mœurs. Quant à la commère, elle sourit ; on ne lui en demande pas davantage, à condition qu'elle soit belle personne. Mlle Paulette Franck possède les qualités de l'emploi. MM. Lucien Boyer, Albert Willemetz et Bataille-Henri (les auteurs) ont de l'entrain, de l'invention, le sens de la parodie ; leur gaieté, assez souvent vulgaire mais très franche, déride le public et force l'applaudissement. Ils savent enfin trousser le couplet ; leur talent de chansonniers les sert à merveille, dans une sorte d'ouvrage où, contrairement à la devise de Figaro, on préfère chanter tout ce qui vaut la peine d'être dit. Ils chansonnent la police, la censure, la carte de sucre, la marmite norvégienne, les modes du jour, qu'ils jugent extravagantes ; ils chansonnent saint Médard, et sans oser le nommer, M. Viollette : ce dernier est reconnaissable à la couleur de son vêtement et au petit bouquet qui orne sa boutonnière. Un des épisodes les plus agréables nous montre le camelot, le camelot classique, dépenaillé et gouailleur, bancal de naissance et qu'une heureuse blessure a remis d'aplomb, le chirurgien ayant eu l'amabilité de raccourcir sa jambe trop longue. M. Boucot prête au personnage la drôlerie de son agilité clownesque et le joyeux tonnerre de sa voix. Puis nous avons entendu Paulus, fidèlement ressuscité par M. Urban, dans les flon-flons populaires de la *Chaussée Clignancourt*, d'*En revenant de la revue* et du *Père la Victoire*. Ces airs fameux nous ont fait plaisir, car ils évoquaient notre jeunesse. Pour la plupart des auditeurs, ils demeuraient lettre morte. Qui se rappelle aujourd'hui le chanteur au profil césarien qu'acclama le Paris du boulangisme ? Aucun des permissionnaires, qui se pressent à l'orchestre, ne l'a connu. Aussi n'a-t-il pas reçu l'accueil chaleureux qu'il méritait. Il n'y a que nous, les vétérans, qui applaudissions, sensibles au charme du souvenir. Egalement très plaisante la scène où l'on voit la petite « arpète » parisienne (Mlle Mary Massart), amoureuse de tous les musiciens de l'armée anglaise, envelopper de ses coquetteries et de ses grâces le majestueux saxophone qu'est M. Urban. M. Guyon (que l'affiche persiste à appeler M. Guyon fils, quoiqu'il ait l'âge d'être grand-père) est un diseur excellent qui n'a pas, cette fois, de fines choses à dire. Je n'ai pas, non plus, goûté le tableau final. Cette « assemblée des courtisanes » manque de vivacité et de pittoresque. Elle voudrait éveiller des idées voluptueuses. Les jolies courtisanes font ce qu'elles peuvent et montrent à peu près tout ce qu'elles ont. L'effet, laborieusement cherché, n'arrive point. Peut-être, ce soir-là, Mlle Marguerite Lavigne, chargée d'animer le chœur, était-elle mal disposée. Et puis, la Grèce galante et mythologique, Chrysis, Glycère, Bacchis, Salabacca, Lampito, c'est bien usé, bien usé...

MAYOL. — Il était tout de même un peu question, au Vaudeville, de l'actualité, et l'on se sentait en guerre. Ici, la guerre est totalement absente, proscrite, écartée, comme importune, des oreilles et des yeux du spectateur, accouru chez Mayol pour oublier les misères de l'heure présente. Et c'est l'oubli complet que les auteurs, MM. Léo Lelièvre et Henri Varna, lui apportent. Ce programme exerce apparemment quelque séduction, car la salle est bondée, et l'effarement orgueilleux du contrôleur, que la foule assiège, proclame qu'on a « refusé du monde »... Beaucoup de lumière... Les lustres scintillent. Les projecteurs inondent le plateau de leurs feux colorés et violents. Et moi qui m'imaginais, naïf, que des décrets sévères prévenaient le gaspillage ! Ces restrictions sont-elles donc abolies ? Non, sans doute, mais respectées en principe, elles fléchissent dans l'application. De tolérance en faiblesse, les habitudes, un instant contrariées par la fermeté d'un ministre prudent et autoritaire, renaissent sournoisement. C'est si ennuyeux de se gêner ! Et l'on ne se gêne plus. L'universelle mollesse triomphe d'un effort de vertu, intermittent et timide. En ce lieu, tout respire le souci de vivre aimablement. Des dames **diamantées** se pavanent dans les loges ; une petite veuve qui n'a pas eu la pudeur d'enlever ses crêpes — le noir sied bien aux blondes — y rit aux éclats en savourant une orangeade glacée. Sur le rideau une annonce s'étale, vous savez, cette image d'avant-guerre, qui représente un monsieur congestionné, et près de lui, une petite femme rêveuse, avec la légende significative, traduisant leur sentiment à tous deux et résumant leur philosophie : « Pour être heureux, que faut-il ? Un peu d'or. » C'est aussi l'enseignement qui se dégage de la revue de chez Mayol. Elle n'est pas extrêmement spirituelle, mais elle est mouvementée, variée, luxueuse et mousseuse, parée de brillants costumes et peuplée de jolies filles. A un certain moment, celles-ci se déchaussent, et le haut du corps caché sous la tenture, elles font mouvoir leurs pieds nus et roses devant un « vieux client de la maison », à qui ce spectacle procure d'inconcevables délices. Quelques scènes sont d'un comique moins mystérieux. L'énorme bouffonnerie d'une parodie des ballets russes, exécutée par Sinoël, Duchatel et Maupi, nous a égayés. A d'autres moments, le ton s'élève. Tandis que le « ballet des fleurs » se déroule dans la fraîche splendeur d'un décor printanier, Mlle Mussidora, superbement vêtue en « pensée », dit des vers. Afin que le public puisse lire ce morceau, après l'avoir écouté, le texte en est vendu par un marchand de programmes. En tête de la brochure, une mention orgueilleuse et péremptoire : « Les Petits chefs-d'œuvre de la poésie. » MM. les auteurs se rendent justice ; et comme ils ont raison ! On n'est jamais aussi bien servi que par soi-même. Ce qu'exprime le poème de MM. Léo Lelièv e et Henri Varna, ce sont les ironies d'un pessimisme amer et agressif. Ces messieurs ont découvert que la plupart des hommes suivent plutôt l'impulsion de l'égoïsme que de la bonté. Ils racontent les mésaventures de Dame Pensée, réduite, comme la Cigale, à implorer l'aide du prochain.

> Aux portes d'un château, pour demander asile,
> Je vins frapper soudain...
> — Qui frappe à ma porte à cette heure ?
> — Je suis la Pensée !... ouvrez-moi !
> Va-t'en ! va-t'en de ma demeure
> Je n'ai pas de place pour toi.
>
> Mon coffre est plein ! mon cerveau vide,
> Tu me donnerais des remords
> Sur mon existence stupide,
> Valets !... mettez-moi ça dehors !...
> Tu me ferais penser au bien
> Et je ne veux penser à rien !...

Ce premier couplet tend à établir que les gens qui habitent des châteaux sont dénués d'intelligence et de cœur et qu'ils emploient leurs valets à de vilaines besognes. Toutefois, s'ils mènent une existence stupide, ils le savent ; c'est donc qu'il leur reste une lueur de lucidité. « Chez les pauvres, se dit la Vagabonde, on est plus humain. » Elle frappe à la porte de l'Artisan.

> Va-t'en ! va-t'en de ma demeure,
> Tu me ferais chercher pourquoi
> Je sème et le patron récolte
> Lorsque tout manque à mon foyer !...
> Pensée !... O germe de révolte,

> Va-t'en ! car je dois travailler !...
> Pour trimer, vivre comme un chien,
> Il faut que je ne pense à rien !...

Ceci, c'est l'encouragement à la lutte de classes, l'anathème contre l'oppression capitaliste, la sourde rumeur qui précède les mouvements révolutionnaires. Dame Pensée, partout éconduite, ne trouve asile qu'auprès d'un homme qui passe « dans la nuit parfumée ». Cet inconnu la recueille, la réchauffe, la nourrit.

> « — Venez vite dans ma demeure,
> Le poète a pour vous un toit. »
> M'enlevant dans la nuit sans voiles,
> Le poète qui comprenait
> Avait des flamboiements d'étoiles
> Sur sa tête qui rayonnait !...
> Car lui seul pensait, ici-bas,
> Pour tous ceux qui ne pensaient pas !...

Voilà, certes, de magnifiques louanges. Les auteurs de la revue admirent les poètes. C'est pour en venir à les mieux exalter qu'ils ont effleuré la politique. Je ne m'exagère pas l'importance de cette manifestation. Remarquez cependant que les innocentes épigrammes décochées aux châtelains et aux patrons d'usine s'inspirent d'une tendance nettement anarchiste ; — en quoi MM. Léo Lelièvre et Henri Varna, sans le savoir peut être, sont des novateurs. A quelque époque que ce soit, la revue s'est montrée rétrograde, routinière, étroitement attachée aux usages établis, hostile à tous les changements, aux tentatives littéraires, aux progrès scientifiques et sociaux. De 1821 à 1840, elle persifle le romantisme de Victor Hugo ; en 1865, le réalisme de Flaubert ; en 1875, le naturalisme de Zola. Il semble qu'elle ait pour fonction de se tenir à l'arrière garde et d'être la persécutrice des précurseurs. Que n'a-t-elle pas raillé ?

En 1833, elle houspille la forme du journalisme mo derne à bon marché (le *Magasin pittoresque* de Du peuty.) En 1834, elle affirme que le télégraphe est une mystification et réclame la suppression de ces appareils qui « trompent la France ». Dix écrivains boulevardiers, parmi lesquels Rochefort, Dumersan, Coignard, Dumanoir, d'Artois, s'étaient unis dans la pièce intitulée la *Tour de Babel* pour inaugurer cette croisade... Même attitude concernant les chemins de fer... En 1838, la revue détourne le public de confier ses capitaux à l'industrie minière. (Dans le *Réveillon dramatique* de Saint-Amand, Bilboquet déshabille Mme la Mine de Charbon et prouve qu'il n'y a que du vent sous l'enflure trompeuse de ses atours ; et le vaudevilliste conclut : « Quand vient le moment d'exploiter la mine, on ne voit pas d'autres mines que celles des actionnaires. ») Même campagne contre les assurances, contre le développement du commerce, contre les armements militaires, contre les embellissements de Paris, contre l'éclairage au gaz. (Dans le *Combat des montagnes*, Scribe déclare que ce gaz est du « gaz pillé » et cet' plaisanterie fait fortune.)

C'est une vérité acquise. La revue fut pendant un siècle l'apologiste des traditions, des préjugés, des sentiments moyens du public. Voilà précisément ce que la bourgeoisie aime en elle : l'écho de ses passions, de ses idolâtries, de ses injustices, de sa sagesse terre-à-terre, et de ses instincts prudents.

Il arriva pourtant que l'humeur réactionnaire des revuistes eut raison de combattre la hardiesse des réformateurs. Charles Desnoyers fit représenter en septembre 1849 le *Congrès de la paix*. La pièce visait le congrès de la paix universelle, tenu le mois précédent à Paris, dans la salle Sainte-Cécile. A l'ordre du jour de cette assemblée figurait le vœu d'un « désarmement général, progressif, simultané ». Victor Hugo illustrait de sa présence la réunion :

« Une heure viendra, s'écria-t-il, où l'on montrera un canon dans les musées, comme on y montre aujourd'hui un instrument de torture. »

Desnoyers tourne en dérision ce généreux espoir ;
avocat du « sens commun », il réagit contre l'utopie.

> Je vous l'dis tout net,
> Et c'est fort bien fait,
> De mes soldats je suis fière...
> Pour avoir la paix,
> Messieurs du congrès,
> Je m'tiens sur le pied de guerre
> Vos orateurs,
> Vos grands penseurs,
> J'espère
> Vont délivrer
> Le monde entier
> D'la guerre !
>
> J'y crois fermement,
> Mais j'en fais serment.
> Je désarm'rai la dernière !
>
> Quand l'ennemi de nos frontières
> Semble s'approcher l'arme au bras,
> Quoi ! des mesures financières
> Voudraient réduire nos soldats !
> Payons pour notre renommée ;
> Mieux vaut encore partager
> Cinq cents millions à notre armée
> Qu'un milliard à l'étranger !

Charles Desnoyers fut prophète. Souhaitons que
l'avenir lui inflige un démenti...

MARIGNY ET LA PIE-QUI-CHANTE. — Deux formules
qui s'opposent. Nous dirions deux esthétiques, s'il
n'était pas ridicule, en pareille matière, d'user de ce
grand mot... La revue à spectacle... La revue sans
spectacle. A Marigny, une innombrable figuration, un
bataillon de danseuses commandé par une étoile, des
décors d'un goût médiocre mais fastueux, une multitude de petites femmes évoluant sous des feux multi
colores. A la Pie-qui-Chante, point de ballerines : qua
tre actrices et trois acteurs manœuvrant sur un tré-

teau éclairé par des quinquets. Ce n'est pas à Marigny
que l'on rit le plus. Dans cet immense vaisseau, les
détails du dialogue se perdent ; et quoique la perte ne
soit pas très cruelle, il en résulte une impression de
lointaine et distraite froideur. Chacun, visiblement,
pense à tout autre chose qu'à la pièce. La morne
atmosphère s'échauffe, lorsque Mistinguett, brusquement surgie, promène à travers les rangs de fauteuils
la plume ondoyante de son chapeau. Mistinguett est
aimée du public, parce qu'il la trouve drôle et parce
qu'il la croit sensible. Elle a le nez en l'air, la fri-
mousse insoucieuse, le geste chahuteur d'une midi-
nette, et par instants, le regard tragique des travail-
leuses qui ont souffert. Elle symbolise en sa chétive
personne toutes les joies fugitives et toutes les misères
du faubourg. De là, son charme indéfinissable... A la
Pie, nous voyons une fausse Mistinguett qui déchire
la vraie Mistinguett et trace d'elle un portrait injurieux. Cette agression caricaturale porte la marque de
M. Rip. Elle ne nuit pas au modèle ; elle consacre sa
renommée. C'est l'ordinaire effet des excès de violence.
L'auteur est plus heureusement inspiré quand il défend la langue française contre l'abus des néologismes
et dégonfle à coups d'épingle la vanité du féminisme
pédant. Ceci, c'est de la bonne satire. Mme Nina Myral,
M. René Bussy, Mlle Geneviève Williams, M. Géo Las-
try interprètent avec une charmante vivacité ces scènes savoureuses. Et les chansonniers du logis, MM. Hé-
liot, Vallier, Martini, Folret, Mauricet, font gaiement
leur partie dans le concert.

FRANÇOIS PORCHÉ

LES BUTORS ET LA FINETTE

(Théâtre Antoine)

3 *décembre* 1917.

C'EST un noble et grand succès, fait d'admiration, de gratitude et, à certaines minutes, d'enthousiasme. Les spectateurs se sont sentis soulevés par un souffle d'héroïsme ; mais en même temps que leur âme, leur raison était touchée. Cette parole enflammée qui les secouait, ils en discernaient le sens profond ; ils ne l'acclamaient point comme un beau chant d'espoir et de foi, ils l'écoutaient comme la voix de leur conscience ; elle évoquait, en une heure, trois années d'angoisse, de courage surhumain, de patience stoïque et de réflexion. Ce qui caractérise l'œuvre du poète et la place très haut, c'est que toute vaine rhétorique en est exclue ; jaillie de son cœur, elle ne s'attache à exprimer que des choses vraies. Et voilà pourquoi, sans doute, elle nous a remués si étrangement.

Illustre aujourd'hui, M. François Porché était, il y a quelques années, à peu près inconnu de la foule. Les lecteurs du *Mercure* et des *Cahiers* de Péguy avaient remarqué des vers pittoresques et sensibles parus sous son nom, des impressions d'enfance, délicatement notées, de jolies descriptions de la ville de province où s'écoulèrent ses premières années.

> La ville où je naquis a de petits pavés
> Carrés, durs, enfoncés, cimentés dans la terre,
> Tout proprets et contents d'être si bien lavés
> Et blâmant le caillou qui roule, solitaire.

A travers ces pages, passaient de chères figures, le père, d'abord :

> Sévère comme ceux qui n'ont jamais failli,
> Avec sa barbe blanche et ses yeux bruns et tristes,
> Mon père, tout devoir, tout susceptible honneur,
> Républicain d'esprit et de mœurs jansénistes,
> Indépendant et raisonneur.

la mère attentive, discrète, dévouée à la maison :

> Gardienne des clés, régente des menus,
> Multipliée en soins menus,
> C'est toi, mère craintive et toujours éplorée,
> O prunelle ! par tant de pleurs décolorée.

l'aïeule, enfin, divinement indulgente :

> Chapeau bas, tous, devant cette petite vieille,
> Qui, le pied déjà dans la mort,
> Fière de moi, me disait à l'oreille.
> « Allons, mon cher enfant, sois fort. »

Il n'est pas inutile de rappeler ces débuts de l'écrivain. L'amour du terroir et du foyer contient en germe l'amour élargi de la patrie. M. Porché n'aurait pas célébré avec tant de cordialité et de feu la merveilleuse vertu du soldat de France, s'il n'avait vécu à l'origine parmi d'excellents Français et n'eût conservé d'eux un souvenir, que des circonstances tragiques allaient attendrir et exalter. Cette émotion imprègne l'épopée de *l'Arrêt de la Marne* qui, l'an dernier, impressionna vivement le public ; elle anime le drame nouveau ; elle lui communique un accent sincère. C'est parce que l'ouvrage est naïf et simple qu'il atteint à la grandeur.

Il échappe aux conditions habituelles du théâtre, il ne retrace pas les péripéties d'une intrigue roma

nesque et ne peint pas des figures particulières. Il
traduit des sentiments généraux ; chacun de ses personnages est l'incarnation d'un principe ou d'une
idée, ou bien il représente un groupe d'individus, une
classe sociale, une race, un peuple. Cette pièce est un
conte, un conte philosophique et symbolique, un roman
de Voltaire dénué de la sécheresse voltairienne. C'est une
satire jointe à un hymne de piété. La forme allégo-
rique a de nombreux avantages ; elle permet de tout
dire, et sur tous les tons, d'allier la grâce légère à
l'éloquence, la moquerie à l'invective. Elle ne trouble
ni ne gêne le spectateur, en imposant à ses regards la
réalité directe ; elle l'emporte dans un monde imaginaire ; et pourtant cette fiction offre un sens tellement
clair qu'il ne saurait s'y méprendre. C'est la vérité
même, mais embellie, agrandie, stylisée, enveloppée de
fantaisie et de songe, délivrée de la platitude des tableaux trop précis et trop exacts. L'écueil du genre
est la froideur et aussi la préciosité. L'excès d'ingéniosité tourne aisément au maniérisme. Il y a péril à
exagérer les gentillesses. Ces divers éléments sont rarement unis. Un génie médiocre ne réussirait pas à les
grouper ; leur assemblage exige des dons presque toujours incompatibles de spontanéité et d'art. L'allégo-
rie ne fleurit que dans la fraîcheur des littératures pri-
mitives ou dans le raffinement des vieilles civilisations
Au théâtre, elle part des soties et des mystères pour
rejoindre Banville et Rostand. Il existe quelque analogie entre *Chantecler* et la *Finette*. Les deux œuvres
exaltent le sentiment national, glorifient le devoir et
l'effort... Rostand avait pressenti ce que Porché a vu
s'accomplir. Ils s'inspirent des mêmes pensées, prê-
chent la même croisade, aboutissent à la même conclusion. La scène, où, sous la menace et l'oppression
du vol pesant de l'oiseau de proie, le peuple de Chantecler se serre autour de son chef, n'est-ce pas l'image
des rigueurs, des disciplines et des nécessités de la
guerre ?

Donc, il était une fois une princesse qui vivait heureuse dans la plus belle province et le plus beau château du monde. Ses sujets l'aimaient bien, parce qu'ils l'aimaient sans contrainte. Elle ne les opprimait point, les laissait libres d'agir et de parler à leur guise, de travailler selon leur caprice, et de s'amuser. Insouciants, frivoles, et naturellement spirituels, ils frondent l'autorité ; ils narguent l'intendant de la jeune souveraine, un nommé Buc, venu on ne sait d'où, un étranger suspect, un être énigmatique, gourmé, obséquieux, sourdement irrité de leurs railleries, décontenancé par leur liberté d'allure. Ce Buc les juge fort mal — sur l'apparence.

> Ici tout marche à reculons,
> Dès qu'on a tourné les talons
> La chopine et le casse-croûte.
> Ils n'ont de cœur que pour cela
> Et leur blague aussi me dégoûte.
>   Moi qui suis réglé
> Comme un chronomètre,
> Je ne puis admettre
> Un cerveau fêlé.

Il les croit corrompus, dégénérés, ignorants des bonnes méthodes, incapables de se plier à la règle... Le doyen des jardiniers, le père Miron, saisit la portée de ces critiques.

> Jeunes gens, jeunes gens, je me tais et j'observe...
>   Ce fantoche a dit vrai souvent.

On ne l'entend pas ; on continue de se divertir ; on ouvre ses portes à tous les aventuriers de l'univers ; on se laisse envahir « pacifiquement » ; on se dispute entre soi, on fait de la politique... Seul, le fils aîné de Miron, François, au retour d'un long voyage où il s'est instruit, constate que dans sa patrie, il y a quelque chose de changé. Il confie à Finette sa déception, son souci.

Un esprit différent de nos vieilles coutumes
Haussant le ton des voix et l'éclat des costumes ;
Tous les gens bien parés me semblaient plus communs,
Des étrangers en foule, ou trop blonds ou trop bruns,
          Jargonnaient dans leurs langues.
Votre Grâce riait à toutes ces harangues.

La princesse convient qu'elle aurait pu se montrer moins accueillante.

          Oui, François, vous avez raison.
Un flot trop bigarré passe par ma maison ;
          Souvent je le déplore ;
Mais si l'on vient chez nous, comme on cherche l'aurore,
C'est que tous les Miron couchés dans le tombeau
          Ont fait ce pays grand et beau.

Les invités, en effet, se pressent au seuil du château hospitalier, qui s'est paré pour les recevoir. Les ambassadeurs — et les financiers — de toutes les nations du globe, cérémonieusement introduits par Buc auprès de Finette, lui baisent la main. Le *populo* acclame la souveraine et ses hôtes, — en les raillant un peu. Il est très gobeur, sous ses airs sceptiques. Et puis il prend sa part de la fête ; il jouit des illuminations, des feux d'artifice ; il se grise de chansons et de vin bleu...

Or, tandis que la princesse, délicieuse ce soir, reine des élégances et de l'esprit, ouvre son logis aux hommages et aux fleurs ; tandis que le peuple danse, ses voisins, les Butors voraces, aiguisent leurs armes. Depuis longtemps, ils préparaient cette agression. Buc est leur homme, Buc, l'espion, le traître, le corrupteur, le recéleur de documents, le voleur de secrets. C'est lui qui crochète les serrures, construit les plates-formes bétonnées, mine les tunnels, épie ce qui se dit dans la salle à manger et se chuchote dans l'alcôve. Maintenant sa tâche préliminaire est achevée. Il quitte furtivement le château en liesse et vient conférer avec l'avant-garde des assaillants. Une mise en scène saisissante met en relief ce contraste. La nuit se fait. Au

delà du rideau baissé, flottent l'harmonie des valses lentes et la langueur des parfums. Au premier plan, au
bas du vaste escalier substitué par M. Gémier à l'in-
franchissable rampe, dans un bosquet de feuillage,
surgissent des silhouettes bottées et casquées, qu'éclaire
l'intermittente lueur des lanternes sourdes. C'est Buc,
et ce n'est plus lui. Ayant retourné sa livrée dont l'envers passementé a la couleur et l'aspect d'un uniforme,
il est désormais un soldat ; il avance à l'ordre, porteur
des renseignements qui livrent le pays à l'envahisseur.
Quelle joie hideuse il éprouve à remplir sa mission !
« Obéir est rude, mais trahir soulage », murmure-t-il.
Sa haine envers ceux qui l'ont hébergé sans défiance,
s'épanche en mots sataniques, dans un vo missement
de bile et de ricanements venimeux.

> Va-t'en vers ta fin, vieux peuple caduc,
> Ris encore un soir. Rire est ton grand crime ;
> Puis tombe, ivre-mort, pour que du pied, Buc
> Te pousse à l'abîme.

Le duc-maréchal l'interroge, le félicite et le paye. Ce
lui-ci, c'est le conquérant fanatique, pénétré des théories monstrueuses des apologistes de la force, le militaire implacable.

> La guerre, c'est la guerre,
> Le sentiment ne fait qu'en prolonger les maux ;
> Donc que, dans nos esprits, la guerre règne seule.
> Pas de pitié ;
> La meule
> Ne moud pas à moitié.
> Où nous aurons passé ne laissons que des flammes :
> Il est dur d'être dur, et pourtant, il le faut,
> Restons sourds aux clameurs des enfants et des femmes
> Notre but est plus haut.

Des rumeurs confuses, des roulements, des piétinements lointains ponctuent ces discours. L'armée ennemie approche. Elle a violé la frontière, massacré les
sentinelles, occupé le bourg voisin, coupé le télé-

graphe, détruit la voie ferrée. A l'intérieur, de sournoises complicités travaillent pour elle. Tout est prêt.

La sinistre vision s'efface, la vision voluptueuse et folle réapparaît. Les couples enlacés errent le long des allées ; les musiques s'assoupissent ; le souper va ranimer l'ardeur des amants. La princesse adulée, surexcitée, radieuse, goûte pleinement la douceur de vivre.

> Je veux que tous les soirs le plaisir se rallume
>   Dans mon parc et dans ma maison.

Et voici qu'un coup de foudre interrompt la bacchanale, le tonnerre des hommes plus redoutable que le feu du ciel. La grand'mère de Finette, la duchesse Anne frémit, car elle a entendu jadis ces premiers bruits d'orage annonciateurs des cruautés et des deuils.

> Ma fille, hélas ! je connais cette voix
>   Ah ! comment l'aurais-je oubliée ?
> Est-ce que je n'ai pas, devant elle, autrefois.
>   Courbé ma force humiliée ?

Le grondement du canon s'accroît, suivi de cris d'épouvante. Le jeune fils de François Miron raconte les meurtres et les pillages dont il a été témoin. L'heure est grave. Mais déjà le peuple répond à l'appel du tocsin ; tous, ouvriers, paysans, gentilshommes et bourgeois, adolescents, barbons et vieillards, tous volent au secours de la princesse.

> Ah ! te voilà debout, dressée en un clin d'œil
> O race toujours prête à bondir sous l'offense.
> Mes amis, on m'attaque, on me croit sans défense.
>   Couvrez mon corps, barrez mon seuil...

Inutile de leur prêcher le devoir. Ils partent, églantines au fusil, refrains aux lèvres, avec la résolution et la certitude de vaincre. Finette les embrasse, en la personne de son cher François ; elle se dépouille de son manteau d'azur, le jette sur les épaules du soldat...

Tu seras dans ses plis comme un roc dans la brume,
Comme une vive haie au seuil de la maison,
        Comme un élément d'une autre saison
            Ou comme un toit qui fume
                Au bord de l'horizon !
Sois désormais sacré, symbole de ma force,
        Drap d'azur, enveloppe, écorce
            De mes rameaux vivants !
Soldat, sous ces couleurs, reçois l'investiture
            Va, peuplier, résiste aux vents !

L'acte s'achève dans une explosion de vaillance. Les mobilisés s'éloignent. Celles qui attendent leur retour, les donatrices, les mères, les épouses, les fiancées refoulent les larmes qu'il serait honteux de répandre en un pareil jour. Ce spectacle magnifique nous bouleverse d'autant plus que ce n'est pas du théâtre — nous le savons bien — mais de l'Histoire. Toutes ces scènes, qui furent vécues, le poète les ramasse, les condense, en compose un tableau synthétique où rien d'essentiel n'est omis. Et cela bouillonne, palpite, frissonne ; la jovialité populaire s'y mêle à la fureur du combat. Ces trois épisodes, complets et rapides, bourrés de faits, ne sont que mouvement et passion. L'auteur a été aidé, dans leur réalisation scénique, par Mme Simone, prodigieuse d'énergie, et par M. Gémier, acteur puissant, incomparable stimulateur... Nul n'obtiendrait ce qu'il obtient de ces comparses à qui il inocule la fièvre sacrée. Et l'expédient qui lui devient famillier, la suppression de la rampe, la démolition intégrale de ce fameux « quatrième mur », dressé au niveau du trou du souffleur entre le public et l'interprète, trouve un emploi rationnel dans cette pièce où de vastes figurations se déploient. L'action y gagne en intensité, en clarté. L'auditeur qu'elle poursuit ne peut plus être sommeillant ou distrait, et se désintéresser d'événements auxquels il participe, en quelque sorte, puisqu'ils le frôlent et se passent sous ses yeux.

La seconde partie du drame ne vaut pas la première :

elle ne présente pas un ensemble aussi fermement
coordonné ; elle contient trop de choses, et certaines de
ces choses comportaient des développements que
l'auteur a dû réduire pour ne pas amplifier immodérément son cadre. Mais le talent y abonde. L'espace me
manque et je ne puis que mentionner les épisodes qui
mériteraient d'être analysés en détail. L'entretien politique du maréchal-duc et de la princesse est une maîtresse page. L'hypocrite déférence du traîneur de sabre
envers l'adversaire qu'il s'imagine abattue ; son offre
orgueilleuse d'une paix « chargée d'honneurs » qui ne
serait qu'une servitude déguisée ; les larmes vite
essuyées, la révolte de Finette, le mépris qu'elle oppose
à ces avilissantes propositions ; la douleur qui l'étreint,
quand on lui apprend la mort de François ; sa course
éperdue à la recherche du héros ; son bonheur de le
retrouver vivant, sorti sain et sauf de la dangereuse
entreprise qui repousse les barbares et libère le pays ;
les pleurs qu'elle verse sur la tombe des martyrs de la
cause sainte ; l'allégresse du triomphe final, de l'union
désormais scellée entre la reine et son peuple : ces
traits sont marqués, ces sentiments exprimés avec une
netteté, une éloquence, un élan généreux qui gravent
dans l'esprit du spectateur une ineffaçable empreinte.
Il s'en va réconforté, plus fier, plus viril. Cette chaleur
rayonnante n'émane que des grandes œuvres.

Et ce dont il faut louer l'écrivain, c'est sa mesure.
Il ne cède pas à l'attrait facile d'injurier l'ennemi ; il le
peint ressemblant, impitoyable, sauvage, mystique
nourri d'abominables doctrines, convaincu de la supériorité de sa fausse civilisation, serviteur d'un dieu
féroce. Le maréchal-duc personnifie l'intellectualité de
cette race. L'espion Buc en symbolise la basse anima-
lité. Il est atroce, vindicatif, grossièrement sensuel,
servile lorsqu'il a peur, insolent dès qu'il se croit fort.
Il se meut dans la ruse et le mensonge, comme dans
son élément naturel. Regardez les yeux fuyants de
Gémier, le rictus de sa lèvre méchante, son échine

ployée, ses bras de boucher, ses pieds lourds et plats, sa main crochue. Est-ce Méphistophélès ? Est-ce Judas ?... C'est le Boche...

Finette incarne, en son corps délicat, la grâce latine. Elle aime le plaisir, mais vienne l'épreuve, et la petite femme se révélera guerrière. Son àme légère possède des forces insoupçonnées, infinies, qui se redresseront sous la menace ou l'outrage. On la tuera, on ne la domptera point... C'est la Française... Mme Simone traduit d'une façon supérieure les nuances de ce rôle pathétique et charmant. Nous souhaiterions qu'elle y mît çà et là, un peu plus de poésie et de rêve. Sa voix exprime mieux l'ardeur belliqueuse que la tendresse ; pourtant elle enveloppe d'une mélancolie pénétrante les beaux vers dédiés à la mémoire des soldats martyrs. Félicitons l'artiste, somme toute, incomparable. Elle a eu foi dans cette œuvre. Son intelligence l'a découverte; sa volonté l'a imposée. Il est juste de l'associer au triomphe de l'auteur.

MM. Jean Worms, Desfontaines, Mlle Bal, tous se sont montrés remarquables. Le personnage de la duchesse qui devait être créé par Mme Moreno, est faiblement tenu par Mme Massart.

En finissant, formons le vœu que le drame de M. Porché parcoure les villes de France. On ne l'écoutera, on ne l'applaudira jamais assez.

G. DE PORTO-RICHE

LE MARCHAND D'ESTAMPES

(Théâtre de l'Athénée)

17 *décembre* 1917.

MALGRÉ les événements, Paris n'a pas tout à
fait perdu son humeur, son goût d'aventure. Il
y a de l'amour dans l'air et par les rues. L'inquiétude,
le chagrin, les deuils n'ont pas diminué la beauté des
femmes ; et comme avant, comme autrefois, l'homme
qui est romanesque peut rencontrer en chemin des
figures dangereuses, des yeux inoubliables. » Ainsi
s'exprime un personnage épisodique de la nouvelle
pièce de M. Porto-Riche, un philosophe sentimental et
très indulgent, qui n'est ici que le porte-parole de l'auteur. La nature, assurément, exerce ses droits sur les
créatures et les incline à s'aimer parmi les révolutions
et les massacres, de même qu'elle veut que des fleurs
poussent sur les ruines et les tombes. Nous ne saurions
blâmer le poète psychologue du *Passé* d'avoir, en temps
de guerre, ajouté une page à son « théâtre d'amour ».
Il obéit, lui aussi, à ses instincts qui le ramènent invinciblement aux routes qu'il a déjà parcourues et lui
imposent l'obsession d'une unique pensée. M. de Porto-
Riche possède une vaste culture, l'intuition de son
temps, l'intelligence la plus avertie et la plus claire ; il

connaît à peu près toutes choses et ne se soucie littérairement que d'une seule. Il semble exclusivement
voué à l'analyse de la passion amoureuse, et cela non
par calcul, avec l'intention de se spécialiser dans un
genre et de se constituer une « marque de fabrique »...
Il ne s'abaisse pas à des préoccupations de cet ordre.
Nul n'est moins intéressé. Sa bonne foi, je dirais presque sa naïveté sont extrêmes. Il écrit parce qu'à de cer-
ta'ns moments il éprouve le besoin d'écrire (de longues
paresses succèdent à ses périodes d'activité) ; et s'il ne
parle que de l'amour, c'est que l'amour lui paraît être
l'affaire essentielle de ce monde... Voilà pourquoi ses
ouvrages ont de communs caractères et ses personnages
d'étroites analogies. Même façon d'aimer et de se déchirer l'un l'autre, et de se torturer soi-même en
aimant. Cette conception de l'amour s'inspire de l'état
d'âme et de l'esthétique de 1835. L'amour, dieu inexorable et cruel, maître de la terre, frappe de démence
ceux qu'il asservit et les affranchit, par son despotisme,
de toute responsabilité. Ni bien, ni mal, ni mérite, ni
démérite. Inconscience absolue des amants, qu'une
volonté libre ne gouverne plus. Cet amour-tyrannie,
cet amour-fatalité est l'amour d'*Antony*, de *Marion
Delorme* et des *Nuits*. M. de Porto-Riche, qu'il y con-
sente ou non, subit l'influence atavique de la vieille
école ; il ne déteste pas le décor et le costume. (Il a fait
Philippe II, *l'Infidèle* et tient prête une *Manon*.) Dans
ses œuvres intimes, il souffre, s'irrite et pleure comme
Musset ; mais il discerne avec lucidité, et décrit avec
une pénétration singulière les replis cachés du cœur.
Il a de la violence et de la mesure, de la férocité et du
goût. Il est le plus racinien de nos dramaturges...

L'histoire qu'il expose aujourd'hui met aux prises de
petites gens, en qui vont se déchaîner de furieux orages,
les convulsions passionnelles d'Oreste, d'Andromaque,
d'Hermione et de Pyrrhus. Daniel Aubertin et sa
femme Fanny, marchands d'estampes sur le quai d'Or-

léans, à deux pas de Notre-Dame, jouissaient d'un parfait bonheur ; attelés à la tâche quotidienne, ces
tendres et sages associés l'accomplissaient allégrement ;
aucun nuage ne troublait leur affection réciproque.
Daniel vola vers la frontière à l'heure de la mobilisation ; Fanny refoula ses larmes, afin de ne pas amollir
le courage du jeune soldat. Quand il eut été blessé à
Carency, elle alla le recueillir, le soigna, le guérit,
subvenant par son seul effort aux nécessités de leur
commerce et à l'entretien de leur maison. Fanny est
une ravissante femme raisonnable, délicate et sensible
— une perle. Elle surveille d'un œil anxieux son cher
convalescent. Il l'inquiète. Elle le trouve fébrile, trop
silencieux ou surexcité ; elle essaye de deviner les
causes de ce manque d'équilibre ; elle l'attribue aux fa-
tigues de la campagne, aux malaises d'une santé chan-
celante, aux ébranlements reçus, et contre lesquels il
n'a pu encore réagir. Elle le conjure maternellement
de dissiper sa torpeur, de modérer son exaltation.

« — Impossible, murmure-t-il. — Tu te complais
dans ce détraquement ? — Ne le croie pas. »

A son embarras, à sa gêne croissante, nous comprenons qu'il a un secret. Avant d'élucider ce mystère
d'où naîtra le drame, M. de Porto-Riche crée autour du
ménage une atmosphère d'inquiétude et de contrainte.
C'est une savante préparation. Il accumule les détails,
les petits faits significatifs. Daniel, incapable de demeurer en repos, sort sans raison apparente, rentre
aussitôt sorti et s'écroule accablé dans un fauteuil.
Il trompe son désœuvrement en lisant du Shakespeare.
Cette phrase d'Othello le laisse rêveur : « Elle m'aima
pour les périls que j'avais courus et je l'aimai pour la
pitié qu'elle en eut. » On devine que le tourment de
Daniel est un tourment amoureux. L'Amour rôde autour de cet homme à demi-vaincu ; il l'assaille, le
harcèle, revêt des formes inattendues afin de le mieux
surprendre. Il apparaît à travers les grâces d'une gra-
vure libertine apportée par un client. Il s'insinue entre

les lignes d'une lettre venue d'Allemagne, la lettre d'un
prisonnier à sa fiancée. Même il emprunte la voix de
l'innocente Fanny ; il lui souffle des paroles impru-
dentes. Elle aussi a lu Shakespeare et retenu cette
réflexion de Desdémone : « Supposes-tu, Emilia, qu'il
y ait des femmes qui trompent leur mari ? » Fanny ne
trompera jamais le sien, elle en est sûre. « — Et si
quelqu'un te faisait la cour ? murmure Daniel. — Je
ne m'en apercevrais pas. — Et s'il t'écrivait ? — Je
ne lui répondrais pas. » Agacé et amer, il s'écrie :

« Ainsi le misérable ensorcelé pâtirait en silence,
défaillerait à ton approche ? O barbarie des femmes
heureuses ! »

Il est au bord de l'aveu ; que Fanny insiste tant soit
peu, il s'y résoudra sans répugnance. Que dis-je ? Il
éprouvera un certain plaisir à se confesser, dût sa confession meurtrir celle qui l'écoutera, peut-être à cause
de cela même, l'homme aimé ne détestant pas faire
pleurer la femme qui l'aime et mesurer son pouvoir
sur elle à la peine qu'il lui cause. Vous reconnaissez
à ce trait le fond de cruauté qui caractérise les héros
de M. de Porto-Riche. Il n'y a pas chez Daniel, comme
chez le mari de Françoise, un donjuanisme taquin et
pervers. Il ne veut pas être méchant ; il l'est, toutefois, lorsqu'il prolonge au delà de ce qui serait nécessaire sa confidence, lorsqu'il retourne le poignard dans
la plaie, lorsqu'il multiplie et précise les images douloureuses, lorsqu'il tire de son imagination ou de sa
mémoire tout ce qui peut offenser et alarmer la pauvre
Fanny. Il déploie à l'affliger une ingéniosité de tor-
tionnaire. D'abord, il pique sa curiosité sans la satis-
faire, car il refuse obstinément de désigner sa rivale.
Il a vu cette passante, et tout de suite a pressenti qu'il
lui appartiendrait. Ç'a été le coup de foudre. Il ne lui
a pas parlé et ne cesse de penser à elle, au point que
si elle le repoussait, il essayerait de contracter une maladie mortelle. Autant de coups de poignard pour
Fanny. Et ces révélations, il ne les lui fait pas dans

l'impétuosité d'un irrésistible élan, comme on se délivre, en toute hâte, d'un fardeau ; il les distille, il les nuance, il les espace. Il se défend de prononcer les mots destructeurs. Et il les prononce. « Je ne t'infligerai pas ce supplice. » Mais il le lui inflige, non sans avoir obtenu de Fanny une complète, renonciation. Elle le sent malheureux et se résigne à tout, pourvu qu'elle l'apaise et le console : « Que n'ai-je vingt ans de plus, des cheveux gris, pour compatir à ton chagrin et garder ma dignité . » Sa dignité, elle y renonce bien vite ; elle l'immole à l'inquiétude de ce grand enfant.

« Je te jure d'être patiente et bonne, de ne pas t'épier, de te plaindre et de me plaindre en silence. Et s'il vient un moment où je doive disparaître... eh bien, je disparaîtrai. »

Promesse dangereuse qui, bientôt, se retournera contre elle. L'acte s'achève sur les lamentations de l'époux désemparé et de l'épouse affligée. Ils accusent la malignité du sort et lèvent au ciel des bras suppliants. Leur aventure sert d'argument à l'auteur, soucieux de prouver, une fois de plus, la toute-puissance de Vénus. Et Vénus, en effet, se dresse à côté des personnages ; son image invisible et présente emplit la scène, franchit la rampe, s'impose aux auditeurs autant qu'aux acteurs. Par là, par cette obsession, par cette soumission à la déesse, par cette terreur, la pièce de M. de Porto-Riche rejoint le théâtre antique...

Au cours du second acte le mal de Daniel et de Fanny s'envenime ; langueur chez l'un ; jalousie chez l'autre. Le renoncement de Fanny dissimulait un espoir. Elle comptait reconquérir son bien, garder ce cœur pressé de fuir. Elle redouble de servilité, d'humilité. Est-ce le moyen le meilleur ? Elle se repaît des miettes que lui accorde le mari infidèle qui n'a pu encore pécher, quoiqu'il en ait fort envie.

« Ton âme est absente, mais ton corps est ici. Je

le soigne, je puis te parler ; quelquefois tu me ré
ponds. Ce sont les petites joies qui me restent. »

Joies que le soupçon, la vision de la trahison inévi
table empoisonnent. A présent Fanny ne se domine
pas plus que l'enfant terrible qu'elle tentait d'assa-
gir. Elle prête une oreille indifférente au récit émouvant que sa petite amie Clarisse lui fait de la guerre.
Et ce monologue, coupé de répliques impatientes ou
distraites, montre d'une façon saisissante les ravages de
l'idée fixe installée dans un cerveau. En somme, l'un
et l'autre ils sont jaloux. L'un et l'autre ils aiment
sans être aimés. Le plus digne de compassion est Da
niel, qui ne pouvant se faire aimer de celle qu'il aime,
est aimé éperdument de la femme pour laquelle il n'a
plus que de l'amitié... Double martyre... Le couple
dolent, par plaintes alternées, épanche sa détresse.

« Quel supplice, dit Fanny, de savoir que l'âme dont
on est dépossédée, ou que l'âme qu'on ne parvient pas
à conquérir s'éloigne et s'attache ailleurs - — Comme
on crie, comme on pleure, gémit Daniel, quand on
s'aperçoit que tous les regards d'un être cher se tendent vers un être qui n'est pas vous - — Mais c'est
ton histoire que tu retraces. — Non, c'est de toi qu'il
s'agit. — Ce n'est pas moi, c'est toi. — C'est nous
deux ! »

L'entretien se terminerait en douceur sur ces atten-
drissements mutuels, si Daniel ne cédait à la tentation
maladive d'exaspérer sa compagne. « L'événement le
plus mince, déclare-t-il, peut m'endurcir brusquement
et nous transformer en adversaires. » Il ne dissimule
pas (la franchise meurtrière de cet homme fait regret-
ter le mensonge) qu'il a rencontré sa future maîtresse
et que demain, sans doute... « Serai-je, dans ce cas,
ajoute-t-il, plus coupable qu'hier ? » Fanny se retire,
bouleversée, la gorge secouée d'affreux sanglots...

A cet acte pénible et lent, succède un acte tragique
— le dernier. L'auteur précipite ses héros au fond du

gouffre, il les conduit au suicide. Son éloquence, son émotion, sa sincérité rendent ce dénouement non seulement possible, mais vraisemblable. La longue scène qui nous le fait accepter est une merveille d'art et de pathétique. Daniel triomphe ; il a réussi enfin à toucher le cœur ou les sens de la mystérieuse inconnue. Elle consent à le suivre ; elle l'attend. Il va la rejoindre. Il a pris toutes ses dispositions, mis ses papiers en ordre, réglé avec son notaire la question d'intérêts. C'est l'instant des adieux. Il prétexte un voyage de courte durée. Devant les yeux interrogateurs de Fanny, il se trouble et renonce à feindre. L'atroce vérité éclate. Nous assistons au combat suprême livré par la femme abandonnée pour défendre son bonheur. Elle exprime en quelques minutes un nombre inouï de sentiments : la stupeur, la haine (contre sa rivale), le mépris, la colère ; puis, lasse et brisée, elle use des armes les plus redoutables, la prière, les pleurs. « Regarde la misère où je suis descendue. » Aucun sacrifice ne lui coûte. Elle supporterait la trahison de l'être adoré, si du moins il demeurait auprès d'elle, si elle conservait sa chère présence. Elle abdique toute fierté, elle accepte le partage. Comme il a l'ignominie de lui rappeler ses promesses de résignation silencieuse, après un sursaut de révolte, elle se soumet. « Tu es libre », murmure-t-elle. Mais aussitôt, se raccrochant à un lambeau d'espoir, elle évoque le passé, le déchirement de l'autre départ, du départ héroïque.

« Ce jour-là, j'avais la force de ne pas pleurer. Je l'accompagnai jusqu'à la gare. En route, tu m'embrassais... »

Ces souvenirs arrachent des larmes à l'ingrat. Minute de généreuse faiblesse dont Fanny s'empare pour le ressaisir. Il se blottit dans ses bras, il se repent, il lui revient. Elle jette un cri de joie... Hélas !... A peine a-t-il proféré ces mots qui le lient, qu'il voudrait les retirer. Il n'est pas guéri... Le douloureux débat se prolonge. La femme continue de supplier. In-

certain, vacillant, l'homme agonise. « Eh bien, va-t-en,
conclut-elle. Tu seras heureux, moi malheureuse. —
Je n'ai plus le droit d'être heureux... » Désormais, il
n'aperçoit qu'une issue : la mort... Et le duel recommence. S'il meurt, elle mourra. En vain s'efforce-t-il
de la détourner du sinistre projet ; elle s'y complait ;
elle y voit la fin de son tourment, la délivrance. Un
vent de folie pousse à l'abîme ces déséquilibrés. Exal-
tés, pris de vertige, ils gravissent ensemble le para-
pet du fleuve libérateur.

L'œuvre s'achève donc dans l'horreur et l'épouvante.
Une immense tristesse en émane, due beaucoup moins
à la catastrophe qui la termine qu'à la misère morale
des personnages. M. de Porto-Riche s'est si bien rendu
compte de la répugnance qu'exciterait la veulerie de
Daniel qu'il plaide en sa faveur les circonstances atténuantes. Il le montre, au début de l'ouvrage, souffre-
teux, dénué d'énergie, anémié par trois ans de guerre.
C'est une façon d'excuser sa lâcheté à venir. Lâche
il l'est, non pas parce que, sous l'impulsion d'une passion furieuse, il trompe sa femme, mais parce qu'il
la crucifie et l'avilit, en la prenant pour confidente
amicale de ses désordres, en aiguillonnant, comme à
plaisir, une jalousie qui amène la lamentable Fanny
à des abdications honteuses... Lâche, ne l'est-elle pas
également, la femme que ne soutient pas, contre sa
propre faiblesse, le respect d'elle-même et qui préfère
à la solitude fièrement endurée, d'humiliantes transac-
tions conjugales ? A la bien considérer, cette bataille
n'est qu'un conflit d'égoïsmes, l'égoïsme masculin
désireux de tout avoir, l'égoïsme féminin, ardent à ne
rien perdre. Dans le spectacle de ces instincts déchaînés, avides de s'assouvir, il y a quelque chose de débi-
litant, d'énervant, d'un peu dégradant. On se dit que
ce n'est pas là toute la vie, qu'il y entre une part
d'effort désintéressé et de vertu et que la notion cornélienne du devoir n'est pas tout à fait une chimère.

Ne demandons à l'auteur du *Marchand d'estampes*, qui ne pose point au moraliste, que ce qu'il porte en lui : une rare clairvoyance psychologique ; une philosophie dont il ne sent pas autant que nous l'amertume ; des dons incomparables d'artiste et d'écrivain. Ce peintre réaliste de l'amour est un poète. Ce pessimiste a toutes les grâces...

Mlle Madeleine Lély est plus que son interprète, sa collaboratrice. Elle traduit avec une sensibilité profonde les mouvements intérieurs d'un personnage complexe et nuancé. Elle s'y absorbe, l'incarne totalement. Elle a la foi. De M. Harry Baur je dirai moins de bien. Pourtant nous aurions pu avoir un plus mauvais Daniel. Dans les rôles accessoires, MM. Dubosc, Bour, Balier, Mlle Guyon se sont fait applaudir.

Mlle LENÉRU

LA TRIOMPHATRICE

Comédie-Française

28 janvier 1918.

LE public a écouté avec respect la *Triomphatrice*. Il connaissait le nom de l'auteur, sa réputation, l'histoire de sa première œuvre, les *Affranchis*, signalée, imposée par l'enthousiasme de Catulle Mendès aux sympathies et à l'admiration de la foule. Il savait aussi que Mlle Marie Lenéru se meut dans le monde des idées, se voue de préférence à l'analyse de la vie intérieure et qu'il n'avait pas à attendre d'elle un frivole amusement. Au surplus, le sujet de l'ouvrage l'intéressait. L'émancipation de la femme libérée de l'antique servitude, l'inquiétude de l'homme peu à peu dépossédé, l'esprit d'émulation qui les met aux prises, les crises inévitables nées de cette rivalité et de ces conflits : ce sont là des questions à l'ordre du jour et dont l'examen se lie aux plus graves problèmes de l'avenir. N'était-il pas piquant qu'une littératrice célèbre abordât cette étude, y versât son expérience, l'éclairât des lumières de son intelligence intuitive et originale ? Le spectateur, très bien disposé, ne demandait qu'à comprendre et qu'à applaudir. A mesure que la pièce se déroulait, il éprouvait des impressions assez confuses, de la gêne, du plaisir, la joie d'y voir clair, puis, soudain, le malaise de sentir cette vérité qu'il avait cru saisir se dissoudre, ces caractères, qui lui semblaient fermement tracés, s'éloigner de la nature. Il se sentait déçu par les obscurités du drame et toutefois subjugué par sa puissance. De tout cela résultait une grande incertitude. Bien rares les gens capables de se former une opinion réfléchie et personnelle. On tâte son voisin. On se répand dans les couloirs. On flaire d'où vient le vent. Est-ce bon ? Est-ce mauvais ? Est-ce un chef-d'œuvre ? Est-ce un succès ? Est-ce un four ? Interrogé soi-même, on articule de ces paroles imprécises qui n'engagent pas. « La pièce ?... Oui... c'est de quelqu'un... *Il y a des choses très curieuses !...* » La *Triomphatrice* contient en effet des choses curieuses et profondes, mais elle contient des choses paradoxales, puériles, incohérentes...

La romancière Claude Bersier jouit d'une universelle renommée. Mariée — mal mariée — à un officier besogneux, trainée de garnison en garnison, lasse d'une existence vagabonde et médiocre, elle a demandé à la littérature, comme beaucoup de ses pareilles, des ressources pécuniaires et un réconfort moral. Des dons exceptionnels lui ont permis tout de suite d'y réussir. Le fameux écrivain Sorrèze a remarqué, encouragé ses premiers débuts. Elle s'est montrée reconnaissante et s'est donnée corps et âme à ce protecteur, dont elle ne voulait être que l'humble disciple et qu'elle ne prétendait pas égaler. La fortune est venue. Aujourd'hui, les journaux et les librairies se disputent les productions de Claude Bersier. Elle gagne beaucoup d'argent ; la jeunesse, si volontiers irrévérente envers les auteurs arrivés, l'admire. De nombreux adulateurs, qui l'appellent « maître », lui prodiguent des hommages tout ensemble intéressés et sincères. Flahaut — le critique redouté — se proclame son élève. Cette femme de trente-huit ans, belle et illustre, mère de la ravissante

Denise, dont le printemps en fleur s'épanouit auprès
d'elle, semble réunir les conditions du bonheur. Une
ombre au tableau. La présence de l'officier retraité, devenu bureaucrate, réfractaire par préjugé et taquinerie au divorce qui les eût l'un et l'autre libérés. Mais
ce mari, toujours sorti, sauf à l'heure des repas, n'est
pas encombrant. Et quoiqu'il se montre amer et maussade, Claude le supporte. Elle puise dans l'amour de
Sorrèze la patience d'endurer ces petits désagréments
conjugaux.

Donc elle est heureuse. L'est-elle vraiment ? Son langage, son attitude, dès le premier acte, n'accusent pas
une parfaite sérénité. Une agitation singulière s'y révèle. Quelques-uns de ses propos excitent l'étonnement. Elle parle avec une sorte de mépris de l'art
où elle excelle et qui lui procure des satisfactions si
enviées ; elle le ravale au niveau d'un métier qu'elle
exerce par nécessité et sans plaisir. « Je fais de la
copie, j'ai une fille à doter... J'adore le luxe. C'est
pour l'acquérir que je travaille. » Et comme Flahaut
oppose à ce désenchantement la noble ivresse de l'artiste, créateur de rêves. « Le rêve, déclare-t-elle, il n'en
existe qu'un : vivre. N'est-il pas misérable de se remé-
morer péniblement la vie, alors qu'elle passe à notre
porte et que nous n'y sommes point ? » Ces mots un
peu obscurs signifient-ils que Claude désespère de traduire les nuances et les complexités de la vie réelle,
ou simplement qu'elle est paresseuse et répugne à l'effort ? « Croyez bien, ajoute-t-elle, que si j'étais seule,
je n'écrirais pas des œuvres d'imagination... » Elle ne
veut pas qu'on écrive à ses côtés. Elle essaye de décou-
rager Denise qui, cédant à la contagion, lui soumet un
manuscrit.. Elle aurait horreur de faire de cette jolie
fille un bas-bleu ; elle ne se préoccupe que de l'établir,
de l'unir à l'ardent et charmant Flahaut... Ainsi
Claude ne serait, à aucun degré, femme de lettres. .
Pourtant nous voyons qu'elle subit impatiemment les

attaques dirigées contre ses livres et congédie sèchement ceux qui en parlent sans respect — preuve qu'elle n'est pas exempte de vanité littéraire. Mais en ce moment, dominée par une passion exclusive, elle subordonne ses autres sentiments à l'amour que lui inspire Sorrèze. Elle aime cet homme à la folie. Elle l'aime au point de négliger tout le reste. Et voilà pourquoi elle traite la littérature avec tant d'indifférence. Ce n'est qu'une illusion. Sorrèze. moins épris, n'en est pas dupe. Il remet les choses au point. Il gronde paternellement sa maîtresse. « Je n'éprouve plus le besoin de travailler, soupire-t-elle. — Il le faut. Que dirait de nous la postérité si Claude Bersier. à partir du jour où elle m'a aimé, s'était condamnée au silence ? » A travers ces affectueux conseils, un trouble se devine, que Sorrèze ne tente pas de dissimuler. Il s'enorgueillit de l'ascension rapide de celle qu'il a découverte et formée de ses leçons. Il s'en réjouit. Et il en a le cœur serré. Il ne lui cèle point cette faiblesse, l'appréhension de trouver en elle un émule possible et peut-être un concurrent victorieux. « Mon rival est une femme. Si elle m'équivaut, elle m'annule. Elle m'est dangereuse. »

Mlle Lenéru, pour ne pas trop avilir son héros, a soin d'expliquer que ce qui s'émeut chez lui, ce n'est pas le grossier amour-propre du grand seigneur de lettres menacé d'une diminution de royauté. Elle attribue sa tristesse à un sentiment plus délicat : l'humiliation de l'amant qui craint de déchoir aux yeux de l'aimée et de n'être que pour elle — peine intolérable — qu'un objet de pitié. « Dans un amour normal, lui dit-il, l'homme doit primer la femme. Et si c'était vous la plus haute, la plus forte ? J'ai peur que vous ne nous compariez et que je ne l'emporte pas. » Claude le rassure ; elle exalte la supériorité du maître qui l'a instruite, elle se fait toute petite, elle exagère l'humilité ; elle offre de différer la publication de son prochain volume jusqu'après l'apparition du livre de Sor rèze, afin d'éviter les rapprochements perfides et les parallèles désobligeants. Il repousse ces précautions dont s'offense sa fierté. C'est un risque qu'il affrontera. Désormais, qu'ils le veuillent ou non, et quelle que soit leur tendresse, entre eux, la lutte commence.

Le portrait de la romancière, esquissé au premier acte, se complète au second. L'intention manifeste de Mlle Lenéru est de tracer l'image d'une femme de génie, merveilleusement bonne, fine, perspicace, si richement pourvue de talents, de grâces et de séductions, qu'elle exerce une souveraineté tyrannique et qu'autour de cette reine, nul être humain ne peut respirer. Or la figure qui nous est peinte ne ressemble guère à la figure idéale imaginée par l'auteur. Claude agit avec une gaucherie déconcertante. Subtile et sensible, elle est, dans ses paroles, lourde et brutale. Grande psychologue, elle ignore l'âme de sa fille, bien facile cependant à pénétrer. Claude ne s'aperçoit pas que Denise souffre de n'avoir jamais été que la poupée d'une mère brillante et trop courtisée ; l'inconsciente Claude ne sait pas qu'elle a détourné de l'adolescente ingénument amoureuse le cœur de l'homme qu'elle aimait, et que la pauvre petite faillit en mourir de désespoir. Elle n'a rien soupçonné de cette tragédie sentimentale. Elle n'a rien vu. Au lieu de panser d'une main légère la blessure de Denise, elle l'envenime par des mots offensants et des gestes maladroits. En jetant cette enfant à la tête de Flahaut, elle l'expose à une mortifiante déception ; elle suppose que la jeune fille ne songe qu'au mariage sans regarder au mari.

« Je ne suis pas embarrassée de te caser. C'est un des avantages de la profession... Denise, veux-tu un artiste, un poète, un millionnaire, un marquis ? Tu épouseras qui tu voudras, je te le certifie. »

Voyant Denise ulcérée (on le serait à moins), elle conclut : « Ma sotte chérie. Oh ! l'héroïne bébête, quel roman idiot on ferait avec cette demoiselle-là ! » Elle médite de lui procurer des distractions mondaines.

« Je donnerai des bals, des matinées, des cotillons, tout
ce qu'il y a de plus bête. Je crèverai d'ennui, mais on
s'amusera. » Claude qualifie Denise de sotte. La sotte,
c'est elle. Elle l'est encore, quand elle s'obstine à décrier le métier dont elle vit et que, au fond, elle adore.
« Heureuse, la compagne qui se penche sur la table
de l'époux, celle qui admire et se tait ! Heureuse, la
mercenaire qui copie et qui sert ! Heureuses, toutes
les autres ! » Claude se ment à elle-même. Mais ici,
elle a une excuse. Elle craint pour son amour. Si
cruelle est son angoisse de le perdre, si vif son désir
de le sauver, que *momentanément* elle hait l'ambition
et la gloire qui le mettent en péril. Car elle ne s'abuse
pas. Le duel va s'engager et ce sera un duel à mort.
Les péripéties de ce combat meurtrier, les coups qu'é-
changent malgré eux les adversaires, soucieux de
s'épargner et contraints de se meurtrir, tous ces mouvements sont observés et décrits par Mlle Lenéru avec
précision. C'est la partie remarquable de son œuvre.

Les deux volumes de Claude et de Sorrèze ont paru.
Inégaux en mérite, ils sont l'objet d'un débat qu'exaspèrent l'envie, la méchanceté, les rancunes personnelles
et les vilains calculs, voilés sous l'apparence de la justice. Il est équitable de porter aux nues le livre de
l'authoresse ; mais les louanges qu'on lui prodigue visent à déchirer son ancien maître ; de même les critiques infligées au vieux maître tendent à l'apologie
de l'élève, proclamé maître à son tour. Sorrèze a été
fort malmené, surtout par le jeune Flahaut. Venant
d'un familier de la maison, cet article lui est double-
ment pénible. Il ne cache pas à Claude son désappoin-
tement, sa rancœur ; il lui demande d'obtenir du critique un nouveau jugement révisé et amendé. Bien que
cette démarche lui répugne (Flahaut ne l'aime pas
d'une affection purement fraternelle et a osé le lui
dire) ; elle y consent ; elle consentirait à tout pour retenir un amant qui se détache. Elle lui apprend que

l'agression du journaliste n'a pas uniquement pour
cause un désaccord d'ordre esthétique, mais qu'il y a
d'autres raisons... Elle découvre, hélas ! que cette révélation n'afflige point l'ingrat et que même il en paraît
soulagé. Décidément, Sorrèze n'est plus ombrageux
qu'en littérature. Elle le devine lointain, presque hostile. Elle se sent isolée entre un mari qui l'exècre, une
fille qui ne l'aime pas. Elle s'effondre lamentablement
sous l'épreuve. Et lorsqu'un télégramme lui annonce
que le prix Nobel vient de lui échoir, cette nouvelle
n'allège pas sa douleur.

Elle n'a pas fini d'être torturée. Au troisième acte,
elle achève de gravir son calvaire. La rancunière Denise, que ses aveux et ses larmes n'ont pu retenir,
l'abandonne et court se réfugier chez une grand'mère
où elle espère trouver la douceur et le repos. Vis-à-vis
de Sorrèze, le malentendu subsiste. Il s'aggrave. Can-
didat évincé au prix Nobel, l'écrivain vient apporter à
la triomphatrice les félicitations qu'il lui doit. Quelque empire qu'il ait sur lui-même, il s'efforce en vain
de faire bon visage. Ses regards sont chargés d'amertume ; des mots d'une atroce dureté lui montent aux lèvres, sous forme d'hommage. Il s'incline devant la
supériorité de l'artiste. Il ne subit plus le charme de
l'amoureuse. Et il le lui signifie sans ménagements.
« La femme, en vous, la femme avec ses défaillances et
son étroitesse d'esprit n'existe pas. Ferme, droite, intelligente, vous êtes un homme, un grand homme. »
(Si Mlle Lenéru s'exprimait ainsi, on pourrait lui
reprocher de n'être pas aimable, d'être à peine polie
envers son sexe ; mais ce n'est pas elle qui parle.)
L'inexorable Sorrèze poursuit l'exécution de son plan:
la rupture d'une liaison qu'il traîne comme un bou-
let. La soumission de Claude, l'élan de sa gratitude,
ses protestations de fidélité, ses promesses, ses pleurs,
l'affreux spectacle de sa détresse ne parviennent pas à
le toucher. Tranquillement il lui démontre l'impossi-

bilité de supprimer l'abîme qui maintenant les sépare.
Ils sont rivaux. La malignité publique ne cessera de
les opposer l'un à l'autre, de les exaspérer, de les aigrir.
« — Vous êtes au supplice, ma pauvre Claude. Vous
ne savez comment vous faire pardonner votre réputation toujours montante. Et moi, je ne sais pas davantage vous complimenter avec assez de chaleur, vous
prouver à toute heure, prouver au monde qui nous
surveille que je ne suis pas jaloux. A ce mal, aucun
remède possible. Mieux vaut cesser de nous voir. —
Et si je cessais d'écrire ? gémit Claude bouleversée. —
La sublimité même de votre abdication m'écraserait. »
C'est le suprême adieu des amants. Sorrèze disparaît.
Claude reste anéantie. L'honnête Flahaut s'efforce de
lui rendre un peu de courage, de la défendre contre
une tentation funeste... « Les femmes ne se tuent point,
murmure-t-elle d'une voix languissante... Elles se laissent mourir. » Elle aurait dû dire « les femmes de lettres ». La littérature est l'éternelle consolatrice.
Claude vivra. Elle racontera son martyre. Le grand talent qu'elle a fera de cette confession un chef-d'œuvre dont le succès achèvera de la remettre d'aplomb.
Elle trouvera dans la fougueuse amitié de Flahaut les
satisfactions que lui refusait l'amitié défaillante de Sorrèze. Nous sommes pleinement rassurés sur son
bonheur à venir. Et c'est ce qui nous empêche de compatir outre mesure à ses désastres.

Il manque à la pièce de Mlle Lenéru, je ne dis pas
un sourire, moins que cela, un accent d'ironie, un
avertissement discret, l'indication de l'évolution future
des personnages. Moins naïf que l'auteur, le public
doute de leur bonne foi ; il les soupçonne de se jouer
une comédie à demi sincère ; il ne prend au tragique
ni le dépit de cet amant vaniteux, ni l'hystérie céré-
brale et les faux renoncements de cette romancière géniale, ni les attaques de nerfs de cette petite fille mal
élevée. L'œuvre contient des sanglots, des cris de désespoir, des explosions de fureur. Cependant elle est dé-

nuée de pathétique. Dramatiquement conçue, développée par un esprit vigoureux, elle demeure froide et sèche ; il n'y coule pas de vraies larmes. Elle fait penser et ne remue pas.

Mme Bartet communique au rôle de Claude Bersier le frémissement de sa sensibilité, l'élégance, la noblesse, la tendre dignité des princesses de Racine. M. Duflos est un Sorrèze correct et distingué ; M. Le Roy, un ami effervescent ; M. Fenoux, un mari désagréable à souhait. Mlle Guintini met l'étrangeté de ses beaux yeux et les plaintes de sa voix blessée au service de Denise, incomprise et fugitive.

PARIS SANS THÉATRES

La Comédie-Française en voyage
Les tournées du " Chemineau " et de l' " Aiglon "

8 avril 1918.

LA saison théâtrale expire. Elle ne renaîtra que si le ciel de Paris redevient moins orageux. De laborieuses négociations se poursuivent entre le ministre le préfet et les entrepreneurs de spectacles, tous désireux de contenter le public, pénétrés des multiples devoirs qui leur incombent, soucieux de leurs responsabilités. Les mesures prises se ressentent de cette inquiétude. Elles sont quelque peu incohérentes, adoptées, puis abrogées, puis rétablies avec des amendements dont l'effet est de les annihiler. Jeudi, à deux heures, la foule se presse aux guichets de la Comédie. Une bande blanche collée sur l'affiche lui annonce que la représentation est contremandée. Le lendemain, décision nouvelle, mais non pas sans doute définitive. Les matinées auront lieu, à la condition expresse que dame Bertha se taise. Si elle tonne avant l'allumage des chandelles, le théâtre reste clos. Si c'est après, les spectateurs sont congédiés. Cette situation est intolérable et non exempte de ridicule. Dans l'un ou l'autre sens, une solution nette s'impose. Il faut que ces portes soient ouvertes ou fermées.

En attendant, le fléchissement des recettes, dû aux

tergiversations administratives tout autant qu'à l'exode des Parisiens, rend fort précaire le sort de ce petit monde qui vit du théâtre. Que va-t-il devenir ? Les acteurs voyageront. Des troupes entières se transporteront à Lyon, à Marseille, à Bordeaux, villes surabondamment peuplées depuis qu'a commencé l'offensive des Gothas. La Comédie-Française, donne l'exemple, et sans cesser de jouer ici, elle va chercher ailleurs une aide momentanée.

Il est dans ses traditions de se déplacer chaque fois qu'une circonstance impérieuse l'oblige à se créer des ressources... Ces expéditions, grevées de frais considérables, ne lui rapportent pas de gros bénéfices. Si maigres qu'ils puissent être, ils atténuent les pertes d'un chômage forcé. Et puis la Compagnie a tout intérêt à se produire au dehors avec l'ensemble magnifique de son répertoire ; elle relève ainsi un prestige que compromettent souvent des tournées individuelles entreprises dans des conditions fâcheuses. M. le sociétaire X..., surmené par une course vertigineuse, entouré de doublures, donne une piètre idée de la Maison dont l'antique renommée lui sert d'auréole. Quand la glorieuse et séculaire Maison se présente en corps, l'impression est bien différente... Et d'abord, cette visite, préparée, annoncée, commentée prend les proportions d'un grand événement local. En chaque lieu on l'espère, on la désire ; les gazetiers aiguisent leur plume ; les amateurs lettrés se mettent en frais de coquetterie envers des personnages de choix auxquels ils veulent offrir une élégante hospitalité. Vraiment, ces artistes ne sont pas à plaindre ; ils ne rencontrent qu'admirations et sourires ; la variété des spectacles leur crée des loisirs ; ils ménagent leurs forces ; ils ne jouent pas tous les soirs ; ils ont la liberté de flâner, de rêver dans les musées, de jouir du paysage. Leur travail, peu rémunérateur pour eux-mêmes, profite à la commu-

nauté. Ils remplissent leur tâche d'une façon facile
et charmante. Ils sentent enfin flotter autour d'eux
cette atmosphère de respect qui s'attache aux institu-
tions très vieilles et très illustres ; ils goûtent indivi-
duellement la douceur de ces hommages. Le Théâtre
Français est l'académie des comédiens, — la plus
aimable des académies, puisque les femmes n'en
sont point exclues.

La coutume de ces tournées collectives remonte à
la fin du second Empire. Aux siècles précédents, la
troupe de Molière ne se dérangeait que pour aller
chez le roi, à Fontainebleau, à Saint-Germain, ou
chez les princes du sang.

« Il y a ordre de la recevoir civilement ; on lui
fait caresse, chacun se piquant de se montrer honnête
et libéral aux acteurs, lesquels, de leur côté, n'épar-
gnent rien, se parent d'habits magnifiques sans
jamais regarder à la dépense. » Ces lignes de leur
historiographe, l'honnête Chapuzeau, attestent qu'aucun sacrifice ne coûte aux comédiens lorsque l'honneur de la Compagnie est en jeu. Isolément, ils cir-
culaient volontiers, et cédaient à d'affectueuses
sollicitations. Déjà les chansonniers persiflaient leurs
perpétuels vagabondages :

> Lekain, mon cher, est à Lyon,
> Madame Belcourt est à Lille,
> Molé va partir pour Mâcon,
> Ma femme part pour Abbeville.
> A Rouen Bourret a du succès
> Et Brizard récolte en Provence.
> C'est bien le Théâtre-Français,
> Car il est dans toute la France.

Le voyage officiel de 1808 à Erfürth fut une manœuvre quasi militaire, dirigée sous les yeux de
l'empereur par le sergent-major Dazincourt. N'en
parlons pas. Edmond Thierry, le premier, réalisa
l'exode de la Comédie, pendant les travaux de réfec

tion de la salle, du 15 juillet au 15 août 1868. Cette
tentative jugée téméraire, réussit brillamment...
L'odyssée aboutit à une série de victoires. Les feuil
letons de Sarcey, ses chroniques familières en relatent
les péripéties et sont divertissants à relire. Au jour
marqué, dix-sept artistes se mettent en route, les
meilleurs, les plus populaires. Ils se vouent de bon
cœur à toutes les besognes, comme du temps de
Molière, considérant qu'il n'y a pas de petits rôles
et qu'il est aussi honorable pour un comédien de jouer
l'Exempt qu'Orgon et Dubois qu'Alceste... De là des
merveilles d'exécution dont les provinciaux sont stupéfaits, éblouis... Dans les villes où l'on s'arrête un
peu de temps, la soirée d'inauguration est réservée
au répertoire classique. A Dijon, l'affiche annonce
le *Misanthrope,* un acte de la *Métromanie* (en souvenir de Piron), les *Fourberies de Scapin.* Les spectateurs, emballés, acclament Lafontaine, un Alceste
gasconisant et tragique ; Mlle Favart, une Célimène
improvisée, qui supplée au pied levé sa camarade
Brohan. L'étincelant Acaste (Delaunay), les fascine.
Tout porte. Ils soulignent d'ironiques applaudisse
ments, à l'adresse du trésorier général assis au bal
con, certains vers de Molière que Paris laisse passer
inaperçus :

> Tous ceux à qui la cour donne ces grands offices
> N'ont pas toujours rendu de si fameux services...

Les Bourguignons salés et railleurs s'amusent. Ex
cellent public ! Deux dames, voisines de Sarcey, pleu
rent au quatrième acte du *Misanthrope.* La verve de
Coquelin — Scapin impétueux — la bonhomie de
Barré-Argante sèchent leurs larmes. A Lyon, même
succès... Les Lyonnais, moins démonstratifs que les
Dijonnais, attendent la fin de l'acte pour exprimer
leur ravissement. Cette joie, plus réfléchie, n'en est
que plus vive. Malgré la chaleur caniculaire, ils sont
venus en nombre et ils reviennent. Leur préférence

s'attache aux anciens chefs-d'œuvre qui toujours font encaisser le maximum. Douze représentations triomphales à Marseille, après deux escales à Nice et à Toulon, couronnent cette superbe campagne. La Compagnie en tire 73.000 francs qu'elle divise en 100 parts, 25 versées au fonds social, 75 attribuées aux voyageurs...

Je glisse sur le séjour de la Comédie à Londres en 1871. Les particularités (qui offrent quelque analogie avec les circonstances actuelles) en sont connues. En 1879, elle fut réinvitée. Sarah Bernhardt devint, durant ce voyage, l'idole des Anglais et conçut avec Coquelin, séduit comme elle par l'exemple du tragédien-gentilhomme Irving, l'impatient désir de mener une vie indépendante et de fonder un théâtre. La double expédition de 1893, en Angleterre et en France, m'a laissé des souvenirs que je retracerais longuement, si je ne craignais d'importuner le lecteur. Je revois ces représentations de Drury-Lane, ces loges où les plus beaux diamants du royaume scintillaient parmi les fleurs ; j'entends les éclats de rire qu'éveillaient — ô surprise ! — la verdeur de Molière, la causticité aristophanesque de Racine. Jules Claretie avait eu l'audace d'imposer à la pudeur britannique les crudités réalistes et pharmaceutiques des *Plaideurs* et du *Malade*. Un prologue spirituel invoquait, il est vrai, les circonstances atténuantes et prévenait les auditeurs des coups qui allaient leur être portés. L'épreuve fut gaillardement subie. L'épisode des petits chiens mal élevés, l'hémistiche redoutable, *ils ont pissé partout*, les médecines de M. Purgon, la seringue de M. Fleurant, les coliques d'Argan, sa robe de chambre, sa chaise percée, rien de tout cela ne souleva d'objections. La tragédie, contrairement à l'attente générale, reçut un plus froid accueil.

Si les Anglais n'aiment pas la tragédie, les Français en raffolent... La vérité de cet axiome se trouva confirmée une fois de plus par l'expérience. Au dé-

part de Londres, les acteurs formèrent deux troupes
distinctes qui allèrent répandre à travers nos dépar
tements l'enseignement du grand art. La sagesse de
l'administrateur décida que la troupe comique précé-
derait la troupe tragique, afin d'éveiller la joie des
populations, de les tenir en belle humeur, et de leur
faire accepter de plus austères plaisirs. La comédie
devait frayer le chemin par où passerait, sans accroc,
la tragédie... Inquiétude vaine ! Précautions super-
flues ! La tragédie éclipsa la comédie... A Lille, on
eut une minute d'effroi. Corneille n'avait produit que
quatorze cents francs de location. « Faut-il jouer ? »,
télégraphia Mounet à Paris, Paris répondit : « Lors
que la Comédie-Française est affichée, elle joue. » Ce
premier pas franchi, le courant d'enthousiasme s'éta-
blit, s'accrut, grossissant de jour en jour. L'Anjou, la
Gascogne, le Languedoc, la Provence adorèrent le
Cid, *Andromaque*, la *Fille de Roland*, après avoir
applaudi la veille les *Femmes savantes*, l'*Avare*, le
Médecin malgré lui. Les sympathies de la foule
allaient décidément aux classiques. La troupe comique
trimballait un buste de Molière offert, chaque soir,
sur la scène, vers minuit, à la contemplation des
fidèles. Molière eut le nez écorché à Bordeaux ; il per-
dit à Bayonne une moitié de perruque ; à Perpignan
il s'égara avec les bagages ; mais l'idole, même mu-
tilée, attirait les offrandes et l'encens. Truffier avait
rimé un compliment que quelques-uns de ses camarades n'écoutaient pas sans frémir. Il exaltait, il
proposait en exemple la solidarité des membres de
la Compagnie strictement disciplinée, une et indivi-
sible. Le Théâtre-Français, disait-il,

> Garnison, où gémit souvent le réfractaire,
> Se présente au complet devant votre parterre
> Afin de vous montrer, une fois, dignement,
> Non pas un soldat seul, mais tout le régiment.

La réception de Marseille fut brûlante, au propre

et au figuré. En dépit d'une température torride, la salle ne désemplit pas. La Comédie-Française rentra fort satisfaite d'une expédition où elle avait moissonné beaucoup de gloire et pas mal d'écus... Souhaitons lui cette année pareille fortune...

N'en déplaise aux pessimistes qui versent des pleurs sur la décadence du théâtre, le goût public ne s'est pas sensiblement altéré. La plupart des Français se laissent séduire par la noblesse des grands sujets et l'harmonie des beaux vers. Nul auditoire n'est plus chaleureux que celui qui se presse aux œuvres de Racine et de Corneille. Aucune pièce n'a été, depuis la guerre, aussi souvent jouée en province que le *Chemineau* de Jean Richepin et l'*Aiglon* d'Edmond Rostand. Celle-ci évoque la splendeur de notre épopée nationale, vue à travers le martyre d'un enfant. Celle-là chante la terre que défend l'héroïsme des soldats. Toutes deux émeuvent profondément le peuple resté fidèle, quoiqu'on puisse dire, à ses cultes traditionnels : l'amour de la gloire et l'amour du sol...

Ces ouvrages le remuent et le ravissent parce qu'il s'y retrouve. Flambeau, c'est lui : le symbole de sa vaillance, de sa belle humeur, de sa foi patriotique, de sa générosité chevaleresque, de sa loyauté. Et le Chemineau, c'est lui encore ; c'est le terrien intelligent et malicieux (il sait les chansons qui bercent, les grimoires qui guérissent ; il fait parler les gens, pénètre leurs secrets, les inquiète, les domine, les gouverne) ; c'est le gai compagnon (dès qu'il paraît on rit et sur tous les visages, la joie éclate) ; c'est le bon travailleur (quand il travaille, il travaille comme dix, mais il prétend ne besogner qu'à ses heures) ; car c'est un homme libre, prêt à mourir pour sauver son pays de l'esclavage.

Ainsi apparaissent, lyriquement ennoblies, mais non point dénaturées, ces figures jaillies du vieux terroir gaulois : le Grognard et le Poilu...

MOUNET-SULLY

6 mars 1916.

UNE grande tristesse s'ajoute à nos tristesses. Elle était prévue, hélas ! Depuis plusieurs semaines, Mounet-Sully s'acheminait rapidement vers la mort. D'abord on douta de la gravité du mal dont il souffrait. On ne voulait pas croire que cette ardeur pût s'éteindre, que la vigueur de cette robuste et splendide vieillesse pût être vaincue, cette force de la nature anéantie. Une crise suprême a détruit nos espérances. Le colosse a succombé.

Que dire de lui, de sa carrière, de ses triomphes, de sa gloire ? Comment peindre en quelques mots cette figure qui fut épique et restera légendaire ?... L'avenir érigera une statue à l'artiste, à l'incomparable interprète des plus nobles chefs-d'œuvre du génie humain. Aujourd'hui, jetons des fleurs sur sa tombe. Rassemblons nos souvenirs.

De bonne heure, Mounet-Sully sentit s'éveiller sa vocation. Il avait quinze ans, une chevelure romantique, la beauté d'un jeune dieu et des grâces viriles, qui faisaient les délices des salons de Bergerac. Il soupirait la romance et mettait volontiers son talent au service des œuvres de charité. Un jour, son accompagnateur étant tombé malade, il remplaça la musique par la déclamation et récita, sur les planches du Grand-Théâtre, *Pour les pauvres*, de Victor Hugo. A peine en était-il descendu qu'un personnage assez extraordinaire l'y remplaça. Il portait un habit à boutons d'or, des gants violets en filoselle ; il faisait rou-

ler les *r* avec une invincible énergie. Il s'appelait Hilarion Ballande ; il arrivait de Paris ; il appartenait à
la troupe de la Comédie-Française. La dignité de son
port, l'éclat de sa diction impressionnèrent vivement
le néophyte. Il alla porter ses compliments à cet
illustre confrère, et du même coup, il lui confia ses
projets ambitieux. Hilarion Ballande consentit à lui
donner des conseils, et Mounet garda longtemps l'empreinte de ses leçons. Lorsqu'il entra, beaucoup plus
tard, rue de Richelieu, le vieux régisseur Davenne lui
dit :

— Voilà qui est singulier ; vous avez comme un
air de famille avec notre ancien camarade Hilarion
Ballande.

— Vraiment, répliqua Mounet, j'ai quelques-unes
de ses qualités ?

— Oh ! ce n'est point par ses qualités que vous lui
ressemblez, mais par ses défauts...

Ceux-ci n'empêchèrent pas Mounet de s'imposer au
public. Son début dans *Andromaque* fut un mémorable événement. A cette époque, l'information théâtrale avait des pudeurs qu'elle ignore aujourd'hui. Les
journaux ne publiaient pas la biographie et le portrait des élèves du Conservatoire. On ne savait que peu
de choses du nouveau venu : qu'il avait obscurément
joué à l'Odéon et qu'il désolait ses maîtres par les
écarts d'une humeur indocile et fougueuse. Il fut
d'abord froidement accueilli. Mais cette résistance
n'était pas pour l'émouvoir. Il n'en eut même pas le
soupçon. Il se rua dans la tragédie avec la violence
d'un élément déchaîné. Les mugissements de la mer,
les ravages du mistral, les fracas du tonnerre n'attei-
gnaient pas à la furie que le nouveau tragédien
imprima aux imprécations d'Oreste.

> Pour qui sont ces serpents qui sifflent sur vos têtes ?

On entendit les serpents, on les vit qui enlaçaient
leur victime. Un frisson d'horreur secoua les habitués

du Théâtre-Français, peu accoutumés à de si rudes secousses. Cependant Mounet-Sully rentrait dans les coulisses, gravissait comme un fou l'escalier de sa loge, sans se douter que mille spectateurs l'acclamaient. La critique partagea ce délire, mais bientôt ses dispositions changèrent. Elle rougit en quelque sorte des transports où le tragédien l'avait précipitée. Elle lui en garda une secrète rancune. Elle affecta de le traiter en enfant terrible, elle mit en lumière les scories de son jeu et n'en montra pas, comme il eût fallu, les beautés supérieures. Il y eut une heure, pourtant, où les censeurs les plus pointilleux de l'artiste se désarmèrent. Ce fut l'instant unique où jaillit de ses lèvres la Chanson des deux épées de la *Fille de Roland.* Tous les cœurs battirent à l'unisson. Une immense clameur s'éleva de la salle bouleversée. Mounet venait d'incarner la foi, l'orgueil, les vœux et la fierté d'une race.

Les années passèrent. Mounet-Sully montait toujours. La sérénité de son essor laissait les dénigrements de parti-pris et les petites taquineries qui le visaient encore par un reste d'habitude, mais cessaient de l'atteindre. Sa création d'*Œdipe roi* (le rôle avait été joué déjà, mais c'est bien lui qui l'avait créé), cette victoire définitive fut un couronnement. Dès lors il régna. On ne le contesta plus. Il avait franchi les limites de la renommée. Chaque année sa majesté s'affirmait. En 1881, Œdipe admirable, il fut en 1888 un sublime Œdipe. C'était à Orange, devant ces ruines dont le nom est inséparable du sien. A ce moment le snobisme n'avait pas envahi la petite ville provinciale. Nous étions là quelques journalistes parisiens, venus en flâneurs, et dans des dispositions plutôt railleuses. Francisque Sarcey dirigeait notre petite troupe. Il n'avait pas l'âme très lyrique. Sa curiosité, comme la nôtre, s'amusait et se méfiait un peu d'une tentative si singulière. Et voilà que soudain une émotion sacrée nous saisit. L'art et la nature conspiraient à nous troubler. Nous écoutions des vers en contem-

plant les étoiles. La splendeur du ciel, les caresses
de la brise nous disaient le bonheur de vivre, cependant que sur la scène retentissait le cri de l'humanité torturée. Et rien n'égalait la grandeur de
ce contraste. Il est vrai que ces plaintes nous arri-
vaient par une voix merveilleuse et terrible, capable
de traduire avec la même intensité expressive la terreur, la pitié et tous les sentiments dont est agitée la
conscience des hommes — voix d'or, voix de chair,
qui, alors qu'elle était la plus véhémente, demeurait
harmonieuse et docile aux lois du rythme. En cette
soirée nous vîmes l'Hellade entière surgir et se mouvoir autour du roi de Thèbes, et l'ombre de Sophocle
se pencher sur lui. Hors de lui-même, transfiguré, en
proie au divin délire, il semblait que Mounet n'aurait
pas la force d'aller jusqu'au bout et que sa poitrine
allait se rompre. Elargissant la signification du drame,
par un prodige d'intuition, il nous avait donné la sensation inouïe de deux Œdipe, de l'antique Œdipe tel
qu'il apparaissait aux yeux des Athéniens, et d'un
Œdipe moderne, à qui deux mille ans de christianisme
ont appris toutes les formes de la douleur... Nous
frissonnions, nous pleurions. Seul, le tragédien n'était
pas entièrement satisfait. Car il était dans son destin
de ne pas l'être.

Mounet-Sully n'appartenait pas à la race de ces comédiens excellents dont je ne médis pas, et qui, une
fois le profil dessiné, le type établi, s'en écartent en
quelque sorte comme d'une œuvre achevée, et n'y
touchent plus. Il estimait que sa tâche n'était jamais
finie. Pygmalion de l'art tragique, il creusait le marbre d'un ciseau impatient pour en faire jaillir la vie
et la beauté. Ceux qui l'écoutaient au théâtre ne le
connaissaient point : ils ignoraient ses tourments, ses
doutes, son labeur sans arrêt, sa perpétuelle angoisse.
Une fois, je fus témoin de ce travail d'enfantement
obstiné, délicieux et douloureux. L'occasion d'une
visite m'avait conduit dans ce logis de la rue Gay-Lus-

sac où, chaque nuit, veillait jusqu'à l'aube sa méditation solitaire. Nous causâmes de l'*Othello*, qu'il allait interpréter dans la traduction de Jean Aicard. Ce rôle l'attirait, le fascinait, le terrifiait. Il avait peur de n'en pas discerner le fond véritable, de ne pouvoir en fixer les nuances fugitives, de n'en tracer qu'une esquisse. Tout en m'exposant ses scrupules, il le jouait pour lui et pour moi avec autant de fièvre, il l'illuminait d'autant de flammes que si le peuple d'Orange eût été là, le soutenant de ses acclamations. Et je compris qu'il était heureux, et qu'à ce moment précis il éprouvait l'ineffable joie du créateur. L'acteur qui crée se confond avec les personnages qu'il a mission de réaliser. Il n'entre pas dans leur peau ; ce sont eux qui pénètrent dans la sienne et le possèdent. Dès qu'il pétrit une nouvelle figure, il y a comme une conquête progressive de son être par un être idéal, auquel il communique le souffle. Le héros prête à l'acteur son âme ; l'acteur prête son corps au héros. Cette fusion ne s'opère qu'au prix d'un immense effort. Ils se cherchent l'un l'autre ; longtemps ils se poursuivent ; puis un jour l'étincelle jaillit. Ils se sont rejoints.

Nul mieux que Mounet-Sully n'aura joui de l'ivresse de ces unions spirituelles, et ressenti ces nobles tourments. Lorsqu'il avait revêtu la tunique d'Oreste, le manteau d'Hamlet, la livrée de Ruy Blas, nous voyions bien qu'il s'arrachait de lui-même. Il n'était plus derrière une rampe, entre les toiles peintes d'un décor. Il était dans la légende, dans le rêve, dans l'histoire. Et il nous y transportait. Il s'envolait au-dessus des vulgarités terrestres. Nous l'adorions, parce que partout où il paraissait, il y avait aussitôt de l'idéal, de la générosité, de la bonté chevaleresque, de la magnificence, parce qu'il était l'image de tous les héroïsmes de tous les siècles ; parce qu'il éveillait en nous ce sentiment si rare si pur et qui nous fait oublier tant de laideurs : *l'enthousiasme*.

Il fut le paladin de la scène française.

TABLE DES MATIÈRES

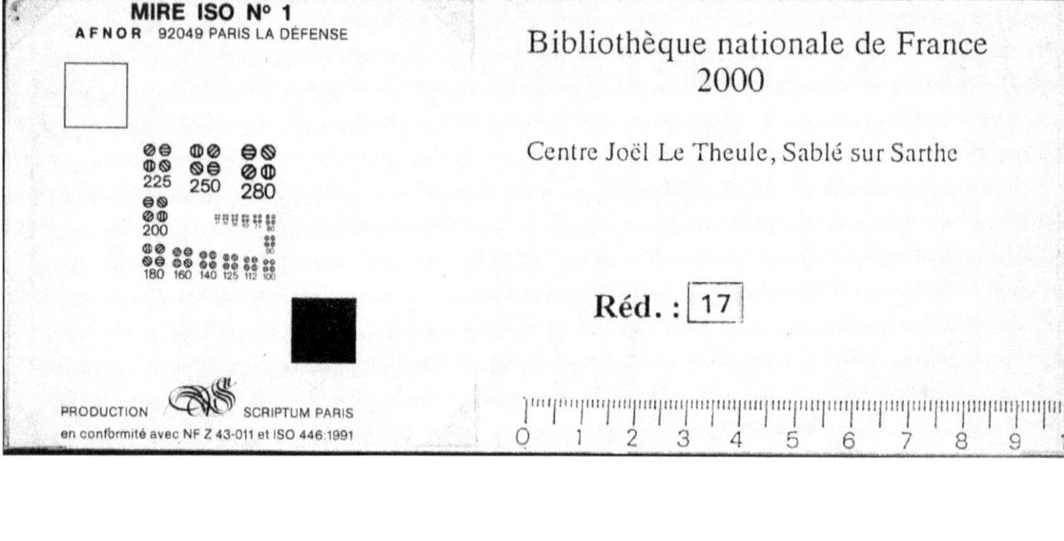

MIRE ISO N° 1
AFNOR 92049 PARIS LA DÉFENSE
225 250 280
200
180 160 140 125 112 100
PRODUCTION SCRIPTUM PARIS
en conformité avec NF Z 43-011 et ISO 446:1991
Bibliothèque nationale de France
2000
Centre Joël Le Theule, Sablé sur Sarthe
Réd. : 17